INTRODUCTION TO
COUNSELING THEORY AND PRACTICE

諮商理論與技術

陳婉真　著

三民書局

Psychology

國家圖書館出版品預行編目資料

諮商理論與技術 / 陳婉真著.－－初版二刷.－－臺北
市：三民，2018
　　面；　公分

　　ISBN 978－957－14－4975－3　（平裝）

　　1.諮商 2.諮商技巧

178.4　　　　　　　　　　　　　　　　97006810

© 　諮商理論與技術

著 作 人	陳婉真
發 行 人	劉振強
著作財產權人	三民書局股份有限公司
發 行 所	三民書局股份有限公司
	地址　臺北市復興北路386號
	電話　(02)25006600
	郵撥帳號　0009998－5
門 市 部	(復北店) 臺北市復興北路386號
	(重南店) 臺北市重慶南路一段61號
出版日期	初版一刷　2008年5月
	初版二刷　2018年5月
編　　號	S 170200

行政院新聞局登記證局版臺業字第○二○○號

有著作權・不准侵害

ISBN　978－957－14－4975－3　（平裝）

在臺灣，心理諮商工作的發展已有近四十年的歷史，早期偏向社會福利導向，民間團體是主要的推動者，運用很多義務人員擔任諮商會談的工作，其服務意義勝過專業意義。然，自民國九十年十月心理師法通過後，心理諮商進入一個新的紀元，它確立了心理諮商的專業地位。心理諮商不再只是愛心的代名詞，它是一種需要負責任的行業，因此合格之專業心理諮商人才的培養益顯重要。而專業人才的培養有賴於良好的專業教育與訓練，教材在此過程中便扮演了重要的角色。它不僅能厚植學習者專業知能的基礎，更是學習者對其專業認同的重要指引。

諮商理論在整個諮商人員培育過程中是一門困難學習，但卻又十分重要的基礎課程，它涵蓋哲學、心理學、社會學及輔導學等領域。學習一種專業，剛開始初學者最感困難的是一些專業詞彙與專門的理論，因為這些是他原來的經驗中所沒有的，硬生生的理論或名詞很難吞下口，也很難消化變成自己身上的養分。學習諮商理論課程的學生常遭遇上述的困難與狀況，使得學習失去信心或學習成果不理想。因此如果有一份教材，能將生澀難懂的專業概念或專業詞彙轉換為與學習者原來的經驗連結，學習就變得有意義，學習者就能很容易學習並自在的呼吸專業空氣、進入專業世界。陳婉真博士的這本大作給我的第一印象即是如此，用易懂的文字敘說難懂的理論，用具體的例子說明抽象的概念，是初學諮商理論者的最佳入門教材。

心理諮商教育最重要的目的，在於培養能實際幫助當事人解決心理困擾的專業人才，所以它是一門高度實踐性的科學。本書的另一特色是雖然探討心理諮商之理論，但其實用性卻相當高，也就是說本書不僅是

可讀性高，可用性也高。為了使學習者真正瞭解心理諮商過程中的實際狀況，書中除了舉很多例子外，也運用個案分析的方式，解析諮商者及當事人的狀況及彼此間的互動，使得學習更真實化、更實用化。

本書還有一個在其他相關心理諮商書籍中少見的特點，即是第四章當事人問題行為的分析與評鑑與第六章心理諮商歷程分析之撰寫。這兩部分在心理諮商過程中佔非常重要的地位。瞭解當事人的行為是諮商工作的第一步，說起來容易，但真正的瞭解常不知從何及如何下手，書中提出「精準的行為描述」是瞭解當事人的開始，並提出衡鑑當事人問題行為的分析架構，以協助篩選、分析與整合有關當事人的龐大資訊，以形成協助當事人改變的操作假設，最後提出接觸當事人初期的基本評估項目，作為蒐集當事人資料的檢核機制。本書針對這些部分有非常詳細與精彩的探討，有助於讀者有系統的蒐集、分析及正確的瞭解當事人的行為。心理諮商過程中另一個重要的課題是「諮商歷程」，第六章做了詳細的剖析，在心理諮商情境中，大家看得到的是諮商的「結果」，較在意的也是「結果」，而「歷程」不容易看到，也比較被忽視。然，沒有歷程何來結果，歷程中發生的事或其產生的動力 (dynamics) 是影響諮商結果的主要原因。本書作者提出五個階段的歷程來說明，她強調「平衡」是當事人繼續完成整個心理諮商歷程的重要動力 (motive)，以這種觀點來說明歷程的動力狀況，相當具有啟示性。

另外，值得一提的是本書有一個非常好的 "ending"，書的最後一章探討如何成為稱職的心理諮商者，作者非常有系統的 "step by step" 告訴讀者面對當事人時，稱職的心理諮商者該做什麼，以及面對自己該努力的方向是什麼，又如何在與當事人互動中反思自己，學習成長以提升自我，最後建立自己的心理諮商風格，成為一個真正有效能的心理諮商人員。全書頭尾呼應，相當的有層次感，並具完整性，實是難得的好書。

陳婉真博士除學有專精外，尚擁有豐富的實務工作經驗，她曾經擔任義務張老師，接觸輔導過青少年；也曾在精神專科醫院從事臨床心理治療的工作；出國完成博士學業返國後，曾擔任大專院校輔導中心主任，有學校輔導經驗；目前在政治大學擔任諮商課程之教學與實習指導工作。理論與實務兼具，無怪乎她能寫出這樣一本好書來。身為好友，有幸先睹為快，欣喜與欽佩之餘，特綴數語，以為讀書心得，並鄭重推介給輔導及心理諮商之同好及朋友們。

德明財經科技大學通識教育中心教授

黃惠惠

2008 年 4 月

　　從構思書寫這本書到書籍完稿，花了整整兩年的時間，其間，還意外懷孕產下一名寶寶，這讓我瞭解到，生一本書比生孩子還要難呢！

　　我目前的教學工作，幾乎都與諮商理論或實務工作有關，大學部的課程為「諮商理論與技術」與「個案研究」，研究所的課程為「諮商理論與技術研究」，暑假期間教授高中或國中教員進修的輔導學分班，課名仍為「諮商理論與技術」，而授課所使用的用書多是原文書或原文翻譯書。這些原文或翻譯的書籍對於理論與技術的介紹儘管十分完整，但是，實務案例的對話內容卻出現文化上的隔閡，以致學生在閱讀的過程往往會有霧裡看花的感覺，較難產生深刻的共鳴。因此，這本書以實務取向為主，在簡要介紹諮商理論與相關技術之後，即開始討論諮商工作的實質內容，包括：如何在諮商初期對當事人的問題進行衡鑑與分析，諮商歷程中心理諮商者與當事人關係的變化，以及諮商過程可能出現的倫理議題；最後，藉由整理自己與同儕的學習經驗，分享身為一位心理諮商者，在心理諮商過程應該做些什麼，以及可以努力自我成長的方向。書寫的內容仰賴實務工作經驗，因此書中穿插許多由實際案例所改寫的小故事或會談對話錄，期待這樣的書寫方式能夠讓讀者更清晰地瞭解諮商工作進行的輪廓與風貌。

　　感謝三民書局給予這個機會且耐心地等待我拖延完稿的時間，以及編輯部同仁細心地校稿，能夠把實務的經驗書寫成一本書，對我個人而言是很有意義的一件事。感謝父母與先生一直在身邊支持，他們給予的實質協助與心靈支持，讓我能夠有更多的時間與心力，專心致力於工作方面。最後感謝上天，賜給我一個天真可愛的女兒，她是一個意外，卻是一份最珍貴的禮物。

陳婉真

2008 年 4 月

第一章
緒　論

　　這本書的目的在於寫給剛踏入助人工作行列的伙伴們以及初學諮商理論與技術的學生，期望藉由這本書的閱讀與討論，能夠對於心理諮商工作的意涵、內容、理論、重要性、進行方式，以及必須特別注意的事項等，具有一個全盤性的基本體認。「心理諮商」是一門實用的心理學相關課程，主要是運用心理學的知識來瞭解一個人，同時幫助一個人突破他（她）的困境。

　　本書的寫作順序由第二章定義心理諮商開始談起，首先讓大家能夠體會到「心理諮商」這項專業工作的獨特性。心理諮商的本質包括：心理諮商是一個讓當事人做改變的契約、心理諮商是一種特殊的人際關係（只有單方面的瞭解，而非一般人際關係的相互交流）、心理諮商是由合格的心理諮商者以心理學的知識幫助當事人解決問題、心理諮商是以協助當事人「減輕痛苦情緒」或「獲得滿意人際關係」為改變的目標，以及心理諮商是以「談話」為主要進行方式的計畫性協助程序。對於心理諮商本質的理解有助於實務工作的執行。

　　第三章介紹目前心理諮商理論的典範與學派，這些理論均由人格心理學的各個理論衍生發展出來的，每個心理諮商理論有不同的人性觀，且對於個體的人格結構與心理困擾之產生有著不同的假設。這些心理諮商理論包括：精神分析治療理論、阿德勒治療理論、存在治療理論、個人中心治療理論、完形治療理論、行為治療理論、認知治療理論、現實

治療理論、家族治療理論等等。

第四章探討心理諮商過程中對當事人問題的衡鑑與分析。要成功幫助當事人解決問題之前，一定得先對當事人問題形成精準而正確的瞭解，因此，當事人問題的衡鑑與分析是否精確是成功心理諮商的第一要件。衡鑑當事人問題首先要瞭解收集資料的類別，並且增加對於行為問題相關因子的敏感度，透過合理推論形成可操作的問題假設，再由與當事人互動的過程中驗證或修正假設，本章將提供一個建議性的衡鑑當事人問題的分析模式（行為發展模式），以作為衡鑑當事人問題的依據與參考步驟。

第五章談論心理諮商技巧。首先討論在心理諮商過程中，心理晤談進行步驟的一般性原則；接著討論如何與當事人建立良好的心理諮商關係，以及如何運用技巧協助當事人進行自我問題的探索，這些心理諮商技巧包括：尊重、傾聽、澄清、同理心、面質、自我揭露、立即性、摘要等等。另外，本章亦討論在特殊情境時的危機處理與技巧運用，例如：當事人沈默、哭泣、多話，或有自傷或傷人的企圖時，心理諮商者可以運用的技巧；以及當處理當事人憂鬱情緒、焦慮情緒、過高壓力等議題時，分別適合使用的有效諮商技巧。

第六章為這本書不同於其他相關心理諮商書籍最大的特色之一。本章內容介紹心理諮商的整個歷程，筆者依據個人以及和同儕、先進討論的相關經驗，將心理諮商進行的過程整理為五個階段，每個階段必須達成平衡才能繼續下一階段的任務，此五階段包括： 1.減低當下痛苦結果的平衡（當事人的配合改變與痛苦減低的平衡）、2.發展緊密人際關係的平衡（適應新的緊密關係與正向期待之間的平衡）、3.來自幻想的期待與現實之間衝突的平衡、 4.來自依賴的衝突經驗與害怕失去依賴之間的平衡，以及 5.追求正向自我與穩定的負向自我衝突的平衡。本章分別介紹每個階段的特色、重要性與可能遭遇的困境，並且分別舉出實際的案例以增加讀者的瞭解度，讓讀者更容易對「心理諮商」的過程產生一個清

晰的全貌影像。

　　第七章探討心理諮商倫理的議題。心理諮商倫理為諮商專業人員在從事心理諮商實務時所必須遵守的共同原則，倫理規範了當事人與心理諮商者的權利與義務，以作為心理諮商關係中的憑據與依循。本章逐一介紹諮商倫理的決定面向、心理諮商者本身的價值觀如何影響心理諮商的決策、心理諮商中難以避免的雙重關係、專業責任與義務等，藉以增加讀者在進行心理諮商工作時，對於相關倫理議題的敏感度。另外，心理諮商者本身亦需隨時檢視自己的人格特質與需求，避免自身的需求不經意地介入了心理諮商的過程，而不當地影響當事人的自我意志。

　　第八章為本書的總結，除了將上述內容總整理外，本章特別強調一位優秀心理諮商者的養成過程是相當不容易的，需要充分的培訓與精進，而且心理諮商者在實際接觸當事人的過程中，必須對當事人的心理困擾大膽的提出假設，沿用形成假設、合理地演繹，並且以實徵驗證的計畫擬定協助的策略。心理諮商工作最為迷人與具有挑戰性之處在於：每一個當事人都是一個獨特的生命，難以完全將單一的典範套用在每一個當事人身上。因此，心理諮商者最重要的必須有調整的彈性，展現對不同當事人問題的理解與解決能力。

　　另外，在以心理方式為主的助人工作，隨著專業背景、工作環境與助人目標的不同，常會出現不同的名稱，如：心理治療、心理諮商、心理輔導或心理諮詢等，為了不至於讓讀者混淆，本書均以「心理諮商」作為統稱，在此先行說明。

　　筆者接觸助人工作的行列，緣起於大學時代擔任義務張老師，其後至精神科專科醫院擔任公職臨床心理師，出國進修後再至大專院校擔任輔導中心主任，直至目前在大學擔任諮商課程的專任教職。在接觸實務工作的經驗中，從督導、同儕與每一位當事人的討論中，獲致許多珍貴的學習，謹以本書將個人對於心理諮商的淺見與大家分享。

第二章
心理諮商的定義

　　「心理諮商」，簡而言之，即為心理諮商者與當事人之間的一種特殊人際互動。心理諮商的目的在於協助當事人處理其心理困擾，在協助的過程中，心理諮商者將使用所學的心理學、諮商理論與技術等知識，協助當事人解決困擾、增進當事人的生活功能。而且，心理諮商者在進行協助工作時必須遵守諮商倫理，行為合乎法理。以下將針對心理諮商的意涵做出更仔細的說明，分為常見的心理諮商定義與筆者個人實務經驗所歸納的定義兩個部分討論。

▌第一節　常見的定義

一、一般性定義

　　依據臨床心理學前輩柯永河參照眾多國外學者後的整理，心理諮商的定義應包括下列五項因素（柯永河，民 74）：

㈠心理諮商者

　　心理諮商會影響到被諮商者（即當事人）的福祉，基本上心理諮商是只許成功而不許失敗的，但是這樣的理想在現實上卻不完全可行。因此，心理諮商者至少必須受過足夠的訓練，最基本的前提是：即使無法

幫人也千萬不可反倒害人。我們必須正視一段錯誤的心理諮商過程，對於當事人所造成的傷害可能是難以彌補的，雖然心理創傷並不像外科手術的失敗那樣顯而易見，但是錯誤的心理諮商對於當事人的心靈，可能留下無法抹滅的傷害。所以，心理諮商者必須接受哪些訓練後才能開始從事心理諮商工作，以及新進的心理諮商者從事心理諮商工作後應該繼續接受哪些在職訓練，都應有嚴格的標準。

㈡被諮商者（即當事人）

心理諮商並不是萬靈丹，心理諮商的確可以解決某些問題，但是也有其一定的限制。成功的心理諮商者首先必須分辨哪些當事人適合接受心理諮商，哪些當事人則適合用其他更有效的方式予以協助。一般而言，具有心理與情緒困擾的症狀或疾病的當事人，被視為接受心理諮商的最佳對象。另外，有些當事人雖然以生理抱怨為主，但亦有明顯的心理因素成分加劇其生理抱怨的嚴重度，這些當事人亦為合適的對象。

㈢良好的心理諮商關係

良好的心理諮商關係包括溫暖、同理、尊重、真誠、有意願助人與被幫助，雖然各個心理諮商學派對於心理諮商關係的重視程度有所差異，但所有的心理諮商理論均同意心理諮商者與當事人必須建立良好的合作關係，有了安全和信任的心理諮商關係後，才能夠給予當事人一個願意改變的成長環境，並且在這樣的環境下使用各種心理諮商技巧，才能達到事半功倍的成果。

㈣心理諮商技巧

每一種心理諮商理論學派都發展出不同的心理諮商技巧，例如：行為學派重視積極強化、消去、抑制、消極強化、解釋、模仿、建立目標；精神分析學派則著重於探索潛意識、夢的解析等等。心理諮商者面對當

事人的助人態度與熱情固然是重要的前提，然而，面對不同的當事人問題時，適時地選用最適當的心理諮商技巧，才能夠最有效的處理當事人的困擾。

(五)心理諮商目標

心理諮商的積極目標為增加適應性的習慣，消極目標為減少不適應的習慣。另外，心理諮商亦要增進當事人的心理健康，例如：人格統一、自我實現、找到人生意義、正確人生觀等等。除了幫助當事人訂立心理諮商目標，心理諮商者亦需要協助當事人瞭解心理諮商規則及其心理諮商的目標。具體的心理諮商目標能夠讓心理諮商者更明確地洞察其心理諮商技巧和心理諮商歷程，是否能夠有效地改變當事人的困擾。

二、精神分析取向的定義

另外，依據林家興、王麗文（民92）的看法，以精神分析取向為主的心理諮商，其本質應包括下列四項基本概念：

(一)當事人有動機

接受心理諮商的當事人必須是自願的，因為當事人若是被強迫而來，則往往不願意與心理諮商者合作，也不會真心地配合心理諮商者的指示，如此一來心理諮商的效果必然不佳。

(二)心理諮商必須費時費力

心理諮商者與當事人都需建立一個心理準備：有效的心理諮商需要花費一段長時間的過程。因此，當事人不但需要有動機，而且要做好「長期抗戰」的準備，心理諮商無法如同藥物一般，能夠快速消除症狀或解除痛苦，必須要靠心理諮商者與當事人的耐心討論，以及當事人願意長時間進行自我省思的工作，才能夠慢慢地調整與改變自我。

㈢當事人願意改變自我

心理諮商是一種自我覺察的工作，除了當事人本身，別人都無法取代。心理諮商經常要求當事人負起說話和自我改變的責任，而非由心理諮商者直接告知當事人應該要如何解決問題或困擾，因為心理諮商者並不是上帝或先知，無法提供最完美的答案。因此，當事人在心理諮商過程中必須扮演主動的參與者，願意為自己進行心理探索，並做出適當的改變。

㈣心理諮商要有結構性

心理諮商必須按照一定的專業規則進行，包括：當事人要按時出席於約定的辦公室、要按照規定付費、要同意負起進行心理諮商的責任等等。若是當事人無法遵守，則心理諮商易流為一般性的談話。

▍第二節　筆者歸納的操作性定義

為了讓心理諮商的定義更加清晰與具體，而且容易被一般社會大眾所瞭解，筆者依據個人實務工作經驗，並詢問多位從事諮商工作經驗豐富的先進、同儕們的建議，將心理諮商的性質歸納出下列五個特點：

一、心理諮商是一種「要改變」的契約

接受心理諮商就是「要改變」，當事人希望接受心理諮商之後，自己會有一些好的改變，跟昨日的不快樂歲月揮手說再見。但是，好的改變的前提是：自己的生活也要跟著改變，例如要安排時間前來接受心理諮商、要花更多的時間思考自己的事、要調整消費習慣以支付諮商費用、萬一不能前來該如何處理等等。許多當事人心裡清楚知道要改變，但卻還是會依照原先的方式過生活，實際行動上沒有任何的改變，真是如此，

明天的生活可能就過得跟昨天一樣，當然痛苦或不愉快也不會有所改變。所以，當事人如果發現自己有改變的困難，最好的方法還是先跟心理諮商者談談這個問題，別因此而自行放棄，這是一個讓自己學習跟別人討論的機會，不再像以前一樣，只用自己的判斷決定重要的事情。

　　由於心理諮商是一種「要改變」的契約，心理諮商者應事先跟當事人針對心理諮商帶來的改變，進行一些討論，以形成共識，並成為雙方的契約，一旦約定之後，雙方都需要遵守契約的內容進行心理諮商，這個契約可以口頭為之，也可以變成正式的書面資料，對於心理諮商者與當事人雙方均更加具有約束效果。

二、心理諮商是一種特殊的人際關係

　　當我們跟好友訴苦的時候，希望對方也能如同我們一樣把心事告訴我們，不然就會覺得「不公平」——「怎麼你都知道我的事，而我對你卻不清楚」，或者「我有困難會找你幫忙，可是你怎麼都沒找過我呢？」然而，在心理諮商中的人際關係並不等同於前述的一般的人際關係，有一個詞頗能說明這種關係：「專心專意」(single-minded stamp)，這個詞的意思是，心理諮商者在會談的過程，專心專意地站在當事人的角度，思考可以幫助當事人的方法，當事人在這個過程中可以放心表達自己的想法與感受，因為心理諮商者是完全跟當事人站在同一陣線，心理諮商者的所思所為就是希望對當事人有所幫助，因此在心理諮商過程中，所有談話的重心都完全集中在當事人的困擾，與一般相互照應的人際關係並不相同；而且，心理諮商者必須肩負承諾「保密」的責任與義務，不能在未經當事人的同意下，傳播或運用當事人的私密，否則需負起法律上的責任。除了專心專意的特點之外，心理諮商相當強調「合作」的關係，無法密切合作的心理諮商者與當事人，是很難改變問題的。

三、心理諮商是由經過訓練的專業人員運用心理學的知識來執行

進行心理諮商的專業人員主要是心理師。國內的心理師法規定，想成為一位為人服務的心理師，必須完成臨床或諮商心理學碩士班的課程，並經一年實習合格之後，才能參加專門技術人員心理師高等考試，考試合格後才取得執業資格，可以開始以心理諮商的方式為大眾服務。接下來，這些心理師還需要經過多年的被督導與實務訓練，才能成為資深心理師。有時候，有些新進的心理師會主動尋求資深心理師的心理諮商，就是希望能更加瞭解當事人的內在感受。

心理諮商的過程中，心理諮商者會運用心理學研究所得的知識，來規劃與安排如何幫助當事人進行改變的步驟與方法。一般常見的心理諮商學派，包括：心理動力治療理論、認知行為治療理論、個人中心治療理論等等，它們的差別在於運用的心理學知識不同，心理動力治療理論最關注的是童年經驗對目前行為的影響，而認知行為治療理論則關心不同的人生信念或看待事物的觀點如何影響個體的情緒與行為。通常心理諮商者是依照當事人的問題本質、人格特質，或心理諮商者個人專長等因素，全盤折衷考慮後，選擇最適合的方式來幫助當事人。

四、心理諮商是以「減輕痛苦情緒」或「獲得滿意人際關係」為改變的目標

通常每一位來諮商的當事人都是抱有期待的，都希望心理諮商可以幫助他們、讓他們的痛苦可以減輕或消失，最常見的痛苦情緒就是過度焦慮（恐慌、畏懼、強迫行為）與憂鬱（自我不滿意、生活提不起勁、出現自我傷害的念頭）。事實上，許多痛苦情緒都與現有的人際關係無法滿足心理需要有關。我們每一個人有許許多多「理所當然」的需要，例如：被重視的需要、被肯定的需要、情感依賴的需要等等，無法單靠自

己來獲得滿足，得經由跟他人互動才能獲得，舉例而言：當「長官」交辦重要事情給你，你才會覺得被重視，若只是一味地自己稱讚自己，很難有踏實「被肯定」的感受；又如妳對家庭盡心盡力地付出，如果少了先生對妳的衷心感謝，難免心生失望，「被肯定」的需要也就會落空。因此，如何獲致滿意的人際關係來滿足自己的心理需要，是常見的心理諮商目標。

五、心理諮商是以「談話」為主要進行方式的計畫性協助程序

　　一般而言，心理諮商進行的方式是以「談話」的方式進行，在這過程中，心理諮商者與當事人透過相互交談的人際溝通，一起來為改變做努力。不過這種談話並不是缺乏目標的漫談，基本上心理諮商是需要有計畫的，心理諮商者在專心傾聽的過程中，同時也在進行許多的重要判斷，思考接下來的處理步驟，形成心理諮商計畫，所以心理諮商是相當有計畫性的協助程序，此外，由於人的個別差異度很大，所以每位當事人的心理諮商計畫都不相同。其實，當事人在心理諮商的過程中亦可以隨時主動向心理諮商者詢問，心理諮商者對自身問題的看法與心理諮商的計畫，如此，不僅可以減少當事人對「漫談」的焦慮，也可以讓心理諮商者與當事人雙方有更深入的溝通，這樣雙方合作起來便更有效率了！

　　以上五項心理諮商的特點介紹，希望可以讓從事心理諮商工作者以及一般的社會大眾都更進一步瞭解心理諮商的全貌。事實上，人生難免會遇到困境，一時走不出來，可以尋求協助的方法有很多，而心理諮商確實為其中一個值得好好考慮的選擇，在它被倚重的程度與日俱增的現況下，通常大部分當事人在考慮是否接受心理諮商前，就會開始擔心「到底心理諮商是怎麼一回事？」「怎麼進行？」「心理諮商者可靠嗎？」等等，一大堆的問題接踵而來，因為模糊、不確定所引起的不安，讓許多人總是裹足不前，即使理智上覺得需要心理諮商的服務，卻往往依然沒有行動，所以遭遇的困難還是沒有改變，困擾依舊存在。倘若心理諮商者能

第三章
典範與心理諮商理論

　　這一章主要介紹目前常見的心理諮商理論，心理諮商理論大部分是由人格心理學的各個理論衍生發展出來的，因此，每個心理諮商理論對於人性觀有不同的觀點，且對於個體的人格結構與心理困擾之產生有著不同的假設；同時，心理諮商理論各由不同的假設中發展出不同的諮商目標與諮商技術。

　　其實不同的諮商理論，就是不同的心理典範 (paradigm)，透過瞭解典範的定義與優缺點，可以幫助心理諮商者掌握如何善用心理諮商理論，達到成功助人的目標。底下一段言簡意賅的陳述，對典範的定義與優缺點做了扼要的說明 (Davison, Neale & Kring, 2004)。

　　「科學並不是全然客觀 (objective) 或確定 (certain) 的工作，反而如同哲學家 Thomas Kuhn 所言，主觀 (subjective) 的因素也會限制我們對科學研究的視野。根據 Thomas Kuhn 的看法，典範是一組描述科學探索 (scientific inquiry) 的假設，這些假設定義了如何去概念化 (conceptualize)、研究 (study)、收集 (collect) 與解釋 (interpret) 資料，甚至是如何去思考某個特定的主題。從知覺的觀點，典範可以比喻為一個廣泛性的透視 (perspective) 或取向 (approach)，一種容易看到某些因素並且無法看到另外某些因素的傾向。

　　無可避免的，典範會對資料的定義、收集與解釋注入一定的偏見

(bias)。每個典範都強調行為的某種層面，雖然幫助我們瞭解問題行為的症狀表現、起因與介入方法，但是本身不足以構成對當事人問題的『完整』說明。不同的典範（觀點）代表不同的思考架構，有助於提供思考的導向，但也會受其矇蔽，看不見其他的觀點。心理諮商者運用這些觀點時，通常採取『折衷』(eclectic) 的態度，照該觀點的技術與原則、所處理的問題，與當事人的個別差異等因素來選擇運用這些不同的觀點，決定協助當事人改變的具體措施。」

　　本章將依序介紹：精神分析典範、人本與存在典範、行為主義典範、認知典範、現實治療理論，以及系統典範之家族治療理論。另外，如何善用典範，平衡運用典範帶來的盲點，成為熟稔心理諮商理論內容以外，心理諮商者應時常注意的另一個重點。

▋第一節　精神分析典範 (The Psychoanalytic Paradigm)

　　精神分析治療理論的核心概念是將人視為一個有機體的觀點 (psychoanalysis: a worldview of organism)；亦即，個體先天與生俱來的驅力，將是決定其日後人格發展的重要關鍵，因此，個體的早期經驗（特別是五歲以前的早年經驗），將顯著地影響目前的問題行為。精神分析理論由精神分析大師佛洛伊德 (Sigmund Freud) 所提出，他特別強調「性驅力」(sex drive) 的影響性，其理論被稱為古典精神分析理論 (classical psychoanalytic theory)。在佛洛伊德提出精神分析理論之後，幾乎所有動力取向的諮商理論創始者，都是先接受精神分析的訓練，接著再依據各自不同的觀點，相繼蘊育出許多不同的諮商理論。有些理論的發展僅對古典精神分析理論做部分的修正，將理論的焦點改為社會與自我的發展，或是重要人際關係的形成，但繼續依循佛洛伊德所提出的人格結構與潛

意識歷程；這些諮商理論仍屬於精神分析典範的諮商理論，例如：新佛洛伊德精神分析 (neo-Freudian psychoanalytic theory)、客體關係理論 (object relations theory) 以及自我心理學 (self psychology)；當然，也有些理論的創始人雖然接受精神分析理論的訓練，但對於精神分析理論的核心概念做出大幅度的修正，而自成其他學派。整體而言，精神分析理論對於諮商理論發展的影響十分深遠。接下來，筆者將介紹古典精神分析典範與其衍生的其他學派的理論主張。

一、古典精神分析理論 (Classical Psychoanalytic Theory)

佛洛伊德提出人格的架構，是由本我 (id)、自我 (ego) 與超我 (superego) 所組成。「本我」(id) 是個體出生的原始狀態，個體與生俱來就有生的本能 (life instincts) 與死的本能 (death instincts)。生的本能指稱所有追求快樂與迴避痛苦的動機與能量，特別包含性愛的能量；死的本能則為攻擊的根源，包含傷害自己或別人的慾望 (Corey, 2002)。

「本我」沒有邏輯或道德的觀念，完全依循「享樂原則」(pleasure principle) 來滿足本能的慾求。雖然，大部分的「本我」都是屬於潛意識的層面，個體難以自我覺察，但是性與攻擊的驅力卻是掌控人類行為的兩大因素。「自我」(ego) 是跟外界現實有接觸的人格部分，屬於個體的意識層面，「自我」採用「現實原則」去負責協調本我與現實環境間的衝突，以及本我與超我之間的衝突。「超我」(superego) 是人格中道德規範層面，負責判定行為的好壞、對錯與善惡；基本上，「超我」指個體內化的社會或父母的價值觀與標準，代表個體的理想與完美，當符合「超我」的標準時，個體會給予自己自愛、自傲的感覺，反之

▲佛洛伊德 (Sigmund Freud, 1856–1939)，奧地利心理學家。

未達到標準時，則會有罪惡與自卑的感覺。

「自我」在調節「本我、超我、現實環境」之間的衝突時會出現焦慮，「焦慮」(anxiety) 是一種內在的警訊，提醒個體自我的能力可能無法控制本我的本能、無法達到現實的要求或是無法對得起自己的良心。因此，自我必須採用「自我防衛機轉」(ego defense mechanism)，協助個體因應焦慮，以避免自我受到嚴重的打擊。「自我防衛機轉」常見的種類包括：

1. 「否認」(denial)。避免意識到對自我產生威脅的事實或現實。例如：學生接到表現不佳的成績單，便對自己說成績並不重要。

2. 「轉移」(displacement)。將自身的情緒從危險物轉向安全物。例如：以擊打枕頭的方式避免攻擊某人。

3. 「壓抑」(repression)。不自主地將極度痛苦的經驗（如：戰爭創傷），強制驅離自身的意識層次；「抑制」(suppression) 則為有意識的進行同樣工作。

4. 「投射」(projection)。將原本屬自身一部分不愉快的思緒、動機、慾望或情感，投射到他人或他物身上。例如：A 不喜歡 B，但不想如此承認的 A，便將自身情感投射到 B 身上，而說是 B 不喜歡他（她）。

5. 「理智化」(intellectualization)。在情感上讓自我脫離壓力事件。理智化通常不透過接受現實，而是經由合理化解釋來進行自我脫離。例如：面對妻子提出離婚的先生，只專注於探究人生目的等相關議題，而不願去面對自己所受到的打擊與痛苦。

6. 「合理化」(rationalization)。透過建構邏輯的正當性來做出某個決定，而此決定最初之所以成形，是來自完全不同於合理化的其他精神狀態。例如：一個零分的考生為了避免尷尬，可能會將結果歸因於老師教導無方、補習班「猜題」不準、改考卷的老師有眼無珠等等。

7. 「補償」(compensation)。乃因無法達成某種行為，而以另一種行為取而代之。例如：當第一個小孩很會讀書，第二個小孩便可能常逗父

母開心來博取注意。

8.「昇華」(sublimation)。是將衝動導引至社會認同的行為上。藝術史上有很多偉大的作品都屬於這一類，以柴可夫斯基 (Peter Ilyich Tchaikovsky) 的《悲愴交響曲》為例，可能與柴可夫斯基的感情生活屢遭挫折，情感無處宣洩有關，遂創作此曲，作為其悲劇一生的總結。

9.反向作用 (reaction formation)。指在行為上的表現恰與其內心隱藏的慾念相反。比方說，一個情竇初開的女孩子想向她的暗戀對象表白，但又怕被拒絕，更怕被別人講閒話，於是對他十分冷淡，藉此避嫌。

然而，心理困擾的產生正是由於「過度地」使用某些自我防衛機轉，而形成固定的行為模式所導致；固著而無效的行為模式雖然能夠避免個體立即的崩潰，但是卻阻礙個體與他人的互動，或個體追求其個人成長的重要任務。

另外，「人格的發展」依循著固定階段 (stage) 的模式，稱為性心理 (psychosexual) 發展階段，包含：口腔期 (oral stage)、肛門期 (anal stage)、性器期 (phallic stage)、潛伏期 (latency)、性徵期 (genital stage)，以及性徵期繼續。每個階段都有特殊的發展與慾望，個體的自我必須解決本我想擁有與環境所提供之間的衝突，如果無法解決衝突，就會出現固著 (fixation) 的現象，亦即，個體在壓力的狀態下就會退回該固著的階段，不同的發展階段的固著，將造成當事人日後不同的性格影響。例如：「口腔期」無法獲得滿足，造成日後不信任別人、難以與人建立親密關係；「肛門期」無法獲得滿足，將難以表達憤怒與攻擊的負面情緒，可能以壓抑或其他方式處理；「性器期」的固著影響對於異性父母的性慾，以及同性父母的威脅與認同的發展；「潛伏期」的性衝動較為平靜，是社會化發展的階段；「性徵期」則出現性器期時的衝動，個體又將出現強烈的衝動，但亦可能將性方面的經歷投入在其他社會認可的社交活動上。

古典精神分析理論的目標在於減輕當事人的焦慮感、統整並加強當事人的自我功能，因此，心理諮商者要幫助當事人將潛意識的題材引入

意識之中，使當事人能夠頓悟 (insight) 到被壓抑在潛意識中的重要心理衝突，此為解決當事人心理困擾的不二法門。探索潛意識的技巧包括：自由聯想、夢的解析、抗拒的處理與分析，以及移情的處理與分析等。

> 古典精神分析理論 (classical psychoanalytic theory) 摘要重點如下：
> * 心智的結構：本我、自我與超我。
> * 焦慮與自我防衛機轉：「自我防衛機轉」是自我用以因應焦慮的方式。自我防衛機轉能夠幫助個體適應某些重大壓力的時刻，但過度地使用自我防衛機轉則會阻礙個體與他人或其重要工作的互動。
> * 性心理發展階段：個體在不同發展的時期有其特有的衝突，個體的自我必須解決本我想擁有與環境所提供之間的衝突，如果無法解決衝突，就會出現固著的現象，亦即：個體在壓力的狀態下就會退回該固著的階段。

二、新佛洛伊德精神分析理論 (Neo-Freudian Psycho-analytic Theory)

新佛洛伊德精神分析家認為，佛洛伊德的理論過度強調「本我性驅力」對人格的影響，所以將重點改為放在社會與自我的發展；著名的新佛洛伊德精神分析家，如下列幾位：

㈠安娜佛洛伊德 (Anna Freud)：強調個體由依賴發展到自主的過程，並歸納出各種不同的自我防衛機轉對個體自我發展的重要性。從觀察兒童發展的過程中，安娜佛洛伊德發現個體能夠使用適應性的自我防衛機轉，是處理外在現實環境要求的重要方式 (Sharf, 2004)。

㈡艾利克森 (Erik H. Erikson)：描述八個階段的心理社會 (psychosocial) 發展歷程，在每一個階段中，個體都要完成自我與社會的平衡調適。每一個階段各有其發展的危機，這些危機也是人生的轉捩點，突破發展的危機能夠使個體愈臻成熟。八個階段與其發展主題依序分述

如下：1.「嬰兒期」：信任與不信任 (basic trust vs. mistrust)；2.「幼童期」：自主與羞愧懷疑 (autonomy vs. shame and doubt)；3.「學齡前期」：進取與罪惡感 (initiate vs. guilt)；4.「學齡期」：勤奮與自卑 (industry vs. inferiority)；5.「青春期」：角色認同與混淆 (identity vs. role confusion)；6.「少壯期」：親密與孤立 (intimacy vs. isolation)；7.「中年期」：生產與停滯 (generativity vs. stagnation)；8.「老年期」：整合與絕望 (ego integrity vs. despair)。個體的發展是連續的，而且各個階段的發展都是息息相關 (Erikson, 1963)。

　㈢容格與集體潛意識 (Jung and collective unconscious)：容格強調由人類社會歷史所流傳下來的集體潛意識影響當事人的程度 (Jung, 1956)。

　㈣阿德勒與個體心理學 (Adler and individual psychology)：阿德勒主張個體擁有社會興趣 (social interest) 並追求成為社會中的好人以克服自卑感 (Mosak & Maniacci, 1999)。

三、客體關係理論 (Object Relations Theory)

　客體關係理論關注嬰兒與前伊底帕斯階段的兒童，如何「經驗」外在世界與本身的客體，以及這些經驗如何被組織整合成自我與客體的表徵。克萊恩 (Melanie Klein) 是較早提出完整客體關係理論的學者 (St. Clair, 2000)。

㈠客體關係理論探討

　客體關係理論認為個體在生命剛開始階段與他人形成的關係，會影響到兒童心理結構 (mental structure) 的形成，以及日後與他人關係的互動模式。往後生活中的客體關係，均源於兒童想尋求跟母親（或重要他人）再聯結，亦即，個體會不斷去建立符合過去關係型態的關係。

　個體的心理發展在於個體化過程的發展階段，在這個階段，個體要有機會去體驗自己與別人的差異，一方面把別人理想化，另一方面又能

夠以自己為傲，而且能夠同時有獨立和依附的感覺。有別於古典精神分析理論，心理病因的「趨力─防衛─衝突」模式 (drive-defense-conflict model)，客體關係理論則是「關係缺陷」的模式 (deficit-relationship model)。

㈡適應性的個體化過程需要

1. 過渡的客體 (a transitional object)：指早期用以自我撫慰的非母親的客體。嬰兒從認為整個世界都是自己可以創造和控制，到察覺外在世界其實有其他東西的存在，需要一個過渡客體的協助，這個客體可能是填充動物或嬰兒的毛毯。過渡客體能夠讓嬰兒逐漸體會到外界無法完全如他期待似地被控制，但是外在環境也不是完全無法被控制。

2. 剛好的母親 (good enough mother)：母親能夠瞭解嬰兒所呈現的姿勢和需要，讓嬰兒早期能夠獲得需要的完全滿足（依賴），但也能夠逐漸在適當的時機幫助嬰兒邁向獨立。因為嬰兒必須學會容忍挫折、邁向獨立，所以母親最好是個「剛好」的母親，而非完美的母親。

3. 真我的發展 (true self)：當前述「剛好的母親」出現時，嬰兒有機會體驗自發性和真實性，能夠清楚地發展出一個不同於母親的自我，此為真我的發展。相反的，當母親或主要照顧者對待嬰兒的方式太冷漠或過於自我中心時，嬰兒只能以順服母親的方式，努力表現出母親期望的模樣，如此一來，他們沒有機會適當地與母親做出區隔，嬰兒的假我 (false self) 就會出現。

倘若個體化的過程無法順利的發展，個體對人的觀感容易出現分裂 (splitting) 的現象，亦即：無法對他人或自己的印象整合愛與恨的感受，所以採用「全好」或「全壞」的方式來界定任何客體。

第二節　人本與存在典範 (Humanistic and Existential Paradigms)

　　「人本與存在典範」認為個體出現行為問題的主因在於缺乏洞察力。所以，增加個體對自我動機與需求的察覺，是最佳的諮商方式。精神分析理論認為個體的本我是與生俱來的本能，必須透過有效的自我，去調節本我與環境間的衝突，才能解決本能上的衝動。人本與存在典範則是將個體的自由意志（選擇的自由）視為個體最重要的特質。自由意志是一把兼具好壞兩刃的刀，它提供個體自我實現與快樂，但是也同時帶來威脅與痛苦。因此，個體如何善用自己天生的自由意志，並且能夠鼓起勇氣來達成自己的理想目標，是個人成長的重要因素。人本與存在典範很少提到心理問題是如何形成，而是重視如何讓一個人重新獲得自我成長。而心理諮商者扮演的角色，便是協助當事人自我探索及促進自我成長，達到自我實現。

一、個人中心治療理論 (Person-Centered Therapy)

　　個人中心治療理論的代表人物羅傑斯 (Carl Rogers) 認為：人們為了獲得他人的贊同，因而扭曲了個人內在的自我價值與需求以迎合他人，以至於造成日後的心理困擾 (Rogers, 1980)。因此，他提出以「無條件的正向關懷」(unconditional positive regard) 與「同理心」(empathy) 的方式來營造一個可以安心表達內在感受與想法的環境，讓當事人漸漸瞭解自己的內心需

▲羅傑斯 (Carl Rogers, 1902–1987)，美國心理學家。(圖片來源：Corbis)

求，進而選擇朝向自我實現。當人們不再關注於評價、環境的要求或別人的喜好時，他們將由與生俱來的自我實現力量所引導，而獲得自己期待的正向生活。

㈠個人中心治療理論發展的三階段

羅傑斯認為「自我實現」是一項極重要的人格特質，沒有了它便無法創造一個屬於自己的自我，達到發揮潛能或療癒心靈的目的。個人中心治療理論關心「人」遠勝於關心「問題」，將諮商的重心放在當事人本身。其理論發展，可區分為三個主要階段：

1. 第一階段稱為「非指導式」(non-directive) 諮商

羅傑斯在與當事人接觸的過程中體認到，每個個體均具有自我引導的能力；因此，在諮商過程中，真正知道該如何進行的人，是當事人本身，而非心理諮商者。所以，心理諮商者應摒棄無所不知的專業角色，重視當事人本身的心理感覺而非問題，不再以指導式的態度引領談話的方向，使當事人能夠因為心理諮商的經驗，得到足夠的領悟，並瞭解自己與現實情境的關係，如此一來，當事人就能選擇適應環境的方法。

2. 第二階段稱為「當事人中心」(client-centered) 諮商

羅傑斯曾經為了幫助當事人解決其困擾，與當事人形成一段長期、強烈與緊張的諮商關係，導致羅傑斯本身罹患神經衰弱症，自覺不論是身為一個人或一名心理諮商者，都無法感受到自我價值，後來經過三個月的調適才重拾自我價值感。歷經這段黑暗期，羅傑斯體認到：只有在溫暖而且可信賴的諮商環境下，當事人才能自我開放、去除自我防衛，進而真正察覺到內在的自我，對自我做更深層的瞭解，重新接納自己。因此，心理諮商者必須將心力投注於對當事人內在世界的瞭解，這樣才能幫助當事人改變自我概念，朝向積極正面的方向發展。

3. 第三階段稱為「個人中心」(person-centered) 諮商

在此階段，羅傑斯不再將尋求心理諮商的當事人視為一個求助者 (a client)，而是將其視為一個人 (a person)，同時羅傑斯開始將其理論做出進一步的推展，將適用的對象由個人，推廣應用到教育、小團體、領導與行政階層的輔導與訓練等方向，進而運用到大團體錯綜複雜的各個議題，如：組織發展、跨文化與種族間的互動、國際關係以及世界和平等各方面。

㈡心理諮商者應具備的三種人格特質

個人中心治療理論最為重視的就是「諮商關係」。羅傑斯認為「明顯而正向的人格改變只會發生在關係之中」，因此諮商關係是產生人格改變所需要的充分且必要條件。個人中心治療理論認為諮商關係是「平等」關係，心理諮商者不會對當事人隱瞞知道的事或是企圖將諮商過程神秘化，並且心理諮商者必須具備三種人格特質或態度，來形成有效的諮商關係：

1. 真誠一致 (congruence and genuineness)

心理諮商者在諮商時表現的是「坦誠與真實」，心理諮商者本身的內在經驗與外在表現是一致的，並且能夠在諮商過程中，開放地向當事人表露其當下的感受與想法。因此，透過心理諮商者真誠一致的示範，當事人也能學習到坦誠的溝通；然而，心理諮商者的自我表露 (self-disclosure) 必須恰到好處，避免沈溺在自己的感受中，而不斷向當事人談論自己的感受。

2. 無條件的積極關懷與接納 (unconditional positive regard or acceptance)

「無條件的積極關懷與接納」是指心理諮商者能夠以溫暖的態度，積極主動地關心當事人，而且這樣的關懷不附帶任何條件，也不對當事人的感覺、想法或行為強加評論或批判。特別注意的是，「接納」係指認可當事人所有抒發感覺的權利，但並非表示贊同當事人一切的行為。

3. 正確同理心的瞭解 (empathy)

「同理心」是指心理諮商者能感受到當事人的內在世界，如同是自己的感受一樣，但是卻不迷失在這些感受之中。而且，心理諮商者正確且敏銳的同理心瞭解，不只是能夠感受到當事人的內在世界，也要能夠感受到當事人隱含的、曖昧不明的情緒。正確同理心的瞭解與溝通，能夠鼓勵當事人更親近自己，深入而密集地體會到自己的所有感受，進一步認識自我並解決內在不一致的問題。

(三)當事人在心理諮商過程中的經驗歷程

1. 感受到自己的不真誠：對自我的知覺與對現實的經驗之間，出現明顯的差距。

2. 廣泛地探索感受：當事人漸漸能夠表現出被視為偏向負面的情緒，以及無法被自己或他人接受的感受。

3. 限制與扭曲逐漸減少：當事人願意去接納與整合內在衝突與混亂的感受，不再以壓抑或扭曲經驗的方式來處理混亂的情緒。

4. 感覺自己被瞭解與接納：當事人能夠感受到自己是被完全的接納與瞭解，因此不需要再以防衛的方式進行溝通，並能夠進一步開放自己的經驗。

5. 變得更接近真實：當事人能夠以較正確與實際的方式察覺外界，也能夠更瞭解與接納他人。

6. 較能欣賞現在的自我：當事人的行為較富彈性，可能不以符合別人期望作為自己行為的指導原則，因此行為也變得更真實。

7.有能力主導自己的生命：當事人能夠更瞭解自己，而不是從自我以外去尋求答案。

㈣心理諮商者與採用個人中心諮商典範之間的契合度

心理諮商者是否能夠信奉某種典範，並從中受益，部分決定於心理諮商者與典範的契合度，如果這個典範的主張與信念，甚至是改變當事人的方法，與心理諮商者的經驗與人格愈相符，心理諮商者就愈能得心應手地採用該典範，並從中獲得典範指導的優點。底下列出一份 10 個問題的練習作業，讓你（妳）評估自己原有的信念或態度與個人中心諮商典範之間的契合程度。

● 想想你（妳）對人的態度

1. 你（妳）相信每個人都有與生俱來的能力，能夠帶領自己朝向自我實現的方向前進嗎？
2. 你（妳）能夠時常以不同的角度或觀點去思考相同的一件事情嗎？
3. 你（妳）喜歡深入地去理解各種不同的生命歷程嗎？
4. 你（妳）能夠對自己的情感、慾望、與希望有充分的瞭解，並承認別人也有同樣的情感、慾望、與希望嗎？
5. 你（妳）願意學習去傾聽別人，即使你不同意他人所說的，讓他人說完他們要說的話，在下判斷之前先問個明白嗎？
6. 你（妳）是否時常仔細觀察街上、飯店、或公車上的陌生人，並嘗試以他們的表情去領會他們當時的情感狀態？
7. 你（妳）在評估他人時，不會單靠外在的表現，而會認真地找出他（她）的潛在態度或行為模式，或是透過談話或問一些有趣的問題得到這方面的訊息嗎？
8. 在談話中，當你（妳）發現某人的意見和你（妳）完全背道而馳，你

（妳）是否會想想為什麼這個人會有這樣的意見嗎？

9. 你（妳）能夠試著接納與你（妳）極度不相同的看法嗎？

10. 你（妳）時常提醒自己每一個人的心境都會影響他（她）的行為嗎？

在這些問題中，如果你（妳）的答案愈肯定，表示你（妳）的人格特質愈符合個人中心典範。

二、存在治療理論 (Existential Therapy)

存在理論與人本理論一樣重視自我成長，但是人本理論重視人本質中的良善，而存在理論則強調人存在的孤單與恐懼 (basic aloneness)，因此，存在治療理論心理諮商的目的在於找到人生的意義 (meaning of life)。

「真誠的存在」(authenticity) 是指對存在的一種內在覺知，包括個體願意去面對人類存在的限制；存在的議題包括：「生存與死亡」、「自由、責任與抉擇」、「孤立與愛」、「意義與無意義」。存在治療理論提出下列五項諮商階段與目標，使心理諮商者更清楚如何進行存在諮商 (Yalom, 1980)。

㈠提高自我察覺的能力

「自我察覺」是當事人開拓潛能的根本方式，讓當事人瞭解自己的選擇、動機與其他影響自我的因素，當事人可以領悟到自己在許多方面的行為，仍然受到過去經驗或決定的束縛，並瞭解自己可以在現在或未來做出新的決定。然而，自我察覺可能是一個痛苦的歷程，因為當事人的察覺能力愈好時，可能也會愈清晰地感受到自己的限制、不足或脆弱面。因此，自我察覺同時包含美好與痛苦的經驗，如何鼓勵當事人承受痛苦的煎熬，持續進行自我瞭解，是幫助當事人成長的重要關鍵。

㈡鼓勵當事人重獲自由與責任

存在治療將個人做選擇的自由與責任聯結在一起，認為個體可以「自由」、「抉擇」以何種方式生活，同時也將為自己所過的生活負起「責任」（自由、抉擇與責任三者關係密不可分）；責任是指擁有自己的抉擇，並誠實地對待自由抉擇後應負的責任，包括關懷他人、不會把自己的問題怪罪到他人頭上等等。心理諮商者會引導當事人去探索，自己如何放棄為自己做選擇的自由，並逃避承擔做選擇的責任，因而將自己的問題完全歸咎於他人或生活環境的緣故。因此，在這個議題上，心理諮商的目標就是在於，協助當事人清楚地認清自己是採用哪些方式放棄了自己的選擇自由，而讓別人為自己做決定；接著，增加當事人願意重拾選擇自由的意願，鼓勵當事人為自己負責任，成為一個獨立的個體。當事人能夠重獲自由並承擔責任，才能擁有對自己的生活與生命的控制感。

當事人常會將別人對自己的期望作為追求自我認同的方向，然而，這樣的生活方式往往容易迷失自我，感受到失落感或是對自我產生陌生的感覺，稱為「不真誠的存在」(unauthentic existence)。因此，在心理諮商的過程，要積極鼓勵當事人學習如何與自我接觸，在現實的生活中探索自己的目標、發掘自我，接著才能以真實的自我，和他人發展出親密滿意的人際關係，而不是一味地順從、迎合別人的要求，那樣的人際關係反而容易造成彼此的緊張。

㈢追尋意義

羅洛梅 (Rollo May) 與葉倫 (Irvin Yalom) 指出，人類在他們生活中需要一種意義感 (sense of meaning)；對於發生在個體身上及發生在世界上的事件，意義感提供了一種解讀事件的方式；意義感也是價值觀據以發展的媒介——關於人們如何生活，以及希望如何生活。

生活中的「無意義性」(meaninglessness) 會導致當事人感受到生命的

空虛與空洞，就是所謂「存在的虛無」(existential vaccum)；如何協助當事人從缺乏意義的生命本身，去創造並發現生命中的意義，是心理諮商的重要目標。存在理論認為要找尋到生命的意義，必須透過當事人親自地體驗與投入，特別是由痛苦、負面的生活經驗中，藉由個人的力量，將苦難的折磨轉換為內在的成就。因此，當事人必須負擔起為自己的生命創造意義的任務，為自己創造一套屬於自己生活方式的價值體系，使自己的生活方式與存在方式達成一致。

㈣體驗存在的焦慮

焦慮分成兩個主要類型：正常焦慮、神經質焦慮，而「存在焦慮」是正常焦慮之一 (Corey, 2002)。「存在的焦慮」係指具有「建設性」的焦慮，因為焦慮是生存的一種狀態，當個體願意認真追求生存的意義、面對生活中的挑戰，並以此肯定自己的存在時，就會出現正常焦慮。換言之，存在的焦慮可以提供個體一個機會去面對存在的困境（如：臨終的到來），刺激個體的成長，並且讓個體逐漸意識到自己擁有許多在存在過程中的自由；然而，自由和焦慮是一體的兩面，當個體能夠體驗到存在的自由時，也代表必須承擔更多存在的責任，同時會感受到更強烈的存在焦慮，而強烈的焦慮感可能會造成個體的痛苦或不舒服。因此，在諮商的過程中，心理諮商者必須鼓勵當事人鼓起勇氣，體驗這種未知的存在焦慮，而非用逃避或放棄的方式來因應存在的焦慮；心理諮商者要協助當事人學習忍受生命中的模糊、混亂、與不確定感，並嘗試以新的生活方式去面對或掌控，焦慮便會慢慢地自動減弱或消失。

㈤面對死亡的察覺

存在治療理論認為「死亡」與存在是相互依存的，雖然死亡將終止存在的持續性，但是對死亡的察覺，可以讓個體更珍惜存在的意義、更加重視存在的價值，弗朗克 (Viktor Frankl) 把「死亡」視為一種激勵，以

激發個體充實地生活、善用每個機會去做一些有意義的事情；反之，倘若個體因過度恐懼死亡而逃避面對死亡的察覺，就無法思考生命的重要性，也無法真實的存在。因此，鼓勵當事人體認死亡的必然性，並鼓勵當事人認真思考在有限的生命中，應該為自己完成哪些任務、責任與計畫，更能增添生命力與創造力，讓自己的潛能能夠有更大的發揮。

三、完形治療理論 (Gestalt Therapy)

完形治療理論的基礎來自於完形心理學的「圖形—背景」概念，最為重視個體與他人的關係與知覺，包括個體與環境的界線，以及自我與他人接觸的深度。完形治療理論強調個體從各種知覺、身體感覺與情緒方面，去增加自己與環境覺知的重要性，特別是「目前、此時此刻」(here and now) 自我和他人的接觸，比「過去」和「未來」都來得重要 (Passons, 1975)。

完形治療理論幫助當事人瞭解並接受自己的需求、渴望與害怕，並察覺自己如何「阻礙」自己達成目標或追求渴望。有三種阻礙發展完形的狀況：

第一、個體對他人與對自我接觸的察覺很差。

第二、與他人接觸的表達需求受到阻礙。

第三、個體會不自覺地壓抑自己對他人的情感或知覺。

因此，完形治療理論著重於當事人如何突破這些阻礙，形成適當的接觸。

㈠接觸的重要性與層次

接觸 (contact) 對於個體的成長與改變是重要的，在接觸的過程中，個體才能真實經驗到整個世界並且改變自己對外界的感受。接觸並不等同於融合 (fusion)，兩者最大的差別在於：接觸時，個體與他人仍保持一種區隔感 (sense of separateness)，而融合時，則不存在區隔感。因此，接

觸可以帶給個體新的活力和能量，但卻不會讓個體失去自我認同感。

為了達到心理方面的成熟，個體必須循序漸進地剝除「每一層」，才能增加與外界環境的真實接觸 (Perls, 1970)，依序為：

1. 第一層：虛假層 (phony level)。係指採用不真實或形式化的方式與他人互動。例如：用表面、客套的方式和人打招呼、問候，但非真誠地關心對方。

2. 第二層：懼怕層 (phobic level)。係指刻意迴避內心的痛苦。例如：不想去面對自己真正覺得難過或害怕的事情。

3. 第三層：僵局 (impasse)。係指在某個時間點上，個體因極度地害怕改變，處在一種進退兩難、無法動彈的窒息感覺。在僵局的情境下，個體整個人的感受是不知所措的、茫然的，陷入一種僵局當中。

4. 第四層：內爆層 (implosive level)。個體開始能夠經驗到自己的情感，覺察真實的自我，但仍然無法將自己的感受付諸行動。

5. 第五層：外爆層 (explosive level)。接觸是真誠而沒有任何的虛假，個體能夠真實地體驗接觸，面對接觸可能帶來的焦慮、不舒服，同時也體驗到接觸所帶來的活力和愉悅。

㈡接觸界線的混淆

界線 (boundary) 係指個體與他人或外界環境的分隔；良好、真實的接觸時，個體能夠維持平衡的界線，不會失去自己的自主和獨立。然而，有一些互動的狀況，會使個體和他人在接觸時失去界線，造成接觸界線的混淆，茲說明如下：

1. 內攝 (introjection)：係指未加審慎地評估就完全接受他人的觀點。兒童最容易出現這樣的狀況，把父母的觀點視為絕對的事實，不過隨著年齡的增長，則漸漸能夠做出適當的判斷，不再全然地接納父母的觀點。

2. 投射 (projection)：係指個體將自己的不喜歡或不想擁有的部分，轉嫁到別人的身上。藉由投射的方式可以減輕自己的罪惡感或憤怒感。

例如：明明是自己不喜歡別人，卻認定是別人不喜歡自己，或是當自己犯錯的時候，就把錯誤怪罪在別人身上。

3.倒向 (retroflection)：係指個體將想對別人做的事，或是希望別人對自己做的事情，假想為別人想對自己做的事。這樣的方式可以讓個體感受到自給自足，不需要再依靠與他人的關係來滿足自己的需求。然而，這樣的作法卻會讓個體在心底的深處，感受到強烈的孤立無援。

4.轉向 (deflection)：係指個體採用間接的方式以避免真實的接觸。個體以情感抽離的方式與他人互動，包括：過度有禮、談論不相關的事物，或是避免身體的接觸。

5.合流 (confluence)：係指個體與他人之間的界線消失或鬆弛時，個體與他人擁有相同的感情和思想。當個體有被接納的強烈需求時，最有可能以合流的方式，捨棄自己真實的情感或想法，以求得他人完全的接納。

(三)主要的諮商技巧

完形治療理論諮商的目標，在於增加個體「自我覺知」(awareness of oneself) 的能力，藉由真實的接觸，幫助個體變得成熟，而且能夠繼續成長。當個體擁有充分的自我覺知以及對外在環境的覺知，就能夠發揮自我調整的能力，為自己的選擇負責、接納自己，創造理想的生活方式。因此，隨著諮商的進展，個體對於自己的身體、情感與環境的覺察能力愈來愈強；能夠擁有自己的經驗，且與外界保持適當的界線；能夠藉由真實的體驗獲得更多的力量和勇氣。

為了增進個體自我覺知的能力，經常採用下列的各種練習 (exercises)、實驗 (experiments) 的方式來達成自我覺知的提升。

1.強調覺知：完形治療理論強調自我覺察的重要性。有時候邀請個體重複某個簡單的行為或動作，例如當事人在高度焦慮下，會出現咬指甲的行為，因此邀請當事人重覆咬指甲的動作，以體驗自己的高度焦慮，

即可能讓個體體會到真正的自己,並帶來正向的效果。

2.透過語言增進覺知:鼓勵個體使用某些語言,能夠讓個體體驗更接近自己的感覺,或是為自己負起更多的責任,而避免使用間接或模糊的用語。例如:

‧用「我」代替「你」、「他」等代名詞。

‧用「不想」代替「不能」。

‧用「想要」代替「需要」。

‧用「選擇」代替「必須」。

3.透過非語言的覺知:個體的非語言行為對於完形治療理論是非常重要的一部分,每一種表達或溝通同時包含語言和非語言的部分,由於語言本身在表達方面具有接收強勢的特點,人們往往都會準備好要說些什麼,卻忽略了自己的身體正在做什麼,亦即:非語言行為往往是自然而然就會出現的,而語言反而是經過深思熟慮、容易有一些偽裝,透過對非語言的覺知,更能洞察個體的真實感受。

4.透過自我對話的覺知:讓個體對某事物無法統整的兩極化情緒感受,透過對話的方式,重新整合並激發出新的平衡。最常出現的兩極性是「優勢者」(top dog) 與「劣勢者」(under dog),優勢者是指個體為好批評、高道德標準與嚴苛的層面;而劣勢者則指個體為無助、軟弱與被動的層面。這兩個層面往往都在爭取控制權,優勢者鞭策著個體應該去做些什麼,而劣勢者則一再拖延事情的進行,因此,這樣的衝突適合進行自我對話。最常執行自我對話的型態即為「空椅法」(empty chair),個體分別在兩張不同的椅子上扮演不同的角色 (如優勢者或劣勢者),隨著角色的變換,個體坐在不同的椅子上,將不同角色的感覺和想法陳述或表達出來,心理諮商者需要仔細聆聽兩個角色所表達的內容,並適時地幫助兩個角色的相互對話以促進兩者之融合。

5.透過夢的覺知:夢可能是個體覺察自我最佳的途徑。在完形諮商中,並非像精神分析理論一般去解析夢境,而是邀請個體再度體驗自己

的夢境，並且去扮演夢境中的各個角色。透過個體去實際體驗夢境中的各個人物與物體，能夠察覺出過去在自我認同中可能被疏離或壓抑的部分。

第三節 行為主義典範 (Behavioral Paradigms)

行為主義認為所有的人類行為都是學習而來的，可以透過內省、自我觀察，以及報告內在心理歷程，來瞭解個體的意識結構。行為治療運用行為主義的研究成果，發展出各種行為改變技術，用以增加當事人適應性的行為或是減少其不適應的行為。

一、行為學派的假設

在美國本土實驗心理學的蓬勃發展與對抗歐洲精神分析學的強烈氣氛下，行為學派逐漸茁壯，成為心理典範的重要一角。

行為學派的心理學家認為，主觀的經驗並不能獲致瞭解人類行為的科學資料，因為來自研究主觀經驗的結論，無法被其他學者所驗證 (verification)，因此，行為學派的基礎都是來自實驗室研究的結果。行為學派主張只有研究「直接可觀察的行為」與控制行為的「刺激」與「增強情境」，才能得到瞭解人類行為的科學定律。

行為學派強調所有的行為都是學來的，「學習」對行為的影響一直是行為學派研究的核心，包括環境如何影響各種行為的獲致 (acquisition)、修改 (modification)，與消除 (elimination)，不論是適應或不適應行為。行為學派認為不適應行為，本質上是下列兩種學習的結果：無法學得必要的適應行為或能力，或學得了無效或不適應的行為 (Spiegler & Guevremont, 2003)。例如：孩子以「尖叫」的方式取得父母的注意力，代表孩子無法學會其他適應的方式，如好好與父母親溝通或請求父母親多關心自己；另外，這也代表孩子採用尖叫的方式時，最能吸引父母親

的注意力，於是習得不適應的行為。

二、心理諮商者與採用行為典範之間的契合度

行為學派的主張主要是來自實驗室的研究結果，所以，運用行為學派的典範時，如果心理諮商者的工作習慣與思維越接近實驗室操作實驗的態度，越能受益於行為典範，做出有利當事人改變的介入。底下列了八個有關個人工作習慣的問題，幫助我們評估自己的工作習慣與行為典範之間的契合程度。

練習作業

● **個人工作習慣與行為典範契合度**

1. 你（妳）經常一個人靜靜地觀察世間許多變化的程度？（程度越高越契合）

2. 你（妳）時常覺察自己的情緒，並且做出良好的調適，避免情緒影響到生活上其他的層面？（程度越高越契合）

3. 平常你（妳）身上是不是隨時都找得到筆記本與筆，把重要的東西記下來？（程度越高越契合）

4. 食譜上建議你（妳）要用 3.5 克的鹽調味，你（妳）會怎麼做呢？（會去找尋精確秤重的工具的程度越高越契合）

5. 如果別人說你（妳）很可愛，你（妳）會想問清楚對方，「可愛」是什麼意思的可能性有多高？（可能性越高越契合）

6. 工作手冊上規定，完成作業必須依照一定的程序，如果你（妳）已十分熟練這件工作，你（妳）會繼續遵照手冊規定，一個步驟接著一個步驟地完成？（越遵照手冊規定的步驟逐步完成的程度越高越契合）

7. 剛剛你（妳）在老闆面前不經意說了一句話，結果老闆顯得相當高興，你（妳）有些納悶，接下來你（妳）會怎麼做呢？（越會跟老闆問清楚他高興的理由越契合）

8.完成了一件複雜的戰車模型之後，你（妳）看到包裝盒上所印的完成圖，你想你接下來會作出什麼反應?(越會將成品與完成圖仔細比對的程度越高越契合)

三、行為治療理論

㈠強調科學基礎 (scientific emphasis) 的行為諮商

就如同下面這段話，清楚地指出科學實驗對行為治療的貢獻。

行為治療是採用科學方法學 (scientific methodology) 的取向，尤其是「實驗」(experiment) 的方式，來進行治療。

簡單而言，運用行為治療，就如同進行實驗，實驗的自變項等同於擬定行為治療計畫，而實驗的依變項則是標的行為的改變，透過操弄自變項，來獲得依變項的改變。因此，進行行為諮商也要符合這種科學實驗的精神，最常見的就是操作性定義各項行為變項，將行為定義為可觀察並且可測量的方式。例如將「強迫洗手行為」這個變項定義為個體一天當中洗手的次數。

㈡行為治療的核心概念：「運用學習原理、直接改變問題行為」

簡而言之，行為治療的理論特色在於「運用學習原理，直接改變問題行為」。行為學派認為所有的行為都是透過學習而來，所以心理諮商者可以透過學習原理，修改或消除問題行為，或獲致適應行為。而這種行為的改變是直接操弄環境的改變，而不同於心理分析理論或認知理論，透過影響內在的人格結構或認知想法，而達到改變問題行為。

⊜基本學習原理與常見的行為治療技巧

由於行為治療是基於學習理論的原理 (the rules of learning theory) 學習而來並加以維持，所以，心理諮商者當然要熟習學習原理，才能運用學習理論，達到改變問題行為的目標。行為治療學派的學習原理有三，包括古典制約學習、操作制約學習與仿效學習，以下分別作介紹。

1.古典制約學習 (classical conditioning)

談到古典制約，大家都會聯想到俄國學者 Ivan Pavlov 的實驗，原先只對肉末產生唾液反應的狗，經過古典制約程序，對鈴聲也產生唾液反應。然而，古典制約最大的特徵在於「行為是由刺激所誘發產生」，誘發反應的刺激與被誘發的行為之間存在某種「聯結性」。藉由古典制約，同一個反應可以被其他刺激所誘發，如同 Pavlov 所示範一般。

(a) NS（中性刺激）——引發→ 無特殊反應

(b) CS（制約刺激）
　 ＋（伴隨）
　 US（非制約刺激）——引發→ UR（非制約反應）

(c) CS（制約刺激）——引發→ CR（制約反應）

▲古典制約的基本歷程（出自溫世頌，2007）

通常心理諮商者面對的是「刺激與不恰當反應之間聯結強度過高」的問題。例如，單純畏懼症，看見毛茸茸的物體（刺激），每次都出現強烈的恐懼反應，只能以逃離或迴避來因應（不恰當的反應）。下列兩種方式能夠降低刺激與不恰當反應之間的聯結強度。

⑴交互抑制理論 (reciprocal inhibition theory; Wolpe, 1958)：指強者

壓制弱者、適應性行為抑制不適應性行為的理論。

⑵降低誘發害怕刺激與害怕反應之間的聯結強度：包括以暴露為基礎 (exposure-based) 的技巧，讓焦慮害怕充分地呈現，以達到降低焦慮反應的強度，如階層式暴露法 (graded exposure)、洪水法 (flooding)，以及以想像為基礎 (imagery-based) 的技巧，最常見的就是系統減敏感法 (systematic desensitization)。

黑幼龍先生書中提到拒絕別人的妙方「破唱片法」，可用來說明如何利用充分呈現焦慮反應 (以暴露焦慮為基礎)，來降低引發焦慮的情境與過高焦慮反應之間的聯結強度。

> 我和朋友到一家麵店用餐，我點了牛肉麵，老闆卻送來一碗麻醬麵。我將伙計叫來，告訴他：「對不起，我叫的是牛肉麵，怎麼你卻送來一碗麻醬麵。」誰知道伙計嫌麻煩，不停地在我面前抱怨是我搞錯了，明示、暗示我將就算了……
>
> 這時候，我也不動怒，只是在對方說的每一句話裡，插話說：「我點的是牛肉麵。」就像個破唱片一樣。那名伙計最後只好投降，為我另外下一碗牛肉麵。

利用「破唱片法」來拒絕別人的要求是一個不錯的選擇，特別是對於一些不合理的要求。不過，要達到成功的拒絕是需要一些竅門的！不是硬著頭皮去做就會成功，有些人試過一次以後卻會避免再使用第二次，這樣的結果反而阻卻了一個有用的方法！

因此，使用暴露為基礎的技巧一定要堅持下去。而且在模擬練習該技巧時，必須確認自己是否的確出現焦慮情緒。以上述練習拒絕別人為例，首先，如果你（妳）有拒絕別人的困難，當你（妳）練習的時候一定「會焦慮」，如果沒有焦慮出現的話，那樣的練習是沒效的！出現焦慮表示你（妳）真的身臨其境，這時候表現得好，真實的狀況才會表現得好！如果練習時，沒有出現焦慮的話，表示你（妳）的心裡正在迴避這

樣的事，表現得好也不過是「演好一場戲」罷了！

　　再來是「要堅持面對」（即充分呈現焦慮反應或讓當事人持續暴露在高焦慮的情境下），當你（妳）開始重複說出同樣的話時，焦慮也會跟著竄升，例如：如果成功的拒絕需要 10 次重述的話，第 5、6 次重述的時候，當時的焦慮可能會是最高，這時候是決定你會不會繼續委屈自己、順應對方要求的關鍵時刻！如果，你選擇面對焦慮（暴露在焦慮之下）繼續堅持下去，你（妳）會發現原先的焦慮開始在下降，你（妳）的氣勢卻越來越凌人，信心感也會隨之高漲，這跟剛開始拒絕時的感受截然不同。

▼誘發焦慮刺激與出現焦慮反應的關聯

誘發焦慮的刺激 ──────→ 出現過高焦慮反應（指數：8）
誘發焦慮的刺激 - - - - - -→ 出現適應焦慮反應（指數：3）
透過充分呈現過高焦慮反應來削弱 ──→ 而增加 - - - - -→ 的聯結強度

2.操作制約學習 (operant conditioning)

　　人類的行為作用於環境中，有利於某些結果的產生，而這些結果接下來將決定在類似的狀況下，該行為會重現的可能程度。所以，操弄行為的「結果」便能影響該行為可能重現的程度（如：出現或消失）。簡而言之，操作制約的基本主張是「行為的結果決定行為未來出現的可能性」。

　　⑴行為的結果對於行為的影響，可以透過獎勵／處罰的矩陣 (reinforcement/punishment　matrix)，區分成正向增強 (positive reinforcement)、負向增強 (negative reinforcement)、處罰 (punishment) 與

代價 (cost)，底下以例子來說明。

> ・刺激情境 (S)：媽媽要小寶去洗澡。
> ・行為反應 (R)：小寶進入浴室洗澡。
> ・行為結果 (C)：賞金五元（正向獎勵）／鞭打奉送（處罰）／耳根清
> 　靜（負向獎賞）／禁足一週（代價）。

行為 (R) 出現之後的環境事件 ＼ 對未來行為的影響	結果 (C) 呈現刺激	結果 (C) 移走刺激
行為反應增加（洗澡的次數增加）	正向增強（賞金五元）Positive reinforcement	負向增強（耳根清淨）Negative reinforcement
行為反應減少（洗澡的次數減少）	處罰（鞭打奉送）Punishment by application	代價（禁足一週）Response cost

　　(2)「處罰」是壓制不良行為經常被採用的方式。不過，由於處罰可能帶來負面效果，因此，使用處罰時應該記住正確使用處罰的原則，以及處罰可能帶來的負面效果，妥善考慮後，適當地加以執行。

　　正確使用處罰的原則包括：

　　・一旦出現不良行為，立即執行處罰 (immediate application or remove of the contingent stimulus)，避免拖延。

　　・一旦出現不良行為，一定執行處罰，沒有例外。

　　・處罰的執行應給予最大的強度 (maximal intensity)，避免以逐漸增加強度的方式進行。

　　處罰帶來的負面效果則有：

　　・接受處罰結果的對象，其情緒反應的強度增加 (increased emotional responding)。

　　・迴避 (avoidance) 與執行處罰者的接觸或關係開展。與執行處罰者

之間的關係品質下降 (decreased quality of relationship)，特別是在高頻率的處罰的情境下，屆時處罰的效果會隨時間逐漸減低。

‧模仿 (imitation) 使用處罰方式，成為行為目錄的一部分。換言之，仿效人際敵意行為 (modeling of aggression)。

‧被動 (passivity) 與退縮行為 (withdrawal) 的增加，特別是預期處罰是無法避免的情況下。

⑶由於降低不良行為，是運用行為治療理論時常見的目標，又因為處罰帶來的負面效果頗多，因此，應考慮其他非處罰性降低不良行為的方法 (non-punitive methods of reducing problem behaviors)，包括：飽足法 (satiation principle)、削弱法 (extinction principle)、鼓勵與不良行為不相容的好行為 (reinforcing an incompatible adaptive behavior) 與負向增強原則 (negative reinforcement principle)。以「飽足法」為例，其原則是讓不良行為持續下去，直到厭煩而停止；舉例來說：如果小朋友出現好奇玩弄電源插頭的行為，降低這種行為的作法是鼓勵孩子繼續玩弄插頭孔，直到他覺得厭煩，而不是阻擋小朋友玩弄插頭，這樣的作法也可以降低玩插頭孔問題行為的頻率。

⑷如果當事人的行為目錄 (behavioral repertoire) 中缺乏可被增強的行為，在這種狀況下，藉由增強意圖行為的漸次逼近 (successive approximations) 來建立新行為，稱為「塑造」(shaping)。訓練史基納箱 (skinner box) 中的老鼠學會壓桿的行為，便是運用塑造的技巧，透過逐步增強老鼠接近壓桿的行為（注意到槓桿→鼻子靠近槓桿並前肢離開地面→前肢碰到槓桿→抬起前肢完全壓下槓桿），最後學會壓桿的行為。

底下是一位前去賭場的李先生，透過「操作制約」，影響了李先生拉霸動作的出現頻率。

● 例子：前去賭場的李先生

　　李先生第一次來到澳門賭場。進入賭場，他換了許多硬幣走向拉霸機（刺激情境），投下兩枚硬幣（行為反應），結果第一次玩的李先生贏錢了（行為結果，增加了行為反應出現的機率）。李先生興高采烈地繼續玩拉霸機，幸運的他又贏了幾次，於是李先生更快地將硬幣投進拉霸機（「部分增強」(partial reinforcement) 增加了反應行為的出現）。

　　可是他的好運似乎用光了，拉霸機不再掉下硬幣（「部分增強」完全抽離），而他也變得急躁起來，再去兌換更多的硬幣，急促地投進拉霸機，拉動機器臂桿的動作越來越大，甚至有時還會捶打機器（「部分增強」完全抽離後，更多奮力的行為出現），可是機器仍然只有吃錢，於是李先生換了另一臺拉霸機，但是好運真的用光了，最後李先生放棄不再玩拉霸機，轉至賭場他處逛逛（成功地削弱行為出現的機率）。

　　在李先生離開賭場之前，他又去試第一臺贏錢的拉霸機（自動恢復，spontaneous recovery）。結果呢？

如果，李先生好運又回來了，他就會繼續賭下去（行為反應快速重建，speedy rebuild up response），要是又摃龜的話，李先生就會離開賭場，返回旅館。

3.仿效學習 (modeling)

　　如果個體能夠模仿 (imitate) 楷模 (model) 的行為，並因此而被獎勵或觀察到楷模因此被獎勵，那麼新的行為表現很快就會被個體學會。仿效又稱「觀察學習」(observational learning/various learning)。「仿效」的要件有二：其一是個體本身行為目錄已有意圖模仿的行為，其二是能觀察得到自己的模仿行為或楷模的行為與行為結果（獎勵）之間存在的關聯性 (contingency)。

㈣行為治療的步驟

1.行為治療與實驗法的比較

基本上，執行行為諮商與進行實驗的步驟相仿。我們可以透過比較表，更清楚行為諮商進行的步驟。

▼「實驗法」與「行為治療」比較表

實驗法	行為治療
1.選擇想要研究的領域	1.接觸前來接受諮商的當事人
2.文獻搜尋與參數的初步描述	2.篩選與一般處置
3.辨識找出依變項	3.選擇標的行為
4.形成假設	4.形成假設
5.基於假設選定獨變項	5.基於假設選定介入 (treatment) 的方法
6.實驗期間	6.執行介入方法
7.持續監控	7.持續監控
8.評估結果	8.評估結果
9.如果結果與假設不符，重新修正假設，繼續原有實驗步驟	9.如果結果與假設不符，重新修正假設，繼續原有行為諮商步驟
10.如果結果與假設相符，進行下一個研究	10.如果結果與假設相符，繼續協助下一位當事人或同一當事人的其他問題行為

2.理想的行為治療進行模式

一個理想的行為治療模式，可以劃分為下列十個步驟，心理諮商者便是秉持科學的精神，依照這十個步驟，依序地完成行為治療，達到改變當事人問題行為的目標：

　　⑴接觸前來諮商的當事人。

　　⑵篩選與一般處置。

(3)選擇標的行為（區分行為診斷類別、操作性定義標的行為）。

(4)產生心理諮商假設與設定心理諮商目標。

(5)基於心理諮商假設選擇學習原理與技巧。

(6)選擇測量方法與建立基準線。

(7)執行心理諮商技巧與持續觀測心理諮商結果。

(8)評估行為改變的結果。

(9)如果假設不被評估的結果支持，重回(4)產生新的心理諮商假設
與設立新的心理諮商目標。

(10)結果與假設相符，繼續協助當事人處理其他的問題行為。

● 當事人分析練習

小叮噹終於回到屬於自己的地方，也開始到當地的星球小學上課。可是過了不久，小叮噹的母親帶著他到宇宙醫院來求助。小叮噹的媽媽說：「小叮噹老是無法自己完成功課，每天都要喊他好久以後才寫功課，寫功課的時候也很容易分心，稍一不注意，就不專心。每天都要搞得很晚，我簡直快累死了！」（難道被地球的葉大雄傳染了嗎？ ^-^ ……）

親愛的護士阿姨阿梅打算幫助小叮噹，並且著手擬定協助小叮噹的計畫。阿梅阿姨做了觀察，發現下圖：

· 媽媽在廚房喊著，提醒在客廳的小叮噹該寫功課

→小叮噹開始寫功課

→寫了部分功課，小叮噹注意力被桌旁的玩具吸引

→放下功課玩玩具

→手舞足蹈地沈浸其中

→被母親責罵

→繼續專心寫功課

請你（妳）依照理想的行為治療模式，思考一下，擬出具體諮商計畫與步驟。（請注意本題並沒有標準答案，請盡量運用各種學習原理，加以發揮）

第四節　認知典範 (The Cognitive Paradigm)

人們如何去組織他們的經驗、如何賦予這些經驗獨特的意義、以及如何連結現在的經驗和過去的經驗，都將被儲存於記憶中，形成所謂的「認知基模」(schema)，這些認知基模決定個體目前經驗世界的方式，因此要幫助個體減輕心理困擾，就必須讓個體能夠適應既有的認知基礎。

一、認知治療理論 (Beck's Cognitive Therapy)

認知諮商的創始人為貝克 (Aaron Beck)，他認為個體的認知過程，是一個訊息處理 (information processing) 的過程，個體為了求生存，需要發展出一種適應性的認知過程，以簡化訊息的方式來處理每日必須面對的眾多複雜訊息。因此，個體會建立認知基模 (cognitive schemas)，以自動化思考 (automatic thought) 方式處理大部分已熟悉的訊息，以避免過多訊息對認知處理的干擾 (Beck, 1995)。

「認知基模」(cognitive schemas)——個人對於自己的認知，以及對於他人、事件或所處環境形成之固定想法與假設。

「自動化思考」(automatic thought)——是一種適應性的認知處理過程，個體依據既有的基本假設，可以快速地處理訊息，然而在自動化思考過程中，可能忽略了許多的判斷與推理，以致自動化思考可能潛藏扭曲、偏激與不正確性。

「認知基模」的建立是源自於個人早期的童年經驗以及對重要事件

的認同，童年經驗形成個體對自己未來與世界的基本信念。在發展過程中，個體若能夠經常獲得環境與重要他人（如：父母）的支持與贊同，就可以得到正面的觀點；反之，若無法獲得，就容易出現心理失調，歷經負面經驗，則可能形成負面的觀點。

　　雖然，個體之後的經驗亦會修正童年時期所建立的認知基模，然而，當個體已發展出負面、適應不良的認知基模，若又在日後遭受到一些特定的生活事件衝擊，就會「活化」原有的認知基模，導致個體出現「條件式」的假設信念，例如：「如果他人不喜歡我，我就沒有價值」，進而促使個體出現許多負面、認知扭曲的自動化想法，這些負面的信念與自動化想法，是導致個體出現情緒困擾與不良行為的主要原因。此外，貝克認為各種情緒性疾病都具備特定的「認知扭曲」(cognitive distortions)內容，包括： 1.消極評價自身的行為表現、價值觀以及能力； 2.他人對自我的負面評價； 3.未來可能繼續發生的各種不良影響。上述三種個體對於自我、他人，以及未來所產生的負面認知內容，稱為「認知三角」(cognitive triad)。

(一)認知扭曲 (cognitive distortions)

　　由上可知，自動化思考所造成的認知扭曲是情緒困擾的根源；常見的「認知扭曲」形式包括：

　　1.獨斷的推論 (arbitrary inference)。指個體在缺乏充足、可靠的相關證據之下，就驟下定論，造成對事實的扭曲認知。例如：假定某一次在路上對著迎面走來的朋友打招呼，對方卻沒有回應，則心理一口認定對方有敵意、不喜歡自己。

　　2.選擇性的抽象推理 (selective abstraction)。指個體在談論問題時，只有斷章取義地根據整件事情的部分細節來下結論，而沒有考慮到事情的全貌。例如：如果某一次考試考得不好，就覺得自己能力不足，而忽略了之前許多次高分的考試成績。

3.過度類化 (overgeneralization)。指個體由單一的事件立即抽取出一個通則，甚至應用在不相干的情境中。例如：因為應徵工作時被某一家公司拒絕錄用，就認為自己會被所有的公司拒絕，永遠找不到工作，而且，自己無論是在應徵工作或追求心儀的對象上，都會被拒絕。

4.擴大和貶低 (magnification and minimization)。指個體在判斷某件事情的重要性或影響力時，總會過度的擴大嚴重性或缺點，或是過度的低估自己的能力和長處。例如：整天擔心自己的小錯誤，害怕會因此而失去工作，卻忽略了自己其他方面的優秀工作表現；或恐慌於胸前的一點微痛，就一直擔心自己健康狀況，認定自己可能得了重病。

5.個人化 (personalization)。指個體將外在事件都歸因到自己身上，即使沒有任何的證據支持此項歸因的因果聯結。例如：小孩子總會將父母的婚姻失和或離異，解釋為是自己不好或自己犯錯所造成。

6.二分法的思考 (dichotomous thinking)。指個體在思考某件事物時，習於將經驗劃分為兩個截然相對的極端，亦即「全有」或「全無」。例如：一個人往往認為自己若不是全然成功，則為徹底失敗，完全沒有中間地帶。

因此，「認知扭曲」屬於錯誤的、扭曲的認知模式，當事人會受其影響快速而不自覺地出現偏差的思考。而認知諮商的重點就是要幫助當事人，訓練自己在扭曲的自動化思考出現時，能夠讓自動化過程的速度變慢，察覺自己的認知扭曲，進而中斷扭曲的自動化想法，或是以適應性的想法取代之，透過當事人認知形式的改變，進而改變其情緒困擾與不良行為。

(二)認知治療的步驟

1.讓當事人察覺自己常出現哪些不適應的情緒變化與行為反應。

2.讓當事人瞭解自己在哪些情境下，容易出現這些不適應的情緒變化與行為反應。

3.鼓勵當事人探索自己在這些情境中，會出現哪些認知扭曲的負面想法，以及負面想法如何影響其情緒變化與行為反應。

　　4.做實驗或找出證據以幫助當事人，認清自己的負面想法是無根據、不合乎事實，且對自己可能造成不利的影響，藉此改變當事人對負面想法的態度。

　　5.讓當事人學習採用其他合乎現實、或自己願意相信的適應性想法，取代原先的負面的、不合理的想法，並且透過重複的練習與增強，增加新想法出現的頻率與強度。

　　以處理過高焦慮為例，認知改變的步驟如下：

步　　驟	內　　容	諮商主要工作
1.覺察本身的過高焦慮反應與慣用應對方法	包括生理、行動與想法上的焦慮反應	①增加對焦慮反應的敏感度(以利提早偵測與處理) ②評鑑(描述與評估)慣用的應對方法
2.覺察誘發過高焦慮反應的情境	覺察反應與情境之間的不相稱比例 (disproportion)	①減少由上往下 (top-down)，以及增加由下往上 (bottom-up) 訊息處理的運用(減低衝動判斷的可能性，去除原有過度敏感情境的制約連結) ②誘發問題解決的動機(覺察本身焦慮反應與符合現實原則的焦慮反應之間的差距) ③導向以改變內在認知運作為焦點的諮商取向
3.覺察中介的憂懼想法	(1)憂懼想法可能由接續的命題所組成 (2)探討最後命題與反應之間的合理關聯性	①熟悉命題演繹的思考(比喻成連續劇) ②評估演繹的正確性(由最後命題與反應之間的合理程度來判定) ③察覺誇大威脅與低估效能的命題
4.改變對憂懼想法的態度	(1)認知元素：瞭解憂懼想法的性質	①由辨識本身憂懼想法的性質來增加憂懼想法的負向評價感

	(2)情感元素：評價為扭曲現實、帶來不利自我 (3)行動元素：質疑、挑戰、取代	②諮商者增強個體出現的楷模行為，以改變對憂懼想法的態度 ③增強適應性命題的出現頻率
5.持續的適應	藉由一再地完成認知作業，增加適應性 (adaptive) 想法的優勢	①家庭作業的討論 ②諮商者鼓勵當事人正視想法改變所帶來的好處

二、理性情緒治療理論 (Rational-Emotive Therapy, RET)

「理性情緒治療理論」（簡稱理情治療理論）是由艾里斯 (Albert Ellis) 在 1950 年代所發展的心理諮商方法，其基本假設認為人類的情緒來自於其信念、評價、解釋，以及對生活情境的反應。個體生而同時具有理性與非理性的特質，亦即，人有理性思考的潛能，亦有非理性思考的傾向。當個體運用理性思考時，會產生積極正向的情緒；反之，當個體運用非理性思考時，則會帶來消極負向的情緒，由此可知，人的困擾源自於本身的非理性思考，而非外在世界的特殊事件。因此，透過心理諮商過程，艾里斯認為要學習駁斥從自我灌輸 (self-indoctrination) 所形成的非理性信念，改用有效、理性的信念取代無效的思考模式，才是促成當事人對特定情境，改變所產生不良情緒反應的關鍵 (Ellis, 1973)。

㈠非理性想法

艾里斯從實務的臨床觀察中，找出情緒困擾或適應不良的人最常出現的非理性信念如下：

　　1.在自己的生活環境中，每個人都需要得到每一位重要他人的愛與讚許。

　　2.一個人必須能力十足，在各方面都有成就，這樣才是有價值的。

　　3.有些人是壞的、卑劣的、惡意的，為了讓他們得到報應，那些惡

行一定要受到嚴厲的責備與懲罰。

4.假如所發生的事情不是自己所喜歡或期待的，那將是很糟糕、可怕的。

5.人的不快樂都是由外在因素所引起的，一個人很少有、甚至根本沒有能力控制自己的憂傷與煩惱。

6.對於危險或可怕的事情，應該要一直掛心，而且應該隨時顧慮到發生的可能性。

7.逃避困難、挑戰與責任，要比面對它們來得容易。

8.一個人應該依靠別人，而且需要找一個比自己強的人作為依靠的對象。

9.過去的歷史及經驗是形成一個人目前行為的決定因素。因為當某件事情曾經影響一個人時，它就應該繼續具有同樣的影響效果，直到永遠。

10.一個人對於碰到的種種問題都應該有一個正確、妥當、完善的解決途徑，如果無法找到的話將是糟糕透頂的事。

11.人可以從不活動和消極的自我享樂中，獲得最大的幸福。

從上述可以統整出非理性信念導致情緒困擾或情緒障礙的三種常見思維方式，包括：(1)容易感受到事物會變得糟糕透頂；(2)會要求事物完全在自己的控制之下，否則無法忍受；以及(3)擔心自己成為一個毫無價值的人。當個體對於事物有絕對化的要求，如「必須」、「應該」等等，就容易導致非理性信念的出現，並且讓自己陷入極端的負面情緒之中而難以自拔。

㈡ A-B-C 理論

「A-B-C 理論」是理情治療理論的精華所在，不但說明了個體出現情緒及行為困擾的原因，也闡釋了消弭這些困擾的方法，理論中包含的變項如下：

■ A (activating event)：係指個體所遭遇的事件。

■ B (belief)：係指個體對於發生事件所抱持的觀念、信念或想法。

■ C (emotional and behavioral consequence)：係指個體所出現的情緒與行為反應。

■ D (disputing intervention)：係指諮商過程中駁斥非理性信念的所有干預方式，駁斥的歷程包括：⑴偵測 (detecting)。「偵測」指讓當事人學會偵測、察覺出自己有哪些非理性信念，特別是一些絕對性的想法；⑵辯論 (debating)。當事人能夠偵測出自己的非理性信念後，接著要學習對這些適應不良的信念進行理性與驗證性的質疑，例如：這些信念是否合乎現實?從辯論之中產生新的、適應性信念；以及⑶分辨 (discriminating)。當個體能夠針對同一事件出現不同的看法時，最後要學習分辨哪些屬於理性與非理性的信念，並學習以理性的信念來思考所發生的事件。

■ E (effect)：係指諮商的效果。亦即，能夠以新的理性思維方式取代原有的非理性思維方式的程度，依艾里斯的觀點，思維越是理性，心理困擾也越少。

■ F (new feeling)：係指經過信念駁斥後，所出現新的情緒或感受狀態。

因此，A-B-C 理論的主要概念可以描述為：個體所發生的事件 (A) 本身並非導致情緒與行為結果的真正原因，而是個體對於所發生事件的非理性信念 (B)（包含想法、看法，或解釋），才是造成情緒與行為困擾 (C) 的最直接原因。因此，若要改善個體的情緒與行為困擾，最有效的方式就是駁斥、干預 (D) 個體原有的非理性想法，讓個體學習以新的、適應性的理性信念取代之。等到駁斥非理性信念產生了效果 (E)，個體就會出現比較正向的情緒與行為，原有的情緒與行為困擾亦能因而消除或減弱，個體能獲得愉悅充實的新感受 (F)。

心理諮商者扮演一個「教導者」的角色，當事人則為一個學生或學習者。心理諮商者幫助當事人學習到更真實、更有用的生活哲學，以減

少當事人的情緒困擾與自我挫敗的行為。因此，心理諮商的目標並非消除當事人的不良症狀，而是在於引導當事人檢視、察覺，並改變自己原有的非理性的價值觀，藉由價值觀、想法的調整，減低或消除情緒與行為的困擾。

(三)諮商技巧

以下是 A-B-C 理論經常使用的心理諮商技術：

1.駁斥非理性信念：心理諮商者主動駁斥當事人的非理性信念，並教導自我挑戰的方式，讓當事人學會以問句或敘述句進行自我對話，駁斥自己的非理性信念。

2.執行認知家庭作業：鼓勵當事人將日常生活中所發生的問題，按照 A-B-C 理論以列表的方式呈現，藉此找出自己的非理性信念，加以質疑並調整。

3.改變當事人的語言：當事人內在習於使用無助語言型態（如：我一定無法做到）或自我責難語言型態（如：我是個糟糕透頂的人），都是導致非理性信念、造成思考扭曲的重要原因。因此，教導當事人以「非絕對性的偏好」的語言型態，取代原有的「一定」、「應該」與「必須」等，學習使用新的自我陳述方式，幫助當事人採用不同的方式去思考，往往能夠扭轉原先負面的情緒狀態，開始出現新的感受。

4.幽默的學習：情緒與行為困擾常來自於當事人太嚴肅地面對生活事件，而使得自己的人生失去了希望和幽默感。因此，幽默會讓當事人原有非常穩固的非理性信念，變得有些荒唐可笑而不合理，透過幽默的運用，對抗當事人過度嚴肅的一面，並協助駁斥生活中的「必須」哲學。

5.理性—情緒的想像：藉由加強想像力的練習，建立新的情緒模式。心理諮商者邀請當事人依照個人特質，想像自己經常出現的思考、情緒與行為，接著在日常生活中嘗試「扮演」出這些想像的思考、情緒與行為。採用這樣的想像方式，當事人能夠營造出遇到最糟糕事件的情境，

並真實去感受面對這些事件時的內在混亂與不安。艾里斯認為倘若能夠持續不斷地練習這樣的理性—情緒想像，則當事人不安、混亂的情緒便能夠逐漸降低。

6.攻擊羞愧感練習：心理諮商者藉由此練習方式，讓當事人學會當自己不被其他人認同時，仍可以不覺得羞愧。因此，心理諮商者會鼓勵當事人去嘗試一些原先因擔心別人的想法而不敢做的事，或是稍微違反社會習俗的事情，從中當事人能夠發現，別人並不如預期般那樣在乎自己的行為，進而瞭解羞愧的感受其實是由自己製造的，因此也能夠由自己的想法調整來拒絕感到羞愧。

第五節　現實治療理論

「現實治療理論」的創立，結合行為典範與認知典範，是一個強調以主動的實質行動來解決個體心理困擾的諮商理論。

一、現實治療理論的基本主張

現實治療理論的發展者為威廉·葛拉瑟 (William Glasser)，其理論基礎包括下列幾點主張 (Glasser, 1965)：

㈠人的基本需求

人的基本需求劃分為生理與心理需求。生理需求係指「生存」(survival)，求生存是與生俱來的，是人生理上自然而然的反射作用；而心理需求則分為「歸屬」、「權力」、「自由」以及「玩樂」等等，以下分別進行說明。

1.歸屬 (belonging)：人有「愛人」和「被愛」的需要，當這兩項需要不能被滿足時，會帶來個體心理上的困擾、焦慮和沮喪。

2.權力 (power)：一種能夠掌握所有事物和一切東西的感受。滿足這

種需求，能使個體感受到自己是有價值的人。

3.自由 (freedom)：個體能夠自由的抉擇、自由行動，同時包括生理和心理上的自由。所以當個體受到外力強迫或限制時，會產生壓力或衝突等不平衡的感受。

4.玩樂 (fun)：維持個體繼續學習或工作的動力，失去趣味感雖然不至於帶來嚴重的後果，但趣味感對於學習或工作是相當重要的。

㈡角色認同

角色認同可分為成功認同與失敗認同。

1.成功認同：當個體對於自己所需求的事物，經常有成功滿足的經驗，對自己的角色就能肯定與認同，面對自我需求無法被滿足的時候，也較有彈性面對。

2.失敗認同：對於自己所需求的事物少有成功滿足的經驗，因此容易產生各種不良適應的反應，如：憂鬱、憤怒、反抗權威等。

㈢滿足心理需求的要素

1.共融關係：個體能夠從所重視的人身上得到因應現實的力量，才會以符合現實的作法滿足需求，並與重要他人形成共融關係；反之，若無法得到，將會以不符合現實的作法滿足需求。

2.負責：指個體在不妨礙或侵犯他人自由的情況下，滿足自己心理需求的能力。因此，教導「負責的行為」是現實治療理論的核心重點。

3.正確：個體希望獲得價值感的滿足時，必須有一套正確的行為標準，藉此糾正錯誤的行為。

4.現實：無論過去的生活已經對個體產生多少的影響，只要個體此刻學會滿足需求的方法，便能以合於現實的有效行為來滿足需求。

二、現實治療理論的基本假設

　　現實治療理論以「選擇理論」(choice theory) 作為基礎，系統化解釋人類的大腦運作功能。選擇理論的前提是，「行為」是「知覺」的控制樞紐。雖然，也許我們無法選擇現實世界中的實際情況，但是我們的確能試著選擇滿足自己需求的知覺，並且從中瞭解自己的行為。換句話說，我們的任何行動、思考和感覺都產生自自己的內心。我們如何去感覺，並不是受到別人或外在事件的控制，不管外在環境如何，我們已為自己做了決定，而我們的行動、思考、感覺在當下，總是最能夠滿足內在驅力的。

(一)總合行為

　　在瞭解選擇理論前，需要先瞭解我們的「總合行為」。其中包含了四個因素：

　　1.思考 (thinking)：自願性的思考和自我陳述。

　　2.行動 (doing)：主動性的行為，例如講話或慢跑。

　　3.感覺 (feeling)：例如憤怒、高興、憂鬱、或焦慮。

　　4.生理反應 (physiology)：例如流汗、頭痛，或其他受心理影響而表現在生理上的徵狀。

　　葛拉瑟主張，我們的任何行動、思考和感覺都產生自自己的內心。他用汽車來表現「總合行為」，將個體的行為，視為一個統合整體的總合行為，思想、行動、感覺、生理狀態，就如同汽車的四個輪子，思想和行動為前輪，感覺和生理狀態為後輪，當前輪一轉動，後輪必隨之轉動；也就是說當思想和行動改變時，感覺和生理狀態也必隨之改變。由此可知，常迫使我們自己去「做」某件不一樣的事，會比去感受或思考某一件不一樣的事容易多了。

後輪：感覺、生理

前輪：思想、行動
（負責驅動）

▲個體的總體行為示意圖

㈡控制體系

　　依現實治療理論的觀點，個體心理失常時，不論其問題是什麼，均源於不能控制周遭世界滿足當前的需求所致；心理諮商的目的便是幫助個體有效控制周遭世界，以滿足其需求。

　　個體欲滿足需求，整個有機體必須是個完整的控制體系，以便知覺外在世界發生的事，然後根據知覺訊息而形成各種行為。此控制體系包括：知覺體系、內在世界與行為環。

1.知覺體系（包含感覺系統、知識過濾器與價值過濾器）

　　知覺體系 (perceptual system) 乃是整個控制體系的輸入體系，透過知覺體系，個體對外界的認識在大腦中便形成所謂的外在世界或現實世界。我們以自己的需求為角度來覺知外在世界；雖然人的基本需求大致相同，但每個人知覺中的世界互異。如下圖所示，知覺體系具有輸入資訊和處理資訊的功能。個體的感官形成「感覺系統」，輸入外界或內在的訊息；再透過「知識過濾器」，將所感知的知覺做出是否與自己利害相關的決定；接著再以「價值過濾器」判斷這些知覺的重要性，通過價值過濾器的知覺進入感覺世界。

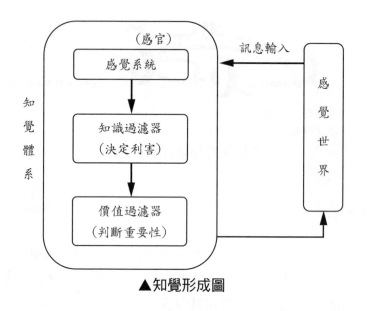

▲知覺形成圖

2. 內心世界（包含感覺世界與優質世界）

個體的「內心世界」(inner world) 由心理需求所組成，如愛人、被愛、價值感、樂趣和自由等需求，因此每個人的內心世界都不會完全一樣。內心世界可說是個體的理想世界，若能滿足需求的行為，便會被「照」下來，而存放在影像簿中，能引導個體的行為去控制外在世界。內心世界包含兩個部分，一是「感覺世界」，儲存來自知覺體系的訊息或回憶；另一個則是「優質世界」(quality world)，儲存個人生命最期待達成的事物，是個體最重要的認知、最在乎的信念。

3. 行為環（包含比較區、行為體系與總合行為）

(1)比較區：

比較區 (comparing) 是知覺體系和內心世界的中間站，用以比較外界輸入的知覺和內心世界既有的需求知覺，若不一致時會引起知覺誤差，

而導致個體行為的改變。它負責比較感覺世界與優質世界的差距之處，當差距出現時，即會發出沮喪訊號，並由行為體系決定行為的改變。知覺體系具有輸入訊息與處理訊息的功能，透過知覺階層的運作，使輸入的訊息盡可能契合個體的內在需求。兩者是否符合，由比較區來判斷，如果不相符，個體的行為體系，亦即輸出系統會有各種不同的應變行為發生。

⑵**行為體系：**

行為體系 (behavioral system) 是輸出體系，當知覺誤差形成時，便是靠行為體系的運作來化解知覺誤差，以滿足需求。為因應比較區所產生的訊息，行為體系劃分為組織區與重組區，決定保留原先的行為或是重組新行為以解決問題。行為包括三個成分：行動、思考和感覺。行為體系的組織或重組目的，均是為了讓感覺世界能夠符合優質世界的內在需求。每一個行為都是個體為了使外在世界符合腦中的內心世界所做的選擇。而現實治療法就是要幫助人們做更好的選擇。

⑶**總合行為：**

行為由思考、感情、行動及各種身體活動綜合而成。

因此，個體透過上述三個體系（知覺體系、內心世界、行為環），控制外在環境以滿足自我需求。當個體對外在環境的知覺，與優質世界中的美好理念出現落差時，即會出現重組或修正，最後經過行為體系統合的決定，採用新的行為和現實環境互動後，以縮小感覺世界與優質世界的差距。所以，個體可以選擇自己的命運，獲得一個美好的人生。

三、現實治療理論的實施方式

㈠心理諮商目標

現實治療的目標在於幫助當事人對自己的生活負責、支配自己的生活。現實治療理論認為心理疾病的原因是由於個體不能以正確的、負責

的，以及合於現實的方法去滿足愛與價值感的需求所致。因此現實治療理論協助當事人面對現實，以合理的方式做合理的選擇，解決個人困難。故其主要治療目標是一方面減少當事人不負責任和自我毀滅的行為，另一方面協助當事人發展一個積極正面的自我形象。

在心理諮商的過程中，首先協助當事人澄清和界定生活目標，然後進一步協助他（她）釐清其中的障礙，並探討出達至目標的不同途徑；制定計畫後，就付諸行動；在這實行過程中，當事人可以在自己負責任的行動中經歷成功，這樣一來，就有機會讓當事人感到自我存在的價值、增強當事人的自我覺察能力，之後當事人能以更積極的態度面對人生。

現實治療理論的目標是幫助當事人以負責任而安心的方式達成心理需求，也就是培養當事人能夠脫離環境的支配，而以自我內在的支持力解決困難，達成目標。這樣的成熟狀態，使當事人對自己目前的狀況及所希望變成的狀況，負起責任，並有能力發展合理、負責任與合乎現實的方式來達成目標。

㈡心理諮商的特色

現實治療理論是重視「現在」與「行為」的一種處理方法，其重要特徵，包括以下幾項：

1.否定精神分析理論將問題行為歸因於心理疾病的觀念

現實治療理論假定行為失常的種種形式，都是不負責任或需求未能達成的結果。因此，視行為失常等同於不負責任行為，而心理健康則等於負責任行為。

2.重視現在的「行為」而非情感與態度

現實治療理論討論情感與態度，但這並不是治療理論的主要焦點。反之，它強調當事人對於現在行為的瞭解，並從中帶來思考和情感上的

改變。因此，心理諮商者不會以促進當事人的領略來改變當事人態度，而是認為當事人行為改變時，態度亦隨之改變。

3.強調「現在」而不重視過去

因為一個人的過去已經固定不能改變，所以能夠改變的，只有現在與未來。假使在心理諮商過程中需要討論「過去」，也應與當事人的現在行為有關。

4.現實治療理論著重當事人的積極特質，並非只談不幸的症狀

葛拉瑟主張，應視當事人為一個「具有廣泛潛能的常人，而不應視其為只是具有問題的病人」，因此他不贊成浪費時間去追究問題與失敗，並建議心理諮商者去探索當事人的長處。在心理諮商過程中，邀請當事人重述歷史與探索過去經驗，葛拉瑟均視為無用的方式。藉由瞭解當事人的長處，才能鼓勵他們對自己行為承擔起較多的責任。

5.現實治療理論強調問題面

現實治療理論所強調當事人到底做錯了什麼事？為何所作所為不能各得其所？他們到底想要什麼？他們又該如何憑藉實際和負責的基礎去謀劃成功的行為？採用現實治療理論的心理諮商者會詳細的詢問當事人目前的生活狀況，並且幫助他們注意到那些妨礙需求滿足的意識行為。

6.現實治療理論不接受藉口，不處罰也不批評

現實治療理論認為，當心理諮商者問「為什麼?」時，只是在招引藉口。如果討論當事人為什麼沒有做到原先計畫所想做的改變，只是在轉移注意焦點，而未把重心放在當事人對於自己生活的控制上。反之，心理諮商者不如將焦點放在談論如何達成目標的新計畫。此外，「批評」對整個心理諮商歷程是具有破壞性的，現實治療理論主張：懲罰不能使行

為改變，只會增加當事人失敗的統整感，並且還會傷害到彼此的諮商關係。心理諮商者使用輕蔑的語言及言詞犀利的反駁當事人，對當事人而言，無疑是一種懲罰。通常以經驗代替懲罰，即是讓當事人去經驗行為的自然結果，例如：因為無法遵守承諾，所以自然被友人所排擠，心理諮商者無須再加以譴責。

　　7.現實治療理論強調責任

　　所謂「責任」，依葛拉瑟的解釋：「它是一種滿足個人需求的能力，並應以不妨礙他人滿足需求的方式實行之」；現實治療理論認為學習負責是個體終生的任務。

㈢諮商關係

　　現實治療理論強調瞭解與支持的治療關係，而真誠與令人輕鬆的風格正是發揮諮商功能的關鍵，對此葛拉瑟曾經表示過：「假如當事人未感受到心理諮商者的真誠，那麼他（她）就不會有立即的歸宿感，而此一歸宿感卻是現實治療理論所重視的基本需求之一。倘若心理諮商者不能令當事人感到輕鬆，那麼當事人便會懷疑心理諮商者的技術，進而不信任諮商歷程。」

四、現實治療理論的歷程

　　葛拉瑟將現實治療理論視為一個循環的諮商歷程，在整個諮商過程中，一種親善關係被建立起來，在之後的階段中，親善關係漸趨於穩固。這種關係透過特定程序的應用有助於促進改變。現實治療理論的諮商過程通常分為八個階段進行，這些步驟並非固定不變的，心理諮商者需要以豐富的經驗，視當時情境彈性應用。

㈠友善的介入

建立關懷的環境，有助於心理諮商者展開現實諮商的歷程，而這分關心並在整個心理諮商過程中持續維持著。心理諮商者必須與當事人建立共融關係，表達自己真正的關心、溫暖與瞭解，使當事人體會到被瞭解與被關懷，減少由基本需求沒有滿足所引起的痛苦，進而建立對心理諮商者的信任與願意改變自身行為的動機。因此，關係的建立是心理諮商成功的基石。

　　除了增進關係的行為外，心理諮商者應該觀察、聽取當事人的暗喻，注意當事人的需求以及當事人想要的改變。一旦當事人有所積極參與，針對於帶來改變的特定程序就可以展開了。

㈡探索總合行為

　　如前面提到的，總合行為是由行動、思考、感受及生理所組成，集中注意力在當事人的日常活動上，問他們「現在正在做什麼?」、「發生什麼?」、「誰在哪裡?」、「那是什麼時候發生的?」、「在你（妳）說了這點之後，發生什麼事情?」等等，這些問題有助於澄清當事人對於自己在做什麼的畫面與知覺。

㈢對當前的行為進行評估

　　評估含有「價值」的意思。在心理諮商過程中，心理諮商者幫助當事人對目前的行為做評價。當事人被要求對他們的行為做出價值判斷。心理諮商者協助當事人作自我評估時，可以問當事人:「你現在做的事對你有幫助嗎?」心理諮商者重視「此時此地」的行為，協助當事人正視真正的問題，避免將責任推託於過去歷史。若個人過去的歷史與現在行為有直接關聯，就需要討論過去的歷史，並將它與目前的行為做聯結。

㈣訂定改善的計畫

　　在現實治療理論中，心理諮商者幫助當事人訂立一個可以做得更好

的計畫。計畫是由從事一些具體行為所組成，心理諮商者可提供當事人多種可行的方法，由當事人抉擇最適合自己的一種，再一起訂定行為改變的計畫。發展計畫時，應該簡易而能夠達成的計畫；藉著計畫的執行與工作完成，使當事人體驗到自我價值感。必須由當事人自己決定計畫的目標與方法，才能維持在心理諮商過程中所需要的力量。

(五)計畫的實行

當實際參與計畫時，重點在於該計畫要方便於執行。當計畫完成後，心理諮商者可與當事人有口頭或書面承諾；承諾的目的，要使當事人願意執行這個計畫，並增加達成計畫的可能性，更代表著心理諮商者的鼓勵與支持。藉著計畫的實施，可由負責任體驗到自我價值感。

(六)不接受藉口

如果當事人沒有達成計畫，心理諮商者若問當事人：「你（妳）為什麼沒做到?」這只是在招引藉口。在現實治療理論中，心理諮商者絕對不接受當事人為其失敗所做的任何解釋；接受藉口代表承認當事人是無能為力、無法完成計畫的失敗者，也使當事人覺得心理諮商者對他的成敗漠不關心，而不會覺得被愛或有價值感。心理諮商者可以適時表達對當事人的信心，表示相信他們將能做出未來的改變。

(七)不處罰也不批評

「懲罰」並不會幫助當事人的成長，而且懲罰只會破壞先前所建立的共融關係和增加當事人的知覺誤差。「批評」對於整個諮商歷程也是具有破壞性的，然而，有時批評可能是必要的，但它應該謹慎為之。另外，心理諮商者不干預當事人由計畫失敗中所導致的痛苦，藉著這些自然的痛苦，幫助當事人成為一個負責、成熟的人。

㈧不要放棄

改變不是一個簡單的歷程，有些當事人過去已習慣於做出無效的選擇，他們要重新獲得對他們選擇的有效控制，並不是一件容易的事。心理諮商者應有不屈不撓的精神，不輕言放棄當事人。若心理諮商者放棄，也就是向當事人宣布「你（妳）是沒有希望、沒有救的了！」這將使當事人退縮到失敗認同中。相反的，若心理諮商者不放棄，當事人將體驗到自己沒有被拋棄、沒有被拒絕，這樣的體驗將使心理諮商關係更穩固，也使當事人有勇氣重拾信心，為日後的成功而努力。

五、現實治療理論的技術

現實治療理論不是一個以技術為重心的理論，而以口語活動為主，經由探討目前行為，對行為做評價，幫助當事人集中心力，發揮潛能以實現找回生活的支配感。為了幫助當事人建立成功認同以及完成計畫，現實治療理論有許多技術，以下舉出幾種治療技術來探討：

㈠詢問 (questioning)

心理諮商者透過問問題進入當事人的內心世界，從中蒐集問題、提供問題，並幫助當事人做較有效的選擇。當心理諮商者幫助當事人探索他們的欲求、需求及知覺時，他們的作法是詢問當事人「什麼是他們想要的?」並在這個問題之後，以更多的問題來決定他們「真正」想要什麼，像是發問「你（妳）何時離開房子?」、「你（妳）要去哪裡?」、「你（妳）執行你（妳）的計畫了嗎?」

㈡友善的介入

現實治療理論強調心理諮商者要以真誠的關心幫助當事人面對困難，滿足基本需求，尋求解決的途徑。因此，心理諮商者要以第一人稱

的「我」來表明自己的看法與關懷，而不用含混的「我們」、「或許」等字眼。這樣的共融關係使當事人覺得世界上有人真正關心他，願意與他同甘共苦。在心理諮商的初期，讓當事人談論任何有興趣的主題，而不必侷限於述說自己的苦難與困惑等問題。

㈢面質 (confrontation)

因為現實治療理論不接受當事人的藉口，但也不輕易放棄當事人，面質就變得不可避免。心理諮商者以一種對立的、不接受任何解釋的態度，幫助當事人面對自己不負責任的行為，看清阻礙成功的不當防衛與藉口。這是一種尖銳而敏感的技術，需要以良好的共融關係作為基礎，才不致成為一種變向的處罰；例如當事人說：「我沒有時間做……」，則心理諮商者會問：「對於你（妳）說過要做的事，進行得怎麼樣了？」適當的面質有助於當事人對預定的行為目標做努力，但不當的面質則會破壞治療關係，使當事人覺得被拒絕。

㈣矛盾技術 (paradoxical techniques)

現實治療理論以不同於傳統的諮商方式來面對當事人的問題，使當事人在未有防範的情形下接受自己原有的狀態，而且能以不同的角度真正看清問題。例如：當事人抱怨自己很憂鬱、很沮喪時，心理諮商者不以慣例與當事人談論他（她）的沮喪，卻以矛盾法問道：「你（妳）試試以一天的時間做例子，說說看你（妳）是怎麼個沮喪法的？」或是說：「你（妳）可以試試每天在固定的一個小時內，盡情的憂鬱、沮喪。」這種矛盾法，不但能使當事人以不同的角度看問題，同時也使得諮商過程重於「行為」而非「感覺」。

第六節 系統典範之家族治療理論

「系統典範之家族治療理論」以系統（特別指家庭）的觀點來看待個體的心理困擾，因此在家族諮商中將探討整個家庭的互動溝通方式或組織結構，並藉由改變家庭整個系統的方式，以增加個體的心理適應。

一、多世代家族治療理論 (Multigenerational Family Therapy)

多世代家族諮商的創始人為墨菲・包文 (Murray Bowen)，理論來源起於精神分析的原理和實務，理論運作的前提在於：瞭解一個家庭，最好要分析三個世代以上，因為要找到一個可用來預測的人際互動型態，往往得在跨世代的家庭成員中才能夠找到。因此，包文認為要瞭解形成個人問題的原因，必須將家庭的角色視為一個整體的情緒單位，如果想要重建個人成熟與獨特的人格，就必須先處理家庭中未解決的混淆情緒 (Goldenberg & Goldenberg, 2004)。

㈠主要概念

包文強調諮商實務應該建立在堅實的理論基礎上，多世代家族治療理論提供了整合資料、解釋過去事件以及預測未來事件的方法。理論中共有八個核心概念，即自我分化、三角關係、核心家庭的情感系統、家庭投射歷程、情緒結斷、多世代的傳遞歷程、手足出生序的影響以及社會化的退化。其中最重要的兩項貢獻即為自我分化與三角關係，茲分述如下：

1. 自我分化 (differentiation of the self)

係指「理智」和「感情」分離的程度，亦為自我能獨立於他人看法

的程度。自我分化高的個體，能夠在接受自己情感和思考的指引之間做出選擇；而未分化（或稱自我分化低）的個體則很難分辨自己和他人的界線，往往會身陷家庭中一些支配性的情緒模式，這樣的個體自主性低、反應情緒化，對事情難有明確的立場。多世代家族治療理論認為，要成為健康的人，關鍵在於對自己家庭有「歸屬感」，而且能夠在個人和家庭之間求得「分離感」和「獨立感」。理論中提到個人在個體化的過程中，常藉由自我認同感的獲得來達成「自我分化」，而且，個體化或是心理成熟，並不是一旦達成，就停止的靜止狀態，而是會不斷地變動、維持整個生命的發展歷程。

2.三角關係 (triangulation)

係指在有壓力的家庭情境下，兩個人會採取引進「第三人」的方式來減低雙方關係的焦慮並增進穩定性。包文發現焦慮很容易在兩個人的親密關係中擴展出來，因此父親或母親其中一方會將小孩子牽扯進來，形成所謂的三角關係，以減輕親密關係中焦慮情緒的壓力，但是這樣的作法讓潛伏的衝突一直無法浮上檯面，反而日積月累造成長期壓力，更會導致問題的惡化。

(二)心理諮商目標

強調在家庭系統的脈絡下改變個體。改變的產生必須涉及到所有家庭成員的參與，若只有當事人獨自接受諮商並不會產生太大的療效，因為個體的問題必然涉及整個家庭脈絡。諮商目標包括兩項：一為「消除關係中的焦慮與減輕症狀」，二為「提高各個家庭成員的自我分化，化解三角關係，並發展新的關係」。因此心理諮商者擔任的角色包括：教師、教練以及中立的觀察者，教導個體瞭解三角關係的現象，並期待家庭成員回到原生家庭後，在情緒上跳脫這樣糾葛的三角關係，並指導當事人如何成為一位好的觀察者，減低情緒反應，增加客觀性。

（三）諮商技術

　　多世代家族治療理論取向視過去的關係是相當有價值的訊息，藉由這些訊息可以設計出有效的干預措施，修補和提升當事人跟其他家族成員之間的關係。以下是兩個常用的技術（李茂興，1996）。

　　1.世代圖 (genogram) 或家庭圖 (family diagram)：整合至少三代的重要資料的工具，標記出生、死亡、結婚、離婚等訊息，也包含著家庭一些重要訊息，如：宗教、社經地位、家庭成員之間的接觸型態⋯⋯等。世代圖被許多不同取向的家族諮商所採用，並有許多不同形式。

　　2.提問題：採循序問法，強調當事人個人的選擇，促使當事人思考在家族互動中所扮演的角色、家族的特殊問題，解開自己融入的關係型態、提高自我區隔的程度。心理諮商者提問題時要能維持中立性，例如：針對一位家中長期由母親高度掌控的青少年,心理諮商者可能提問如下：

　　⑴關於目前的生活受到母親的諸多限制，你期待有哪些改變？

　　⑵如果無法改變母親的做法時，你打算怎麼作？

　　⑶當你採取上述的因應方式時，對你和母親或是家庭中其他成員的關係可能有什麼影響？

二、人性效能歷程模式 (Conjoint Family Therapy)

　　「人性效能歷程模式」由維琴尼亞・薩提爾 (Virginia Satir) 所發展，強調家庭溝通與情緒的體驗。她認為諮商的核心在於自發性、創造力、自我揭露以及冒險，並且相信改變的要素在於諮商者和家庭建立關係的能力 (Satir & Baldwin, 1983)。

（一）主要概念

　　家庭生活是個體成長的中心，家庭環境的改變會讓成員感到害怕、無助，而形成重要的壓力來源，為了因應這些壓力，成員須發展出不同

的行為模式。一般而言，每個家庭都會建立其獨特的重要規範，這些規範主要在於控制溝通的方式，由年幼時期的互動與行為反應中建立。

薩提爾將溝通區分為功能良好的溝通與失功能的溝通。

功能良好的溝通特質包括：成員擁有獨立的生活，改變是可以期待、隨時會發生的，溝通方式是自由的、彈性的以及開放的，成員間鼓勵分享經驗。相反的，失功能的溝通特質包括：溝通封閉，不支持個體的自我發展，缺乏親密感，採用僵化的家庭規範來掩飾對彼此存在差異的恐懼，父母用恐懼、處罰、增加子女愧疚感來控制家庭。因應家庭特有的溝通方式，成員可能發展出來因應壓力的防衛方式有下列四種：

1.討好型 (placating)：習慣以付出代價、犧牲自己來取悅別人，本身是脆弱的、猶豫不決的，並且忽略自己的。

2.指責型 (blaming)：藉著犧牲他人來維持自己的利益，逃避自己錯誤行為的責任，並且以推卸責任來維持自我的價值或尊嚴。

3.超理性型 (super-reasonable)：生活非常有原則，致力於完全控制自己、別人與環境。為了避免蒙羞或受挫，會封鎖自己的情緒，讓自己是孤立的、和別人疏遠的。

4.打岔型 (irrelevant behavior)：習慣以明顯做出不相干的行為，來分散實際存在的壓力情境。並且，採取曖昧不明的立場以避免觸怒任何人。

薩提爾認為不同家庭成員會以獨特的角色來影響家庭中的互動關係，而在家庭成員中，父母的角色是最重要的，會影響到成員之間的關係，因為兒女總會將父母當作生存的依靠。不同於包文提出的三角關係之間的角力平衡，薩提爾提出「滋養性的三角關係」，亦即：兩個人共同照顧另一個人，這樣的角色較開放、有彈性，而且容許改變。

(二)心理諮商目標

增加清楚的溝通，讓家庭中的每一個成員都能夠誠實地說出自己所看到、所聽到、所感受到，和所想到的一切。在家庭中形成的決定或規

範，最好是透過成員間的需求探索和協調來決定，而不是靠權力來形成。成員間的不同之處，均可以公開地被接納，並成為家庭中成長的重要動力。

㈢諮商技術

主要的諮商技術包括家庭雕塑與家庭重塑。「家庭雕塑」(family sculpting) 指幫助成員覺察到自己在家庭中如何運作，以及家庭中的其他成員又是如何看待彼此，藉由清楚的覺察後，再進一步表達成員間期待關係能夠如何的改變。「家庭重塑」(family reconstruction) 則在帶領家庭成員探索家庭生活的重要事件，從中讓家庭成員能夠認清過去所學習的行為模式之來源，更加認識父母與探索自己獨特的人格。(李茂興，1996)

三、經驗家族治療理論 (Experimental Family Therapy)

代表人為卡爾‧華特克 (Carl Whitaker)，主張改變必須以實際體驗的方式來進行，才能夠讓家庭成員解除偽裝的面具，恢復其本來的真實面目，並以真實的面目創造彼此間的新關係 (Nichols & Schwartz, 2001)。

㈠主要概念

崇尚實用主義，強調心理諮商者的焦點在當事人的主觀需求上。因此，不會刻意使用任何規劃好的理論或技術，而是透過心理諮商者對於現狀的自發性直覺反應，將察覺與改變的可能性放在面質的過程中，不會直接對現象解析，而是讓家庭成員們自由地表達他們的想法和感覺，以增加當事人對自己內在潛能的察覺，並敞開家庭中互動關係的管道，藉由促進家庭互動，進而提高各個家庭成員「個體化」(individuation) 的程度。

(二)心理諮商目標

　　促進每一個當事人自發性、創造力、自主權以及玩樂的能力，使其與家庭能夠產生更真誠的親密關係。

(三)諮商技術

　　1.心理諮商者利用自己作為促進家庭改變的觸媒：心理諮商者扮演教練的角色，傾向於先製造家庭的混亂，然後再指導家庭成員貫穿與吸收當中的經驗，亦即，除非心理諮商者能夠干擾家庭原有的歷程，否則家庭將傾向於維持原狀。

　　2.採用協同諮商團的方式：協同心理諮商者可以使主要心理諮商者自由地依照情況的需要發揮，而協同諮商者必須協助當事人的家庭處理所發生的一切，在這個過程，兩位心理諮商者並可以示範良性與富創意的互動關係讓家庭作為仿效，兩位心理諮商者的相互提醒亦可減少諮商過程中反移情作用 (countertransference) 的產生與加劇。

四、結構家族治療理論 (Structural Family Therapy)

　　由薩爾瓦多・米紐慶 (Salvador Minuchin) 所發展，開始的諮商對象是針對來自貧困家庭的少年犯，他將焦點放在家庭的結構，認為從家庭互動型態來探索，才最容易發覺個體的問題所在，並且必須在家庭結構良性的改變之後，個體的問題比較有可能減輕或消除 (Minuchin, 1974)。

(一)主要概念

　　米紐慶強調個人所呈現的問題必須從家庭的結構來探索，共有三個核心概念：「家庭結構」、「家庭次系統」與「界限」，茲分述如下：

　　1.家庭結構 (family structure)：是一系列看不到的功能性要求或規範，但是這些要求與規範掌控了家庭成員互動的方式。因此，觀察家庭

互動的重點在於：看「誰」對「誰」說了「什麼」，並用什麼樣的「規則」，用什麼樣的「方式」來說這些話；重點不只傾聽其內容，心理諮商者更要敏銳地探索出有意義的「交易行為」，如：避免衝突（妻子的抱怨或丈夫的不語）、相對行為間的交換（父親發脾氣、女兒氣喘）、同類行為間的交換（互打、互罵）等，當觀察到重複出現的一些互動歷程，即為穩定的家庭結構。

2.家庭次系統 (subsystems)：包括配偶次系統、父母次系統、手足次系統、延伸的次系統。每位家庭成員在不同的次系統中扮演不同的角色，且每個次系統中的角色具有適當的任務和功能，當一個次系統的成員占據或侵犯到另一個不屬於他的次系統時，會造成結構的困擾。因此，次系統的釐清，是結構諮商的重心。

3.界限 (boundaries)：係指個體與家庭其他成員、次系統間的情緒界限。可分為僵固的界限（家庭成員彼此疏離）、鬆散的界限（家庭成員彼此糾纏），與健康的界限（幫助個體獲得自我認同感與家庭系統的歸屬感）。僵固的界限或鬆散的界限均易促成個體的問題。

㈡心理諮商目標

目標在於藉由調整家庭的互動規則，以及建立更適當的界限，引導家庭結構的改變，達到修正現有的家庭結構，而不在於探索或解釋過去經驗，此外，家庭結構的改變，也會降低個體適應不良的症狀。因此，必須提供一些機會引導家庭成員接受新的體驗，並藉由這些經驗轉化家庭結構。

㈢諮商技術

1.製作家庭圖：用以澄清家庭互動的關係，呈現家庭的結構並確認界限。如下圖：

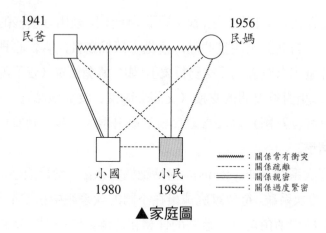

▲家庭圖

2.融入：心理諮商者以領導人的角色融入家庭之中，阻止刻板的互動模式一再重現，以及促進家庭發展更具彈性的互動，融入的過程，諮商者對家庭的態度是接納與尊重的。

3.建立及重構界限：主要目標在於強化鬆散的界限或軟化僵固的界限。利用「重演行動」，心理諮商者邀請成員將曾經發生在家庭中的衝突情境扮演出來，過程中心理諮商者會阻止一些既存的互動型態，並鼓勵成員去體驗其他具有功能性的運作規則。

4.架新框：對於家庭發生的問題情境，心理諮商者會提出一個新的觀點，或者以新的角度來詮釋這些問題。透過重建的過程，讓那些造成特定家庭成員問題的背後潛在家庭結構清晰地浮現，這樣一來，不至於讓這位家庭成員遭受過度的指責或背負完全的責任，同時也讓大家擔負起解決問題的責任。

五、策略家族治療理論 (Strategic Family Therapy)

㈠主要概念

「策略家族治療理論」源自溝通理論，心理諮商者會設計出一套策

略來引導改變，主要創始者為加州「心智研究中心」(Mental Research Institute, MRI) 的研究人員，包括：Gregory Bateson、Don Jackson、Paul Watzlawick 與 Jay Haley。

　　策略家族治療理論的焦點就是，將「家庭所帶來的問題」視為真正的問題並加以解決，而不會將特定的問題視為系統功能運作不良所產生的症狀。因為，當事人特定問題行為的出現，其實已經隱含了當事人潛在的解答，只要能夠針對問題擬定正確的策略，即能處理現在的問題。因此，理解和領悟都不需要，對於解決問題亦沒有幫助，心理諮商者的解釋並沒有太大的價值，諮商的焦點不在於成長或是解決過去的問題，而是要解決現在的問題。

　　心理諮商者關心家庭中權力如何分配、成員如何溝通以及家庭的組織方式，因此諮商過程中會特別處理家庭溝通的過程，即：「什麼情境」下，「誰」對「誰」做了「什麼」事。策略家族治療理論採用實用主義的取向擬定解決問題的策略，並認為如果家庭能夠執行心理諮商者所下達的指示，則能改變他們的互動方式，問題亦隨之有所改善 (Watzlawick, 1978)。

⟨二⟩心理諮商目標

　　解決目前發生的問題，並將關注的焦點放在各個行為之間的關連。行為的改變是首要的目標，心理諮商者會盡力促使家庭成員產生行為的改變，而不鼓勵他們去瞭解或探索自己的行為，因為當行為產生改變，情緒感受自然隨之產生改變。另外，為了阻止家庭成員適應不良的行為再次出現，心理諮商者會幫助他們選擇更多取代性的適應行為。

⟨三⟩諮商技術

　　1.使用指令：心理諮商者擔任顧問、專家、舞臺導演、指導者與權威者等角色，負責擬定策略來解決當事人的問題，由此可知，心理諮商

者負起引導改變的責任，在諮商過程中，心理諮商者掌握全局，不強調心理諮商者與家庭成員之間的關係，也無須告知其想法與作法的源由，心理諮商者直接對於各個家庭成員，下達直接明確的指令，包括給予忠告、提供建議、教導等，清楚地指示諮商過程中與諮商過程以外的情境該做些什麼。指令的目的在於改變當事人與其他家庭成員間的行為互動方式，因此，心理諮商者要從當事人對指令的反應中找出有用的資訊，並追蹤策略的執行結果。

2.矛盾介入：心理諮商者會要求當事人努力去做某個特定的問題行為，甚至讓這個行為發揮到極致，運用反向策略讓當事人處於進退兩難的處境，使得當事人最後必得違背反向指令，而讓自己的行為發生改變。

六、社會建構論和家族治療理論

「社會建構論」屬於後現代主義的觀點，認為所謂的「真理」或「事實」都應被理解為具有主觀性的概念或觀點，所有的觀點形成於特定的歷史和脈絡中。因此，事實是主觀的，真理亦會隨著使用的觀察過程的不同而有所改變。不同的人所使用的語言，會創造出不同的意義，對於使用語言的人而言，他們所說的事都是「真實」的，都是他們在所處情境中的運作結果，有著自己獨特的看法 (Nichols & Schwartz, 2001)。

由這個觀點來看，心理諮商者不再是專家，而必須重視合作的歷程，使用同理心比起衡鑑或諮商技術更為重要，「敘說」與「語言歷程」成為瞭解家庭並協助家庭朝向改變的重點。以此觀點為主的社會建構論取向家庭治療理論共可分為以下四種方式：

1.回饋小組 (the reflecting team)：運用回饋小組回饋家庭各種感受與想法，協助家庭反映感受，以積極地探索家庭的生活故事，代表人物為 Tom Anderson。

2.語言取向 (language approach)：指同理的傾聽，跟隨著當事人一起創造替代性的故事，過程中，心理諮商者真誠地表達感情，並表達「不

知情」(not-knowing) 的感覺，代表人物為 Harlene Anderson 與 Harold Goolishian。

3.敘說取向 (narrative approach)：藉著提問或探索獨特事件的方式，促使當事人解構原有強勢的敘事，重新編導出新的敘事，代表人物為 Michael White 與 David Epston。

4.解決導向諮商 (solution-oriented therapy)：停止將焦點放在問題的探索上，與當事人合力創造出新的解決方法，鼓勵積極、正向的改變，代表人物為 O'Hanlan 等人。

(一)主要概念

1.合作與賦權：心理諮商者透過提問、對話來引導出當事人的觀點、個人資源與獨特經驗。心理諮商者賦予家庭成員權力，讓他們可以表達出個人不同立場與觀點，增進成員間的相互瞭解，以促成改變。心理諮商者提供了樂觀的心理諮商環境，讓當事人有機會瞭解現在與未來，幫助當事人找到自己想過的真實生活與未來方向，並努力去實現。

2.故事化的生活與敘述：人活在家庭中，每個家庭成員都有「自己的故事」，並會為自己「製造意義」，家庭成員亦持續地共同建構「家庭生活故事」，家庭是個有意義的系統。通常意義是表現在語言與敘說之中，所以當心理諮商者發現承載著意義的語言與敘說似乎充滿著問題時，就會主動地介入探討，協助當事人或家庭尋找替代的故事。

(二)心理諮商目標

致力於為當事人與家庭找出新的生活意義，包括：協助當事人拓展視野、增加不同的觀點、促使當事人去探索或創造新的選擇，或是與當事人一起找出屬於自己的解決方式。透過關懷、同理、會心接觸、合作、回饋等方式，讓當事人重新建構自己的故事。

㈢諮商技術

1.以開放的心靈傾聽：心理諮商者必須用心傾聽當事人的陳述，並且肯定、重視當事人的感受，努力地從當事人所陳述的故事中創造新意義、找出新選擇。

2.提出造成差異的問題：心理諮商者所提出來的問題必須能夠引導不同的觀點，這些問題通常是循環式、相互關連的，提問的目的包括：探索獨特的事件、尋找奇蹟式的解決方式、探索強勢文化如何不當地解釋個人生活以及如何掙脫等，冀望以新的方式賦權給當事人或家庭。

3.解構與外放：心理諮商者認為當事人與家庭都不是問題的癥結所在，當事人的生活只為因應問題，而不是和問題融合在一起。因此，解構與外放是透過敘事的歷程，讓當事人或家庭不再覺得自己和那些問題融為一體，與問題的區隔讓當事人形成一股力量，去對抗那些對生活無益的事物與見解。

4.替代性故事與重新改編：心理諮商者要設法從當事人或家庭原有的故事中，引導出新的可能性，並且把這些新的希望滲入當事人的敘說與生命歷程之中，肯定當事人或家庭是具有能力的，能夠發展出替代性的故事並燃起希望。（李茂興，1996）

第七節　理論以外協助改變應有的注意

想要改變別人或者幫助別人改變，除了清晰的理論基礎與滿腔熱血以外，還要注意哪些事情，才能確保你（妳）的努力與一片熱情不會白白浪費呢？在你（妳）著手努力之前，你（妳）不妨參考底下的幾個建議，這些建議可以讓你（妳）獲致事半功倍的效果喔！

一、設定目標時，請尊重存在已久的「現實」

有時候我們會不經意地，只從自己的期待去要求對方，卻忽略了存在已久的現實，一旦忽略了這些現實，就會設定不切實際的改變目標，讓雙方感到很挫折，當然結果事與願違。因此，在設定目標的時候，除了考慮自己心中的期待之外，也要同時考量「現實」的狀況。例如：

　　——「要求煙齡 10 年的先生戒煙，無法期待從明天起就不再抽煙。」

　　——「剛開始帶一個亂哄哄的班級，不能期待自己明天或是幾天內，就讓整個班級的秩序大幅改觀。」

　　——「對智能比較低的孩子，無法期待短時間內課業會有長足的進步。」

　　——「對於向來木訥寡言的先生，只能期待他溫馨感人的話越來越多，而不是馬上開了竅。」

　　——「太太跟母親已多年不合，太太能對母親多說幾句好話，已經難能可貴了。」

二、先努力避免事情繼續變糟

　　有時候事情有些混亂，問題可能變得越來越糟，這時候如果硬要想出力挽狂瀾、振衰起敝的好方法，恐怕很困難。一時想不出解決方法的焦急，反而會讓事情變得更糟。因此，不如把努力的目標訂為不要讓事情繼續惡化下去，比較合理與實際，免得因為想不出一針見血的方法，自己更挫折，情緒更混亂，更別說是解決問題了。

　　「小燕因為兒子沈迷於網路遊戲而來求助，為了不讓孩子繼續上網玩遊戲，小燕與孩子起了許多次的爭執，家庭氣氛鬧得很僵，連父親也被迫加入這場戰爭。焦急的小燕一直問著，有什麼好方法可以讓兒子馬上不再上網玩遊戲，她說她都快想破頭了，可是情況依然沒改善！」

　　如果小燕與兒子的關係已經越來越對立，馬上打住這種衝突，不要

讓事情變得愈來愈糟才是當務之急，不然眼前都顧不了，更遑論改善狀況。小燕如果體認到這一點，可以先花點功夫處理自己的情緒（如找人談談），減低與孩子白熱化爭吵的次數，讓雙方緊張的關係不要再持續下去，給大家一個喘氣的機會，當事情不會繼續糟下去之後，再來想如何讓事情好轉的方法，成功的可能性才會高。

三、可以消除不好的行為，也可以獎勵不相容的好行為

看到對方不好的行為，第一個反應通常是直接要求對方改變，希望下次不要再出現同樣的行為。「直接要求」的目的無非是希望消除對方不好的行為。不過，這種作法，有些時候反倒會激起對方覺得「被指責」的情緒反應，減弱了願意改變的意願，即使對方覺得你講的有道理，也會因為心理不舒服而不願改變，結果挫折了你（妳）的期待。就像有些事，明明是對方不對，給了建議也沒見對方改變，甚至還惹人一頓白眼。如果換個方式，改以「鼓勵」對方的那些與不好行為不相容的好行為，不僅可以達到預期的效果，也能營造雙方良好的關係，一舉兩得。例如：

──「與其嫌棄情人不會說好聽的話，不如當情人說好聽話的時候，每次都獎勵對方，好聽的話多說，不好聽的話自然就會少啦！」

──「鼓勵小朋友學習好的社交禮儀，粗魯的舉止自然會跟著減少。」

四、改變的發生，先從做一件簡單的、而且讓雙方都獲得獎勵的事情開始

遇到問題是一件惱人的事，當然需要做些努力來改善，可是這時候不論是當事人或周遭的人，都因為問題的困擾而有些精疲力竭，這個時候，大家最需要的是獲得「獎勵」，所以接下來改變的第一步是：從選擇一件既簡單又容易讓大家獲得獎勵的事情開始。有句俗語「好的開始是成功的一半」，也許因為一個好的開端，引發了互相關心的良性循環，事情處理起來就容易多了！例如：

「夫妻冷戰了好幾天，接下來不是要坐下來促膝長談、解決問題，而是先為對方送上一杯熱茶，讓氣氛變好之後再說。」

「做父母的不要因為孩子不聽話，而不斷地責備與要求，而是該停止嘮叨，讓孩子免除被罵的壓力，也讓自己喘口氣。」

五、「情緒支持」勝過「真知灼見」

面對一位壓力沈重的人，最需要的是替他（她）的「情緒」找到出口，並且付出真心的關懷，如果只是急著給對方道理與指導，對方的壓力可能不減反增。經由下面的案例，能夠一窺情緒支持的功效。

有一回，一位中年的李先生在團體諮商中表示，自己的母親最近在交男朋友，實在是給晚輩做壞榜樣。可能是黃昏之戀的話題引起大家的好奇心，有些團體成員主動地問了李先生一些問題，包括：他的母親和男友多大歲數、男友是不是覬覦他家的財產、母親和男友有沒有住在一起等等。另外有些成員，很快地告訴李先生，不應該在母親背後說壞話，而且母親老來有伴是一件多麼不容易的事，要他懂得祝福。逐漸地，諮商者發現李先生的臉色越來越難看，變得坐立難安，最後他以不想占用大家的時間為由，不想再談下去了。

於是諮商者插話，鼓勵大家想想，李先生提這個問題，是怎樣的一種心情呢？他需要大家什麼樣的協助呢？在大家關心李先生的內心情緒之後，他才告訴大家，其實他很擔心，母親交了男友之後，不會再像之前那樣關心、照顧他。聽到李先生的擔心，大家紛紛安慰、鼓勵他，這時的他笑逐顏開，一掃之前臉上的陰霾。

這個故事，清楚地讓我們知道，想要幫助別人的最好方法，未必是給建議、講道理，反而是關心對方的情緒感受，讓對方有機會把心中的

擔憂、煩悶說出來，並且給予同理與支持。如果有給建議或指導的需要，也要在給足了對方情緒支持之後，唯有如此，改變的效果才會好，你(妳)說是不是呢?!

六、「獎勵」是最有效、最實用的改變技巧，也最不易出現於問題情境

《賞識你的孩子》一書的作者周弘先生 (2001)，在書中談到如何藉由「賞識」自己聽障的女兒，讓女兒在學習上有傑出的表現，甚至赴美攻讀心理諮商碩士。書上有一段話「就孩子的無形生命而言，他們彷彿是為了得到賞識而來到人間的」，其實「賞識」的具體表現就是「獎勵」，這本書把「獎勵」對一個人的改變做了最好的註解。儘管如此，現實生活裡我們稱讚對方、欣賞對方的次數總比不上指正或要求來得多，簡直可以說是吝嗇「獎勵」，尤其對方讓你（妳）心裡有氣的時候，更是難以開口稱讚對方好的行為。有個老師提到班上一位讓他很頭疼的學生，老師無奈地向我說：「今天他的作業寫得很有創意，有一股稱讚他的衝動，但是一看到他漫不經心的樣子，實在是開不了口，自己為此猶豫了好幾天！」

當你（妳）看見對方的行為卻不加獎勵，無異是在削弱對方好的行為，反而降低好的行為下次出現的可能性。

七、行為是有慣性的，要有點耐心，讓行為有時間轉變

有些行為是逐漸塑造出來的，所以行為的改變也可能是逐漸發生的，並非一蹴可幾的，因此需要一點耐心讓改變產生，如果少了這分耐心，可能會不小心破壞了美好改變的契機，沒機會讓改變開花結果，這種狀況尤其是容易發生在關係的改變上。我們來看看下面這個例子中大明的改變。

上完人際溝通課程的主管大明，終於瞭解自己以前的溝通方式過於
蠻橫，於是痛下決心，做了一些改變。大明開始主動向屬下打招呼、關
心他們的生活狀況，可是屬下們的反應卻是更加閃避，盡量不跟他碰面，
大明看在眼裡，心裡很不是滋味，一度想放棄……

　　大明的作法是對的，可是為什麼屬下不領情呢？其實部屬對大明的
改變並非無動於衷，屬下更加迴避的反應正表示他們感受到大明的改變，
只是這種改變太突然，意料之外的他們一時無法調適，需要一點時間來
接納，所以大明可不能輕易地中途放棄或臨時改弦更張，不然部屬豈不
是又要重新適應？其實大明需要的是多一點耐心，才不會在獲得部屬熱
情回應之前提早放棄。

八、結　語

　　我們不僅需要有改變，更期待「成功」的改變。當你（妳）滿懷熱
情，想要改變別人或幫助別人的時候，設定目標時，要將當時的現實狀
況納入考慮，不能一味地只按著自己的期待去要求，先考慮別讓事情繼
續惡化下去，再來考慮如何扭轉劣境；當然你（妳）也可以鼓勵那些與
不好的行為無法相容的好行為，來減低不好的行為。

　　接下來，先從一件簡單而且可以讓大家都受到獎勵的事情做起，當
成是一個好的開端，來帶動改變的良性循環。還有，改變的過程要記得
多給對方「情緒支持」與「鼓勵」，別只講道理、也不要吝嗇稱讚對方，
最後加一點耐心，你（妳）就會等到豐收的季節到來，獲得「成功」的
改變。

第四章
當事人問題行為的分析與評鑑

第一節　精準的行為描述

　　協助當事人改變的第一步，便是對當事人的問題與當事人本身的行為，做出精準的行為描述，這是從事助人工作很基本的功夫，少了精準的行為描述，心理諮商是無法達到改變問題行為的目標。所謂「練武不練功，到老一場空」，無法對當事人精準的行為描述，便很難順利完成改變當事人問題行為的分析與評鑑，缺乏對當事人問題行為正確的分析與評鑑，將無法擬出有效改變當事人問題行為的介入計畫。

　　面對錯綜複雜且不斷變化的當事人行為，如何精準地描述當事人的行為，是協助心理諮商者對當事人形成清晰輪廓的重要步驟。透過對當事人行為的精準描述，心理諮商者不僅可以發現，當事人不同於其他人的心理特質與行為模式，這些精準的行為描述也是助人工作專業人員之間相互溝通的重要參考資料。因此，協助當事人改變的第一步，便是如何精準地描述當事人的行為。

　　對於當事人的行為描述，可以簡單區分為「靜態觀察」的行為描述，以及「內在認知」變化描述。「靜態觀察」的描述強調的是，心理諮商者扮演一位單純觀察者的角色，對當事人可觀察的外顯行為進行描述。「內在認知」的描述則是針對當事人的內在思考或判斷進行描述，由於當事

人對自己本身認知思考的覺察能力通常較不充足，因此進行「內在認知」的描述，無法完全依賴當事人的自我報告，此時的心理諮商者需要扮演主動性較高的角色，透過主動的詢問、澄清，甚至是面質的技巧，來獲得當事人內在認知的內容，達到描述「內在認知」的目的。這種描述者（心理諮商者）的「主動性」，簡單地區分了「靜態觀察」描述與「內在認知」描述的差異。

　　接下來，筆者將先說明「靜態觀察」的描述。「靜態觀察」的描述可以區分為「巨觀描述」與「微觀描述」兩類。「巨觀」與「微觀」的觀察，除了分別提供不同靜態觀察當事人的取向外，「巨觀」與「微觀」的觀察也經常相互轉換運用，達到對當事人清晰描述的目的。

一、「靜態觀察」描述

　　就如同前面所言，「靜態觀察」描述強調：心理諮商者的角色是一個「主動性（涉入性）較低」的觀察者，藉由對當事人行為低涉入性的觀察，提供當事人在設定情境下行為的輪廓資訊。

　　對當事人行為的「靜態觀察」描述，可以進一步區分為「巨觀描述」與「微觀描述」。「巨觀描述」是對當事人的整體印象，進行概括性的描述；巨觀描述可以利用少量的個性形容詞，快速地描繪出個體的獨特性，我們經常利用各種人格特質來描述當事人行為，例如：甲先生看起來很外向，便是巨觀描述的例子。但是，「巨觀描述」所採用的個性形容詞，抽象性相當高，當然造成的模糊度也高，只能讓心理諮商者獲得概要性的當事人印象，除了每個人對同樣的人格特質的形容詞，會有不同理解上的差異之外，對於實際生活情境下當事人的行為表現，亦需要透過想像與推理來獲得，這是「巨觀描述」的限制。當然，這種由抽象度高的個性描述，來推理當事人實際行為表現的過程，也會出現因心理諮商者個人的偏見因素，造成當事人行為描述上的「失準」。例如：「富進取心」一詞，有些人關注的重點在於「勇於追求表現與達成成就」，可是有些人

關注的卻是「高度人際競爭與敵意」，關注的重點不同，理解的內涵自是不同。

反過頭來，「微觀描述」則是重視當事人在不同的情境下，對行為反應的具體清晰描述，這與「巨觀描述」截然不同，心理諮商者描述的是當事人的某一個行為樣本 (behavior sample)；心理諮商者可以清晰具體、不模糊地，描述當事人當時的各種行為表現。不過，由於描述的是行為樣本，所以無法提供對當事人整體印象的描述；然而，獲得當事人的整體印象是進行當事人行為描述免不了的自動化反應，心理諮商者自然會根據本身的臨床敏感度，選擇有意義的行為樣本，推論當事人的人格特質，推論的過程當然也會因為心理諮商者個人的因素，再度出現「失準」的現象，造成錯誤的推論。無論如何，我們總是透過相互轉換「巨觀描述」與「微觀描述」（舉例來說，看到當事人會談時的講話結巴，推論當事人是個具有「易焦慮」特質的人；認為當事人是個容易焦慮的人，也會推想當事人在其他情境，亦容易出現高度焦慮反應，例如：上臺演講時會出現腦子一片空白、忘詞的反應），達到對當事人最清晰的精準描述。

㈠巨觀描述（人格特質的描述）

我們通常都是透過一些描述人格的形容詞來描述個體，這些形容詞非常多，例如：自大、謙卑、勇敢、退縮、內向、外向、情緒化，甚至是很臭屁、很嗆等通俗的用詞；藉由這些個性特質的形容詞，我們得以理解自己與他人的個別差異。

不過，由於描述人格特質形容詞的數量十分龐大，而且有些形容詞的背後意義有著程度不一的相似度，因此，如果我們可以找到這些許許多多形容人的用詞之間，它們共同、核心與潛在的特質，對人的描述就可以成為既全面又完整的工作。卡特爾 (Raymond B. Cattell) (1976) 在他編製的十六種人格因素測驗 (16PF; 16 Personality Factor Test) 的測驗說明裡，便提到上述的努力，他企圖找出描述人格特質的潛在的形容詞。

首先，卡特爾從描述行為、精神醫學與心理學的相關書籍中，收集了4000多個人格特質的形容詞，再利用同義分析的方法，將4000多個形容詞，簡化成200個人格特徵的形容詞，接下來進一步將簡化而成的200個特質形容詞，分析成42個雙向的形容詞（如：情緒化—平靜），之後，再經過因素分析的統計方式，成為12個人格因素，最後，成為今日似乎能夠解釋人格範圍裡，大部分行為的16個人格因素。透過卡特爾的努力，找到了16個可以描述大多數人格特質的形容詞；這16個人格特質形容詞，提供了心理諮商者巨觀描述當事人的重要參考。心理諮商者可以參照卡特爾的16個人格因素，依序對當事人進行描述，當事人在這16個人格形容向度中，若具有特別極端或突出的表現，便是獨特於一般人的人格特質，藉由當事人在16個人格向度中所展現的獨特性格，心理諮商者便能獲致針對當事人的「巨觀描述」。底下的表格，便是依照16個人格因素的定義，分別列出高分與低分的行為表現，心理諮商者可以按圖索驥，逐步地找出當事人的獨特人格特質。

▼十六種人格因素

因素名稱	高分特徵	低分特徵
樂群性	外向、熱情、樂群	緘默、孤獨、冷漠
聰慧性	聰明、富有才識、善於抽象思考	思想遲鈍、學識膚淺、抽象思考能力弱
穩定性	情緒穩定而成熟、能面對現實	情緒激動、易生煩惱
恃強性	好強固執、獨立積極	謙遜、順從、通融、恭順
興奮性	輕鬆興奮、隨遇而安	嚴肅、審慎、冷靜、寡言
有恆性	有恆負責、做事盡責	苟且敷衍、缺乏奉公守法的精神
敢為性	冒險敢為、少有顧忌	畏怯退縮、缺乏自信心
敏感性	敏感、感情用事	理智的、著重現實、自恃其力
懷疑性	懷疑、剛愎、固執己見	信賴隨和、易與人相處
幻想性	幻想的、狂放不羈	現實、合乎成規、力求妥善合理
世故性	精明能幹、世故	坦白、直率、天真

憂慮性	憂慮抑鬱、煩惱自擾	安詳、沈著、有自信心
實驗性	自由的、批評激進、不拘泥於現實	保守的、尊重傳統觀念與行為標準
獨立性	自立自強、當機立斷	依賴、隨群附和
自律性	知己知彼、自律嚴謹	矛盾衝突、不顧大體
緊張性	緊張困擾、激動掙扎	心平氣和、閒散寧靜

節錄自《十六種人格因素測驗的指導手冊》（劉永和，1988）

㈡微觀描述（「情境—反應」的描述）

　　微觀描述是指心理諮商者，針對當事人在特定「情境」下的行為「反應」，進行具體的描述，所以又稱為「情境—反應」的描述。舉個例子，底下是甲先生與乙先生的一段對談。

　　甲先生：你曉得嗎？剛來的王先生是一個樂群【特質描述】的人。

　　乙先生：咦？怎麼說呢？

　　甲先生：昨天總務室公布公司秋季旅遊辦法的公告，王先生一看到
　　　　　　這個消息【情境描述】，馬上跑到總務室林小姐那邊完成報
　　　　　　名【反應描述】。

　　乙先生：喔！是這樣子的。

　　甲先生在對話中做出對王先生的微觀描述：王先生一見到公司秋季旅遊的公布【情境描述】，馬上跑到總務室林小姐那邊完成報名【反應描述】。這樣的微觀描述，可以讓閱讀描述內容的心理諮商者或其他人，清楚地看見實際的行為發生過程，甚至在腦海中會浮出相對應的畫面，這種「具體性」是微觀描述的優點，比較不受觀察者本身因素的影響，客觀性自然較高。

　　微觀描述中「情境描述」的描述變項包括，當時的時間、地點、現場人員與發生的事情等；而「反應描述」的描述變項，則可以區分為「語

言內容」(verbal content)、「語音訊息」(paralinguistic message) 與「非語言行為」(nonverbal behavior) 三部分。「語言內容」指的是當事人說話的內容，可以用文字按句逐字謄寫；「語音訊息」為當事人在語言表達過程，運用聲音的各種方式，而「非語言行為」則是不涉及語言的各種臉部表情與肢體動作變化。

透過描述記錄「情境描述」與「反應描述」各自的行為變項，微觀描述便能具體與清晰地呈現當時當事人的行為表現。下面「溝通行為三元素」的表格，正是「反應描述」的三個描述變項的說明與例子。

▼溝通行為三元素

項　目	說　明	一般例子
1. 語言內容 (Verbal Content)	指口頭表達的用字與詞句部分	「你可以試試看！」
2. 語音訊息 (Paralinguistic Message)	指使用聲音的方法，如音調抑揚頓挫、說話速度快慢及音量大小等等	黃鶯出谷、聲如洪鐘、說話氣若游絲
3. 非語言行為 (Nonverbal Behavior)	例如：手勢、臉部表情、身體姿勢、說話距離	回眸一笑百媚生、翠華搖搖行復止、低頭不語、潸然淚下

如果套用「溝通行為三元素」來完成王先生的「反應描述」，結果便是底下「王先生行為反應分析表」。

▼王先生的行為反應分析表

行為反應項目別	描述內容
1. 語言內容 (Verbal Content)	「林小姐，我來報名參加今天公布的秋季旅遊」等 18 個字
2. 語音訊息 (Paralinguistic Message)	語氣溫和、語調輕鬆、說話速度稍快
3. 非語言行為 (Nonverbal Behaviors)	目光直視著林小姐，臉部表情愉快（嘴角略微上揚）、手握筆準備填寫報名資料

㈢「巨觀描述」與「微觀描述」之間的轉換

儘管心理諮商者可以對當事人的行為進行「巨觀描述」與「微觀描述」等兩種不同的觀察描述，但是在諮商實務上，這兩種描述經常是相互轉換的，在心理諮商者的經驗世界裡，存在不可切割的連帶互動關係。就以前面描述王先生的例子而言，甲先生劈頭跟乙先生的談話，便是對王先生的「巨觀描述」（人格特質描述），甲先生認為王先生是個「樂群」的人，經過乙先生的詢問，甲先生接著提到對王先生的「微觀描述」（「情境—反應」描述）。這個過程，顯然是甲先生先有了對王先生「微觀描述」的資訊，再推論成對王先生的「巨觀描述」。當然，乙先生也可能直接由甲先生的「巨觀描述」（王先生是個樂群的人），而自行推想王先生在其他不同的情境下，可能出現的行為反應，也就是在心中形成對王先生的某些「微觀描述」。

由上可知，其實「巨觀描述」與「微觀描述」經常是相互關連的，一份好的當事人行為描述報告，如果同時包括這兩部分的描述，對於當事人的印象或輪廓，便容易清楚地呈現在閱讀者的腦海。當然心理諮商者要特別小心，避免個人的偏失 (bias)，造成由「微觀描述」推論「巨觀描述」的錯誤，最常見的狀況是忽略了「情境」因素的考量，而由「微觀描述」逕做出「個性」的描述。

例如，心理諮商者觀察到當事人在考試情境的過高焦慮反應，而做出當事人是一個「在不同情境（如：上臺演講、與異性交談或工作面試等情境）都會出現高度焦慮反應」的判斷；其實當事人真正的問題只有考試焦慮，其他的情境下當事人的反應都屬恰當，並未出現過高的焦慮。反過頭來，也要參酌來自其他訊息管道（如：當事人的自述或周遭親友的描述）所呈現的不一致現象，避免心理諮商者個人理解上的特殊性，而藉由對當事人的「巨觀描述」，推論出不正確的「微觀描述」，例如：認為具有「情緒穩定」特質的人，應該在各種情境下，都不容易出現明

顯的情緒波動，而忽略其實「情緒穩定」是良好的調適能力的結果。意思是說，「情緒穩定」的人，不一定是情緒不會出現明顯波動，而是能在情緒波動的當時，很快就成功調適情緒，不致讓極端強烈的情緒持續過久，干擾生活，影響生活品質。

二、內在認知描述

　　古典行為主義的心理學家認為人類的行為決定於環境，主觀的經驗並不能獲致瞭解人類行為的科學資料，只有研究「直接可觀察的行為」與控制行為的「刺激」與「增強情境」，才能得到瞭解人類行為的科學定律。可是，這種思維漸漸地遭到挑戰，尤其是在認知心理學的崛起與蓬勃發展之後，奉行認知治療的心理學家，主張人類的行為，決定於個人的內在認知歷程。因此，描述當事人的內在認知，當然是描述當事人行為非常重要的一環，「內在認知」描述提供了當事人內隱行為 (covert behavior) 的資料。

　　內在認知的探索與描述，可以讓前述的「微觀描述」中的「情境─反應」之間的聯接，存在「合理性」，用以理解：處於當時「情境」，個體出現了什麼樣的認知思考歷程，所以出現那樣的行為「反應」。換句話說，並不是所有的人在相同的「情境」下都會出現相同的「反應」，必然有某些人會出現不同的「反應」。瞭解當事人面對某種「情境」的內在認知、想法或判斷，便能合理地解釋，為何當時會出現不同的「反應」。由於當事人對情境不同的內在認知，當然出現的「反應」就會不同；舉例來說，同樣面臨高中基本學力測驗，所有應屆國中畢業生的焦慮程度並不會相同，有些學生極少受到焦慮的干擾，就如同往常一般地過日子，可是有些應考的同學，卻深受高度焦慮的困擾，出現坐立難安、無法入眠，甚至出現強烈的心身症狀（如：頭暈、心悸、腹瀉……等）；這種面對考試情境，焦慮反應強度上的個別差異，便可以藉由個體對相同的情境的不同內在認知，來獲得合理的解釋。因為每位學力測驗的考生面對

學測的情境，內在評估的威脅程度不同，對足以因應的自我能力評估程度也不同，自然會出現焦慮反應強度上的差異。如果，參加基本學力測驗的學生內在認知判斷，學力測驗帶來的威脅越高（如：考試的分數如果不理想，進不了第一志願，就不會有好的未來發展），和（或）本身足以因應的自我能力評估越低（如：只剩下短短的三十天，我根本沒有把握將要讀的書看完，而且一旦考得不理想，我也不知道自己該怎麼辦），焦慮的反應就越強；反之，焦慮就越低。因此，內在認知的描述，便是針對認知典範的「情境」—「內在認知」—「反應」(S-O-R) 中的「內在認知」進行描述。

但是，由於當事人對本身內在認知的覺察並不是與生俱來的能力；認知治療裡所提到的自動化思考 (automatic thought)，便是強調我們有很多的思考，由於不斷地運用，已經無須花費太多的能量，便能順利地運作，使得我們會不容易「覺察」自己內在認知（內在想法）的變化。所以，通常心理諮商者需要扮演「積極性高」的角色，主動詢問當事人的想法，甚至需要利用一些促進覺察內在認知的技巧，幫助當事人覺察並報告其內在認知。

底下的範例，便是利用認知治療常用的工具：「認知日誌」(cognitive diary)，來幫助當事人找出面對引發焦慮情境下的內在認知（引發焦慮的內在想法或影像）。

● 例子：林小姐的焦慮日誌

林小姐是某公司的總經理秘書，今天早上總經理要求林小姐更正股東會議報告書上的幾個錯字，並請林小姐日後對這些重要文件必須仔細校對；從那刻起，林小姐緊張慌亂、坐立難安，好像有什麼嚴重的事要發生。

林小姐利用 焦慮日誌 的格式，將自己過高的焦慮加以分析，藉以覺察內在認知（憂懼想法或影像），其結果如下：

時間／地點	當時你所遇到的情況	相伴的想法或影像	焦慮反應	焦慮指數
93年6月20日 9:45 AM 總經理室	總經理向我指正股東報告書上的錯字，並要求以後的報告書要仔細校對	想法一：我會因此被解雇 想法二：被解雇後，生活一定會陷入困境 想法三：我將過著餐風露宿、淒慘落魄的遊民生活	盜汗、心悸、災難將至感、坐立難安	9

　　從林小姐面對總經理指正與叮嚀的情境，所出現的內在認知（相伴出現的想法與影像），便可以合理地理解，為何林小姐會出現焦慮指數高達 9 的焦慮反應（焦慮指數由 1～10，分數越高，焦慮的程度也越高）。因為林小姐內在認知判斷，在總經理的指正叮嚀之後，她會因此而遭解雇，失去工作，離開公司（想法一），接下來，解雇後自己的生活一定會陷入毫無支援、山窮水盡的困境（想法二），於是自己終將流落街頭，過著餐風露宿、淒慘落魄的遊民生活（想法三）。一想到那種悲慘淒涼的遊民生活，心中的威脅感與自我無力感之高，自是不言可喻，直接反應在高度的焦慮反應。透過主動與當事人互動，清楚描述當事人接續的內在認知想法，不僅可以更加清晰瞭解當事人，也替未來心理諮商者對當事人「認知調整的介入」做準備，因為，只要能改變當事人的內在認知，就能改變當事人的情緒反應。

　　為了幫助心理諮商者擬定詢問當事人內在認知的方向與內容，建議心理諮商者不妨先參考某一個認知理論或模式，按照該理論或模式所主張的各種心理判斷變項，進行詢問與評估。例如，拉扎勒斯等學者所提出的「經驗壓力模式」(the experience of stress)，所提到初級評估 (primary appraisal) 與次級評估 (secondary appraisal) 歷程；這兩個評估歷程，包括了「情境帶來立即傷害、未來威脅與可能挑戰的程度」與「本身因應能力與資源足以克服情境帶來的傷害、威脅與挑戰的程度」兩個心理變項

的判斷 (Lazarus, 1968; Lazarus & Folkman, 1984)。

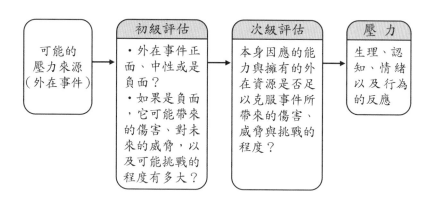

　　心理諮商者可以利用「經驗壓力模式」，透過詢問、澄清的技巧，去描述經驗高度壓力的當事人，「內在認知情境到底會帶來什麼樣真實與預期的負向結果?」以及「對於真實與預期的負向結果，對於自己本身的因應能力與擁有資源足以克服威脅的程度，當事人的內在認知判斷為何?」如果經過心理諮商者的詢問，當事人表達(即內在認知)「目前遭遇的事，不僅已造成無可挽回的傷害，而且未來的威脅也無法解除，對自己能夠面對這一切、好好的處理或控制下來，沒有任何的信心，而且也覺得自己是孤立無援，沒人會出手幫他（她）」，那麼就不難理解當事人會深感壓力了! 當然，反過頭來，如果當事人的內在認知是「雖然事情已經造成一定的傷害，但是我覺得自己有能力去克服這些困難，更何況，我有一直支持我的家人，他們是我面對這件事情永遠的後盾!」想必當事人的壓力程度，不至於造成當事人過高的困擾。

第二節　問題行為的描述

　　前面主要是在談論如何對個體的行為進行描述，透過「靜態觀察」

與「內在認知」的描述,我們便可以得到有關當事人的豐富資料。接下來,我們就要將焦點窄化在當事人「問題行為」的描述。「當事人的問題行為」是心理諮商者與當事人約定合作,一起努力改變的目標,是當事人尋求改變的動機 (motive) 也是改變的標的 (target)。

一般而言,當事人都是因為出現問題行為,經過主動(通常是主觀的痛苦驅使)或被動(非志願當事人,經轉介而來)的程序,才與心理諮商者有所接觸,希望藉由心理諮商者的協助,改變問題行為。因此,問題行為的描述是相當重要的一環,是呈現有關當事人最重要的資訊之一。

對於問題行為的描述,認知行為典範提供了很具體的描述變項,可以協助心理諮商者描述當事人的問題行為。「問題行為」的描述變項包括層面 (aspects) 與向度 (dimensions) 兩個變項。

問題行為的描述層面,包括動作層面 (motor aspect)、情感／認知層面 (affective/cognitive aspect) 與生理反應層面 (physical aspect) 等三個描述行為的不同層面。再者,每一個層面又可以採用三個向度來觀察描述,包括問題行為的強度 (intensity)、頻率 (frequency) 與期間 (duration)。

藉由三個層面與三個向度的描述,心理諮商者可以精確與具體地描述當事人的問題行為,這樣精確與具體的操作性描述 (operational description),不僅有利於溝通,更可以作為評估心理諮商者介入有效性的重要基準線 (baseline),成為日後評估心理介入是否有效的重要參考。接下來的篇幅,便是對描述問題行為的「層面」與「向度」的進一步說明。

一、問題行為的三層面

問題行為包括「動作」、「情感／認知」與「生理反應」等三個層面。常見的「動作層面」問題行為,包括:強迫行為(難以抑制的洗手、檢查窗戶、檢查瓦斯開關)、注意力缺陷兒童的過多行動量。常見「情感／

認知層面」的問題行為包括對現況的無助感 (helplessness)、對未來的無望感 (hopelessness)，而其相伴的情緒反應，通常是焦慮煩躁與憂鬱低落，當然強烈的焦慮情緒與重度的憂鬱情緒也屬於此層面。至於「生理反應層面」(physical aspect) 的問題行為，最常見的是過高生理的激發狀態 (hyper arousal)，這方面的問題與自主神經系統的失調有緊密的關係，例如：過高的生理激發狀態下的心跳加速（甚至是心悸）、呼吸急促窘迫、盜汗、肌肉緊繃顫抖等。不同的問題行為或精神疾病診斷，都有其獨特的問題行為層面，越是精熟這些問題行為或診斷，越能快速地找出最需要改變的層面。

二、問題行為的三向度

　　當心理諮商者評估完成當事人問題行為涉及的行為層面之後，便要選擇描述不同的問題行為層面的向度。描述問題行為層面的向度有三，第一個是「強度」(intensity)，情緒困擾（如焦慮與憂鬱情緒困擾）一般都是採用「強度」作為描述向度，例如：重度、中度或輕度憂鬱（焦慮）困擾。第二個描述問題行為層面的向度是「頻率」(frequency)，選擇「頻率」作為向度的問題行為，通常是可以清楚觀察的分割行為 (discrete behavior)，例如：洗手是一個清楚界定的行為，計算單位時間內的洗手的次數，便可以獲得強迫洗手行為的「頻率」值。第三個則是「期間」(duration)，描述注意力缺陷合併過動的兒童，在課堂上衝動情緒失控的問題行為，便可以將注意力缺陷兒童，發生情緒失控的起迄時間長度，作為觀察描述的向度。

　　每位當事人的問題行為可能超過一個層面，因此，心理諮商者可以利用三個層面乘以三個向度的紀錄表，協助完成描述當事人的問題行為。

　　底下是一個範例「無法停止吐口水的李先生」，請你（妳）先看完這篇範例之後，藉由不同的「層面」與「向度」，開始思考如何描述李先生的問題行為。

● 例子：無法停止吐口水的李先生

　　李先生因為無法停止上廁所吐口水的行為，影響到持續工作與人際交友，而深感痛苦。經過晤談，李先生報告自上個月中旬開始出現不斷想吐口水的衝動，他回憶說好像是跟同事上酒家那天之後，才逐漸出現想吐口水的衝動。

　　李先生進一步說明，那天因為自己被同事拉去喝酒，自己被灌得有些意識不清，一旁的陪酒小姐一再用言語、動作挑逗他，一同前往的同事也跟著起鬨要他表現像個男人，結果他就迷迷糊糊地抱著陪酒小姐到了另一個包廂。等他醒來已經是半夜4點了，看了看自己和身旁小姐的衣著，他曉得自己幹了那檔事，這時候他焦急萬分地穿好衣服，什麼也沒說便落荒而逃。

　　回到家之後，他覺得自己做了一件骯髒的事，一想起來就會隱隱作嘔，吐口水似乎可以把那種骯髒的感覺排除，雖然吐口水可以讓自己舒服一點，但是一直想吐口水的衝動，卻造成自己的工作與交友上的困難，因為他常要中斷工作或與人的交談跑去廁所吐口水。這讓李先生十分困擾，於是他找了心理師幫忙。

▼當事人問題行為紀錄表

向　度 層　面	頻　率 (Frequency)	強　度 (Intensity)	期　間 (Duration)
動作 (Motor Aspect)	上班八小時去廁所吐口水，共吐了168次，所以頻率值為 168/8=21 次／小時		
情感／認知層面 (Affective Aspect/Cognitive)		噁心（隱隱作嘔）的焦慮感十分強烈。強度指數為8	

		（強度指數由 1〜10，分數越高焦慮程度越高）	
生理反應層面 (Physical Aspect)			

　　透過「描述問題行為的三層面與三向度的參照表」，可知李先生的問題行為有二：

　　第一、過高頻率的吐口水，屬於「動作層面／頻率過高」的問題行為。

　　第二、過於強烈的焦慮感（噁心、隱隱作嘔），屬於「情感層面／強度過高」的問題行為。

　　不過，從焦慮因應的觀點可知，第一與第二的問題行為是有關連的，李先生不斷吐口水的動作，其實是為了減低心中強烈的焦慮感（噁心、隱隱作嘔），透過抵銷 (undoing) 作用的防衛機轉 (defense mechanism)，得以減輕李先生因自覺做了一件骯髒噁心的事，所帶來的不舒服感。

三、時間－事件時間軸 (Time-Event Chart, for Delineating Developing Courses)

　　「時間－事件時間軸」是依照時間向度，描述壓力事件與症狀變化的紀錄。它不僅可以提供當事人病程變化的資料，同時也能從中獲得引發問題行為的情境或早期生活事件與經驗。

　　由於當事人的問題，通常是來自一個連續發展過程的結果，所以，除了釐清當事人尋求協助當下的問題行為外，瞭解當事人問題的演變與發展，對掌握造成當事人問題行為的核心問題，具有相當的助益。當事人的「時間－事件時間軸」，便是經常用以記載當事人問題在時間向度上的變化，以及不同時間下當事人所遭遇的重要生活事件 (life event)。複雜的當事人訊息，透過「時間－事件時間軸」紀錄的整理，心理諮商者可

以清楚地看見當事人問題發展的過程，並且藉以聚焦在重要的生活事件或問題行為的變化，形成當事人問題行為的操作性假設。「時間─事件時間軸」紀錄的時間點，可遠可近，如果心理諮商者可以收集到當事人早期生活經驗上相關的事件，對於形成動力性的心理假設，將有相當的幫助。底下是一個參考例子。

> 　　李太太於95年8月來求助，主要是因為女兒在5月份時訂婚。女兒訂婚之後，李太太不僅經常揶揄女兒未婚懷孕，還常在一早醒來的時候，衝到女兒的房間，拉扯女兒的衣被，甚至作勢要打女兒。
>
> 　　依照李太太的說法，女兒從小就較叛逆，自己花了好多心思在她身上，自從廿五年前嫁到這個家，就一直得不到婆婆的歡心，因此常埋怨婆婆，與婆婆起口角。在李太太女兒的印象裡，媽媽跟祖母一直都在吵架，直到祖母兩年前辭世。十二年前先生遠赴國外工作，自己更是把重心放在女兒身上，可是跟女兒的關係始終處不好，女兒總覺得母親過度干涉，讓她幾乎窒息，她習慣以被動、冷淡的方式來因應，結果是遭受挫折的母親，干涉的方式越來越不理性。
>
> 　　李太太提到自己是家中的長女，因為早期家庭貧困，所以自己從小就抱定犧牲自己，幫助父母扶養弟妹的信念。面對女兒即將出嫁的事實，李太太心裡十分矛盾，一方面擔心唯一可以依靠的女兒，可能因為嫁人，就離開了她，另一方面，又擔心女兒會因為自己需要依賴她，而羞辱拒絕她，這種衝突不斷地在李太太的心中翻滾，整個心思都被這種衝突所盤據。

　　由整理之後的「時間─事件時間軸」紀錄（見下頁）可知，當事人從小便以犧牲自己來獲得別人的肯定，藉以穩定自我的價值。只是一路走來，原先依賴的人不斷地讓她失望，從最早的父母、婆婆、先生，以至女兒，而目前女兒是她最後可依賴的人，長期與女兒的不睦，使得當

事人無法確定女兒結婚之後，仍會繼續留在她的身邊，混亂衝突的情緒終於瓦解當事人向來自我壓抑的情緒因應方法，以致出現情緒混亂與攻擊女兒的行為。經過與女兒晤談之後，發現女兒同母親一樣，對李太太有著無法割捨與難以和睦相處的矛盾與困難，而且女兒前來會談是要求母親前來的交換條件，本身並沒有意願真正面對這個問題；厭惡母親不信任別人的女兒也繼承這個內在信念，在缺乏足夠痛苦的動機之下，無法與陌生的專業人員建立深入關係，繼續沿用非內在自我改變的因應方式（如：也許結婚生了小孩，母親便會高興，也會把重心由自己身上轉移到小孩）。

▼「時間─事件時間軸」紀錄

時間／事件	症狀變化／因應反應
95 年 8 月／尋求心理師協助	情緒得到宣洩與體認自己是缺乏精神支柱，並接受情緒穩定的藥物諮詢，激動情緒與攻擊女兒的行為短時間內受到控制。
95 年 8 月／女兒訂婚後三個月	一早醒來的時候，衝到女兒的房間，拉扯女兒的衣被，甚至作勢要打女兒。平常不斷地以粗鄙的言語刺激女兒。
95 年 4 月／女兒告知當事人訂婚的決定	當事人出現情緒混亂、不能言語、終日躺床與拒食的反應。
85～89 年（女兒國二至高三）／女兒開始出現對抗、逃家等行為	當事人除了見面時的嚴厲言詞責備，還經常涉入女兒的生活，如偷看女兒日記。生理出現胸悶、頭昏的不適症狀。
83 年／先生因為事業關係，長期待在國外	更加將重心轉移至經常犯錯的女兒身上。
71 年／因媒妁之言與先生結婚，之後經常與婆婆因細故爭吵	經常向先生抱怨婆婆的刁難，可是先生總是敷衍了事。
71 年之前／因體諒父母辛苦，當事人自動放棄學業，幫助父母撫養弟妹	工作經常腰酸背痛，但是仍會跟父母搶工作，也不會輕易地讓弟妹插手家中農事，要弟妹專心讀書。

四、因果透視常用的名詞（主要因素、前置因素、促發因素與維持因素的區分）

對於問題行為的描述，也可以透過因果關係的透視，來確定問題行為的主要因素、前置因素、促發因素以及維持因素。

㈠主要因素 (primary factor)：指必須存在，問題行為才會產生的原因。主要因素通常是必要 (necessary) 條件，並一定是充分 (sufficient) 條件。

㈡前置因素 (predisposing factor)：在問題行為出現之前，便已經存在，而且對日後問題行為的出現有影響的因素。例如：小時候失去雙親（或雙親之一），是日後發展成憂鬱情緒困擾常見的前置因素。

㈢促發因素 (precipitating factor)：時間向度上，引發問題行為的情境（事件）或因素，有時候促發因素與主要因素或前置因素並沒有關連，只是時間向度上與問題行為出現的接近性高。例如：李大媽的兒子服兵役，三個月後，因罹患精神分裂症，遭軍方鑑定後提早退伍。服兵役便是李大媽兒子罹患精神分裂症的促發因素。

㈣維持因素 (maintaining factor)：維持已經發生的問題行為繼續存在的因素。問題行為出現之後，可能會消失，也可能會繼續存在，如果繼續存在，便表示存在「維持因素」，繼續維持問題行為的出現。例如：有個小朋友，總會在父母看電視的時候，不斷地用頭去碰撞電視機旁的牆壁，每次小朋友這樣反應，總會引來爸媽的緊張與注意，於是爸媽便會中斷看電視，起身或出聲阻止小朋友繼續撞牆。這時，爸媽的注意便是維持小朋友撞牆的維持因素，只要小朋友撞牆時，父母不再加以注意，此行為便得不到維持因素的增強，而降低撞牆的頻率。

第三節　衡鑑問題行為的分析架構

　　進行當事人問題行為的衡鑑，需要一個實用的分析架構，來協助篩選、分析與整合有關當事人的「龐大」資訊，以形成協助當事人改變的操作假設 (tentative formulation)。操作假設除了提供我們理解目前當事人遭遇的問題，也是指導心理諮商者，決定協助當事人改變的策略與方法。因此，一個邏輯合理且實用高的操作假設，對於有效協助當事人改變相當重要；然而，形成操作假設卻需要一個實用衡鑑當事人問題的分析架構。

　　其實，「典範」(paradigm) 本身就是衡鑑當事人問題的分析架構。典範指導心理諮商者，注意、篩選與典範信念相符的訊息（如：精神動力學派關注幼時的發展與經驗，而認知行為學派著重於問題情境下的認知運作歷程與產物），將所得的訊息依照典範進行分析與整合，最後獲致基於典範的有意義假設；當然，「典範」也會指導心理諮商者，決定接下來應採取的心理介入 (intervention) 策略，指導心理諮商者擬出具體的介入計畫，執行心理介入計畫，並評估心理介入的效果，作為修正介入策略或計畫的參考。不過，對於一位資淺、甚至是處在實習階段的心理諮商者而言，「典範的熟習與理解」的程度自然是不足應付真實需要；對資淺的心理諮商者而言，透過典範的有效指導的期待，其實與現實顯有差距。另外，信奉不同典範的專業人員，相互之間的溝通，因為取向上的差異度，而存在一定的困難。

　　為瞭解決典範主張不同與熟悉典範程度差異等現實條件的限制，我們選擇了三個常見且在時間向度相互銜接的心理理論，包括「個體－環境契合」、「壓力－易脆性模式」與「壓力－因應模式」，整合成一個實用的分析架構。對於這個分析架構，有著底下的幾點期待：

　　第一、分析架構的運作假設是接近常理，簡單易懂的，即使對於剛

入門的心理諮商者，不但實用性高，學習起來也會感到勝任。

　　第二、透過分析架構的指導所收集的資訊，由於無須經由典範的深入詮釋，便能統整描述，因此在不同典範專業人員之間，容易達到相互溝通的效果。

　　第三、由於分析架構所呈現的資訊，在時間向度是銜接與交互作用 (interactive) 的，所以，也提供不同典範的專業人員，獲得形成與典範一致假設的完整素材。

　　當我們接觸前來求助的當事人，吸引我們最多注意力，除了當事人這個「人」的性格 (personality) 以外，還有當事人的求助問題，或者說是他們的「困擾」或「問題行為」。「困擾」一詞意涵著當事人的主觀不適 (subjective discomfort)，而「問題行為」則是較中性、客觀的用詞。衡鑑評估當事人主要問題的第一步，心理諮商者將對「當事人主觀表達或呈現的困擾問題」進行詢問與澄清，以確立當事人的主要困擾或問題行為，然後完成精準且具體的問題行為描述。

一、問題行為的分析架構

　　接下來，心理諮商者要開始利用，由三個相互銜接的心理理論所組成的分析架構，對當事人的問題形成操作假設 (tentative formulation)。分析架構採用的三個理論，簡單的定義如下：

　　㈠「個體—環境」契合理論 (Person-Environment Fitness Theory)：個體的心理需求的滿足（或適應能力）與環境的提供（或環境的要求）之間的契合程度，影響形成日後問題行為的「易脆性」(vulnerability)。

　　㈡「壓力—易脆性」模式 (Stress-Vulnerability Model)：問題行為或違常的出現是「壓力」與本身「易脆性」交互作用的結果。

　　㈢「壓力—因應」模式 (Stress-Coping Model)：當環境出現變動時，適應需求對個體造成的身心狀態，稱之為「壓力」(stress)，壓力狀態下個體會嘗試各種的調整(即因應)，以恢復壓力事件未發生前的身心狀態。

依據上面三個理論的定義，從「問題發展過程的時間順序」整體分析：出現問題行為的當事人，在早期發展階段，個體心理需求的滿足（或適應能力）與環境的提供（或環境的要求）之間的契合程度較低（亦即，個體的需求無法獲得滿足或個體無法配合環境的要求），形成日後問題行為的「易脆性」（「個體－環境」契合理論）。隨著年齡的增長，當事人遇到問題行為的促發事件 (precipitating event)，促發事件所帶來的壓力，與當事人早期形成的易脆性交互作用後，出現問題行為（「壓力－易脆性」模式）。一旦問題行為出現，個體會自動加以因應，然而因應的結果，無法消除原有的問題行為（即不成功的因應），接著不成功因應的結果與原有的問題行為，演變成新的問題行為與壓力，當然當事人仍會針對新的問題行為加以因應，如此循環下去，如果持續無法達到成功的因應，「尋求心理諮商者的協助」或「被轉介到心理諮商」可能成為當事人或其環境的因應選擇（「壓力－因應」模式）；所以，心理諮商者看到的問題行為，其實是一段時間下，不成功壓力因應的結果。

　　雖然當事人問題發展，是依照時間順序逐漸發展而成，但在臨床的實務操作上，卻是反方向的分析。首先，心理諮商者接觸的是「當事人的問題行為」，經由會談（會談對象包括當事人與轉介來源）、家族史記載、心理測驗施作與儀器檢查等方式，收集相關資料，採用「壓力－因應」模式，釐清當事人壓力因應的過程，再依照「壓力－易脆性」模式，發現促發問題行為的生活事件，並找出與促發事件壓力交互作用的「易脆性」，最後，經由「個體－環境」契合理論，清楚評估當事人的「易脆性」與發展歷程上的形成歷程。因此，依照實務操作習慣的順序，依次介紹與說明分析架構的三個理論。

㈠「壓力－因應」模式 (Stress-Coping Model)

　　通常，心理諮商者不會在當事人問題行為起源的第一刻，就接觸到當事人，所以，呈現在心理諮商者面前的問題行為，並不是剛剛才發生

的問題，其實還包括問題行為出現之後，當事人努力因應的結果。然而，選擇尋求心理諮商者的協助，通常是不成功因應之下的產物；無法成功因應的結果，使得當事人的問題行為更加複雜，解決的困難度更高，當然負向情緒造成的痛苦程度也越強，增加當事人尋求「他助」與「專業協助」的可能性（動機）。

這種因應的結果又變成問題的一部分現象，稱為「問題行為循環」(circularity of problematic behaviors)。通常因果關係的探討，著重於獨變項（因）對依變項（果）的影響；然而，問題行為的產生並不是那麼單純，「問題行為循環」的概念強調：後來的果（因應壓力的結果），可能變成影響問題行為出現的另一個因，到最後因與果便難以清楚釐清。

心理諮商者透過「問題行為循環」的概念，逐步澄清當事人出現的問題行為與當時採取的因應方法，以及因應之後的結果，便可以清楚地瞭解當事人的問題發展史，「時間—事件時間軸」(time-event chart) 紀錄的採用，可以更具體地記載問題行為的演變過程，對於釐清當事人的問題行為，是一個不錯的選擇。接下來，我們來看下面這個例子。

> 30 歲的李小姐，經相戀多年男友不斷地央求，終於答應結婚的要求。在風光婚禮之後，變得複雜的人際關係與扮演多重角色的壓力，讓李小姐開始有了強烈逃離夫家的念頭，然而她卻把情感的依賴轉向另一位女性友人丁小姐，結果問題變得更加複雜，原來，那位情感依賴的轉移對象也愛上了李小姐。
>
> 除了原先已經存在已久的人際困難，又增加了處理兩段衝突對立感情的壓力，問題變得更複雜，處理的難度也更高，情緒混亂的李小姐終於受不了，選擇逃離了夫家。
>
> 雖然得到暫時的喘氣，可是問題卻一樁一樁地接踵而至。逃離夫家的深深愧疚，讓李小姐總是要勉強自己去關心先生，可是卻引來先生一再地質問，為什麼不離開那個女人？為什麼不肯回來一起同住？到底是

不是還愛著他？而那位被先生視為第三者的丁小姐，也在夜闌人靜的時刻，帶著酒意透過電話，情緒崩潰地向李小姐哀嚎，希望能夠獲得李小姐全部的愛，李小姐知道，電話那一頭的丁小姐正在自殘。此外，李小姐也要躲避許多認識的人，因為她不知道怎麼去回答，怎麼沒見到妳先生的詢問。總之，李小姐為此付出的代價是越來越大。

發現自己情緒除了混亂與焦躁之外，李小姐慢慢覺察到自己出現莫名低落的情緒，有些時侯，似乎內在的聲音使喚不了自己，自己正逐漸被低落的黑暗陰影淹沒，幾近窒息。李小姐知道自己已經到了不能不找人幫忙的地步了。

從上述李小姐的例子，可以清楚知道，似乎問題的「開始」，是從嫁到夫家，必須跟一些姻親有緊密的互動開始，特別是跟公婆的相處。李小姐要跟公婆一起吃飯，就得接受他們的關心與某些安排，這讓李小姐感到極度的不自在；原先對她百依百順的先生，因為在乎公婆，不想讓公婆失望，也一反初衷開始勉強起她，這時候她的焦慮、不自在越來越強，極度強烈的焦慮反應讓李小姐一有機會，就想要盡快地逃離夫家【壓力反應】。

然而，李小姐第一時刻，並不是選擇逃離夫家，而是找了另一位丁小姐，作為自己焦躁情緒的出口【第一因應】，雖然從丁小姐的身上暫時得到情感的安撫，可是沒想到愛上李小姐的丁小姐，開始與李小姐的先生爭風吃醋，結果讓李小姐更加痛苦【第一因應的結果】。這時候李小姐的困擾不只是要面對公婆的不滿，還要面對自覺受她傷害的先生與情人，帶給她的焦慮（遭到先生與情人的指責）與罪惡感（自己感情上的猶豫傷害了兩個無辜的人）【演變成新的問題行為】。

為了因應演變成新問題行為的壓力，李小姐選擇了逃離夫家【第二因應】，從例子的內容可知，因應的結果是，對公婆、先生與情人更強烈的愧疚感，以及企圖彌補他們的勉強與痛苦，於是開始出現問題行為的

循環。最後，尋求心理諮商的協助，成為另一個因應的選擇，而在成為李小姐新的因應選擇的那一刻，心理諮商者才正式接觸到李小姐。

藉助「壓力－因應」模式，心理諮商者清楚地瞭解當事人此刻呈現的問題行為，以及背後問題行為的發展過程。

㈡「壓力－易脆性」模式 (Stress-Vulnerability Model)

當釐清當事人原先的問題行為與因應（通常是不成功的因應）之後，最常見關注的兩個問題：

—— 「為什麼是這個時候出現問題行為呢?」

—— 「為什麼這個人會出現這個問題?」

這兩個疑問正是接下來資料收集與分析的重點。「壓力－易脆性」模式提供了上述兩個疑問，思考與分析的方向。

「壓力－易脆性」模式，常用來解釋問題行為的發生。模式強調問題行為的出現並不完全是壓力事件的影響，往往早已存在的「個體易脆性」具有關鍵的角色，因此，監控與改變個體易脆性成為協助當事人改變關注的重點。

在時間向度上，通常問題行為出現之前，可以觀察到引發當事人壓力的生活事件（或稱壓力源），即一般所說的「促發事件」，以上述李小姐的故事為例，引發李小姐問題行為的促發事件是「嫁入夫家」。促發事件引起當事人的身心狀態的緊張，形成個體的「壓力」，而此時個體內在的「壓力」，與當事人原先已存在的「易脆性」交互作用，「問題行為」便是交互作用的結果。常引發問題行為的壓力事件（促發事件），具有一定的特定性 (specificity)，特定某些壓力事件的出現，才會引發個體的問題行為，並不是所有的壓力事件都會引發問題行為，這種「特定性」是相對於個體的「易脆性」；因此，除了釐清對產生問題行為具有「促發」影響的壓力事件之外，同時，也要評估對問題行為出現具有高度影響的「易脆性」。

我們將「易脆性」的定義，窄化在潛在的「有問題」的人際互動模式，來進行說明。何謂「有問題」呢？「有問題」指的是「過度依賴他人」。「過度依賴別人」的內在意涵，指的是個體高度畏懼遭到依賴對象的嫌棄（包括拒絕排斥與肢體攻擊處罰）與遠離（簡稱棄離），為了減低出現被依賴對象棄離的可能性，除了提高對遭棄離的敏感度（出現與現實不成比例的焦慮反應強度），形成神經質焦慮 (neurotic anxiety)，當事人也將發展出各種人際交往模式，例如：扭曲自己的討好方式、忽略他人意志與感受的高度支配 (dominance)，藉以達到避免遭棄離出現的「控制感」(controllability)。

　　而這些肩負重要使命的人際交往模式，遇到特定的生活事件，將失去原來期待的功能，讓當事人失去避免遭棄離的控制感。例如：「不管自己怎麼努力，媽媽還是一臉不悅，好像我哪裡沒做好似的」（所依賴的對象，如今卻無法再被討好），或是「用盡各種方法，兒子還是一樣我行我素，根本不再像以前一樣聽話」（所依賴的對象，如今無法再加以控制與支配）。此時出現的促發事件，通常就是「失去人際贊同與支持」的生活事件。這些有問題的人際交往模式，可以達到某種程度避免遭棄離出現的「控制感」，但卻無法杜絕遭到棄離的焦慮。除非當事人朝向真正的改變因素努力，形成自己是有價值與值得被愛的自我概念。

　　然而，這些正向的自我概念（自己是有價值與可被愛），主要是來自當事人內化依賴者對當事人喜愛的人際互動經驗，恰巧這種與依賴者的正向人際互動經驗，正是當事人不足，甚至是缺乏的人際經驗；反觀負向的人際互動經驗，卻是不虞匱乏，甚至是過多成為主要的人際經驗，不斷地支持當事人有問題的人際互動模式。這種供需的矛盾現象，形成日後產生問題行為的「易脆性」，一旦生命的過程遭逢促發事件，兩相交互作用下，結果產生困擾當事人的問題行為。

　　既然易脆性與壓力都是造成問題行為的因素，因此在釐清引發壓力的生活事件之後，關注的焦點便轉向當事人「易脆性」的形成過程。

㈢「個體—環境」契合理論 (Person-Environment Fitness Theory)

　　早期發展階段,「個體與環境間的契合」(person-environment fitness) 程度是瞭解易脆性形成經常採用的重要概念。個體心理需求的滿足(或適應能力)與環境的提供(或環境的要求)之間的契合程度,影響形成日後產生問題行為的「易脆性」,一旦形成的易脆性與特定的壓力事件帶來的壓力交互作用,便會引發問題行為。

　　為了因應這種「不契合」,個體必須發展出某種人際行為模式或內在自我信念,藉以達到當時身心狀態的平衡,維持生存與發展,但同時也埋下日後問題的根源,導致日後經過促發的生活事件的壓力催化,交互作用出困擾當事人的人際行為模式,問題的人際模式為當事人帶來許多的主觀痛苦(負向情緒)。

　　個體與環境的契合,可從兩個面向來描述與評估,包括:

1.「環境的要求」與「個體的適應能力」之間契合的程度

　　最常見的例子就是:父母的教養信念與孩子與生俱來氣質之間的契合程度。孩子生下來便具有一些與生俱來、有別其他嬰兒的行為傾向,學術上稱之為「氣質」(temperament)。目前「氣質」區分為九個項目:活動量、規律性、趨避性、適應度、反應強度、反應閾、情緒本質、注意力分散度、堅持度,各自提供瞭解嬰兒獨特的行為傾向 (Buss & Polmin, 1975);詳見下表。

▼氣質向度說明表

項　目	向　度	行為表徵
活動量	小 ↕ 大	不喜歡戶外活動、文雅的小紳士、小淑女 ↕ 睡眠短、清醒長、東看西看、渾身扭動
規律性	低 ↕ 高	食慾不定、想睡就睡 ↕ 食量固定、睡眠固定、排泄規律
趨避性	退縮 ↕ 接受	對新的人或事物反應冷淡、不感興趣 ↕ 不怕生、喜歡新的人或事物
適應度	低 ↕ 高	拒絕新環境、新人物，適應時間慢 ↕ 接受新環境、新人物，適應時間快
反應強度	微弱 ↕ 激烈	聲音低、表情淡、傳達訊息弱 ↕ 喜、怒、哀、樂與需求皆清楚
反應閾	低 ↕ 高	視、觸、聽、味、嗅覺靈敏，機靈 ↕ 視、觸、聽、味、嗅覺遲鈍，白目
情緒本質	負向 ↕ 正向	不苟言笑、冷冰冰 ↕ 滿面春風、笑咪咪
注意力 分散度	容易 ↕ 不容易	視、觸、聽覺皆容易分散、易分心 ↕ 專心看電視、看書或聽音樂，不易被打擾
堅持度	小 ↕ 大	容易哄騙、改變心意 ↕ 遇到外來困擾仍克服困難堅持做下去

　　這些出現在孩子身上不同的氣質表現，與養育父母的教養態度之間的契合程度，對嬰兒接下來的適應非常重要，例如，生活嚴謹規律的母親會對規律性低的嬰兒，做出比較多的限制，不僅讓嬰兒承受更大的適應壓力，同時也降低嬰兒需求獲得滿足的機會。

底下的一段話，替個體與環境間的契合度此概念，做了一些說明。

「孩童本身的氣質特徵與環境（尤其指家庭內）要求的結構和彈性之間的「不良契合」，會導致「不一致的壓力」(dissonant stress)。這樣的壓力接著可能引發孩童的行為干擾（部分行為干擾的形成反應出孩童的氣質特徵）。」(Thomas & Chess, 1977)

個體出生後，便要面對適應的壓力；嬰兒出生之後，便有其特定的行為反應方式，這些與生俱來的氣質行為與環境對他的要求 (demanding) 交互作用，如果兩者的契合度越高，嬰兒的適應壓力就不致過高，便不需要發展特定的神經心理反應，如：更低的神經反應閾 (response threshold) 或更高的神經強度反應 (response potency)，來因應過高的壓力。過低的神經反應閾和（或）過高的神經強度反應，將成為當事人面對挑戰與威脅時，出現過高焦慮反應的易脆性因子 (vulnerability factor)。

除了可能出現在神經系統上的易脆性外，在社會心理層面，也可能因為環境的過度要求，形成人際互動層面的易脆性。舉例來說，常見父母將自身需求轉嫁兒童的例子：一位經常向四歲孩子哭訴丈夫外遇的媽媽，可能造成孩子因為感受到「媽媽內在高度的恐懼與迫近的精神崩潰」即將成為自己生存的巨大威脅(一旦媽媽崩潰，就會被母親忽略或遺棄)，因此，只好發展出努力討好母親的行為模式，企圖穩定母親的情緒，避免母親崩潰，也免除面對自己萬分畏懼的結果。

江先生是一位中年的水電公司老闆，因為合夥人打算把剩下一半的股份轉讓給他，儘管公司營運狀況不錯，但是他總是對於自己獨立經營公司沒有足夠的把握，不確定自己是否有能力把事業做好。雖然周遭的人，連自己的太太，都對自己深具信心，可是江先生的不安還是很強烈。最後他找了心理師諮詢，諮詢過程，他談了許多，除了自己難以控制的強烈不安，也談到小時候的生活。

開雜貨店的爸爸，對他管教很嚴，如果偷溜出去玩被逮到，免不了

一頓毒打，自己印象深刻的是被父親綁在樹上或吊起來用藤條修理。爸爸處罰很重，要求也很多，希望他是個認真讀書的小紳士，可是他天生就好動，注意力也不容易集中；爸爸打罵的時候，只知道自己做錯事，其實爸爸說些什麼，腦子一片空白的他，根本沒法聽進去。慢慢地，「怕做錯被處罰」的擔心逐漸變成生活的一部分，什麼事情第一個想法就是擔心做不好，犯錯被責罰，一直不確定自己有沒有能力把事情做好……

　　從江先生的例子可知，由於江先生「小時候的氣質」與「父親的管教信念和態度」之間的契合度低，因此經常遭到父親的嚴厲處罰，除了面對事情出現的高生理激發反應 (hyper-arousal response) 外，父親對江先生處罰時的負面評價態度，也造成江先生面對問題或挑戰時，缺乏足夠的自我效能感 (self-efficacy)；高生理激發反應與低自我效能感，都是引發過高焦慮反應的易脆性。

　　2.「當事人的心理需求滿足」與「環境的提供」之間契合的程度

　　個體的成熟與發展，除了基本生理層面的需求滿足之外，更是需要心理層面的需求滿足為基礎。包比 (John Bowlby) 所主張的「依附關係」概念，強調嬰兒「安全感」獲得的重要性。藉由安全的依附（依賴），個體開始能放心地探索外界，獲致足夠的知識與經驗，也獲得對外在世界的控制感，進而達到獨立的目標；同時藉由安全的依附（依賴），個體內化主要照顧者的對待態度，以形成正向的自我概念 (self-concept) 與自尊 (self-esteem)，以利主動挑戰外界並獲致與自尊一致的愉悅感。然而，當事人安全感的獲得或滿足，取決於當事人本身表達心理需要的能力（透過情緒反應），以及環境對於當事人心理需要訊息的「敏感程度」、「回應程度」與「滿足程度」。

　　環境對當事人心理需求的「敏感程度」，是指環境能夠偵測當事人心理需求（情緒反應）的閾值，閾值越低，越容易偵測到個體心理需要的

訊號;「回應程度」指的是,對偵測到心理需求訊號,做出相對回應的程度;最後,「滿足程度」便是指環境做出的回應,滿足個體心理需要的程度。

因此,心理諮商者需要針對個體表達心理需求的方式、環境對個體心理需求的敏感度、回應度以及滿足度等,進行必要的資料收集與評估。當事人為了獲得安全感的滿足,將發展出增加心理需求滿足的表達方式,例如強烈的表達方式(如:哭得更大聲或生氣時攻擊性更強),或經常更能吸引注意力的「搗蛋行為」(trouble-making behavior),成為產生問題行為的易脆性。

成人的心理需求顯然比兒童來得複雜與多元,莫瑞 (Henry Murray) 主張的心理需求理論,提供許多關於描述或瞭解心理需求的參考資料。在其人格理論中,莫瑞認為瞭解人類行為最重要的關鍵在於:瞭解個體一切行為的方向性 (directionality),無論是心理、語言或是生理層面。透過五個行為的標準,來推知與分類不同心理需求的存在,這五個行為的標準包括:

⑴行為的效果或最終結果;

⑵出現特別類型的行為;

⑶對某些類別的刺激物,產生選擇性注意與反應;

⑷表露出某種特別的情緒或情感;

⑸當特定效果達成所表露的滿意與未達到時所表露的失望。

莫瑞認為,「心理需求」是一種決定個體行為目標、行動方向的內在力量,它會引導個體產生行為,追求目標或迴避達成目標可能的阻礙;如果遭受外界(人或事物)的阻礙,它也會促使個體產生企圖去除障礙的行為。

莫瑞嘗試性地提出十五個需求,來描述人類一切行為的方向性。這些心理需求請參見下表的說明。

▼人類行為的心理需求

次　序	需求名稱	說　明
1	成就性	盡個人的努力，以求取成功，完成一些有意義的工作，或解決有困難的問題之傾向
2	順從性	接受別人的指示或建議，按照規定或習俗行事的傾向
3	秩序性	注意整齊、清潔，凡事都事先有計畫，按部就班、有條不紊的傾向
4	表現性	希望獲得別人的注意，常藉機智的言語或行為，以達到此一目的，喜歡談論本身的功績與成就，或別人所不能回答的問題
5	自主性	傾向於自由行動，自作主張，不喜歡接受規則或習慣的約束，不願為責任或義務所規範
6	親和性	樂於交遊、參加團體活動，並忠於朋友的傾向
7	省察性	分析本身的動機與感情、喜歡研究別人的行為，且常有設身處地，推斷他人行為的傾向
8	求援性	希望獲得別人的幫助、鼓勵、支持，遇有困難時渴望別人的同情與關心
9	支配性	領導團體活動，支配或影響他人的傾向，常為個人的主張辯護，希望能為別人所接受
10	謙遜性	自覺不如人，對自己行為有愧怍之心，在尊長面前常有畏縮不安的傾向
11	慈愛性	對人寬厚、仁慈、富於同情心，對於有困難或遭遇不幸的人，有樂於幫助的傾向
12	變異性	喜歡做新鮮的事，結交新朋友，喜好旅行或其他新的嘗試
13	堅毅性	做事必至完成為止，有毅力，雖遇困難，仍不足於改變其決心
14	愛戀需求性	對異性甚有興趣，喜歡和異性交往，並希望為異性所注意
15	攻擊性	抨擊相反意見，公開批評他人，遇到攻擊時必謀報復；發生問題時，常有責怪他人的傾向

　　從收集當事人從小成長的經驗裡，「當事人的需求與環境滿足」與「環境對當事人的要求與當事人配合環境的要求」之間契合的程度，可以協助心理諮商者，瞭解當事人產生問題行為的「易脆性」。

二、案例分析

　　底下提供一個有關琳達小姐的故事，透過下面這篇吳國慶心理師所撰寫的當事人例（擷錄自心園心理治療所網站），我們可以運用前面所提到的「問題行為描述」與「衡鑑問題行為的分析架構」的知識來分析當事人的問題行為；不僅藉此瞭解琳達目前的問題行為是什麼，也完成琳達的問題的衡鑑，擬定協助改變計畫的操作性假設。

● 例子：從你們的眼裡看到我的價值

　　幾年前我評估過一位女同學，就稱呼她琳達好了！當時琳達因為連續幾天跟朋友熬夜聊天，結果出現胃痛、腹瀉、頻尿等焦慮的症狀，導師以為她的功課壓力過大，所以建議她來輔導中心找人幫忙。雖然她的身體症狀相當常見，而我也只跟她會談過兩次，但是跟她一齊探索造成身體不適原因的過程，卻讓我印象深刻，到現在還會時常想起！那是一個讓我更清楚瞭解人們形成「自我價值感」的機會。而標題「從你們的眼裡看到我的價值」，這裡的你們，指的是琳達的父母。

第一次跟琳達的會談

　　面貌娟秀的琳達，留著一頭烏溜溜的長髮，不過臉部的表情顯得有些愁苦，講起話來輕聲細語，姿態端莊得有些拘謹，讓我也變得有點不自在！琳達言談流利地表示，因為她最近一週內有三天都跟朋友熬夜聊天，由半夜 11 點聊到隔天凌晨 3 點，結果白天上課的時候就開始出現胃痛、拉肚子、頻尿跑廁所等焦慮症狀，而且一直上廁所吸引了班上同學的注意力。琳達擔心大家會覺得她的行為怪異、干擾到課堂教學而討厭她，結果另一個擔心被大家嫌惡的焦慮又出現，這真是雪上加霜啊！

　　談到這裡我心裡還是有些納悶，為什麼琳達要拼命地熬夜講電話

呢？琳達告訴我，最近這段時間感到特別的孤單、很想家，所以就很珍惜可以跟朋友聊天、排遣心中孤單的機會，即使身體不舒服也沒關係！這種孤單感覺的力量可真大，大得讓琳達強忍著身體的不舒服，還是要跟朋友聊天！雖然如此，還是有許多的疑問還沒被釐清，例如說：為什麼琳達最近孤單的感覺會特別強烈？難道之前發生了什麼促發事件嗎？還有為什麼這位青春女孩會有這樣的孤單感，難道她本身有什麼樣的心理特質，潛藏在問題的背後呢？讓我們再看下去……

　　我跟琳達談到她的家庭，在她的眼裡那不是一個寧靜祥和的家，跟一般所描述「我的家庭真美滿」有些距離。爸爸跟祖父常有意見上的衝突，媽媽又跟祖母相處不睦，跟上一代的爭執常讓爸媽自顧不暇，再加上她本身的「氣質」（比其他兄弟姊妹安靜、被動），所以琳達常被父母忽略，彷彿覺得她是個不需照顧、可以獨立自主的大人！她提到爸爸是一個相當傳統的人，總是用許多「應該」的訓諭來要求她，很少溫柔地跟她講話！那媽媽呢？媽媽很少會去細心關照她的感受，反倒是常向她訴苦，跟她傾吐因為與祖母爭執所受的委屈。我問琳達小時候對媽媽最深刻的印象是什麼？琳達提到一個畫面：「母親眼睛紅紅的，好像要去自殺」；儘管如此，琳達還是告訴我：「爸媽是愛她的！」

　　談到這裡我們大概可以瞭解，琳達從小的生活是孤單的，父母很少關心到她的感受，甚至琳達還得去扮演主動「關心別人」的人。一個應該活在無憂無慮、備受呵護，甚至可以調皮耍賴年紀的女孩，卻被鼓勵演出超齡的戲碼，這負擔也太沈重了吧！那琳達自己被關愛的需求怎麼辦呢？因為爸媽的肩膀已經快被壓垮了（指窮於應付祖父母），不能再要求他們了！所以只能在一旁「被動」地等待父母的突然發現，原來他們的女兒只是個小女孩，需要許多的愛跟關懷！因為這些家庭的因素，長大以後的琳達與人交往的時候，總會主動去關心別人，但是卻不敢去要求別人的關心，總覺得自己不能那樣麻煩別人！

　　可是遠水救不了近火，只談琳達過去的經驗對現在焦慮狀態的緩解

畢竟幫助有限，所以我除了在會談過程中，盡量給琳達足夠的情緒支持，希望能減輕她的孤單感外，同時也給了幾個緩解焦慮症狀的具體建議。此外，我也請學校通知琳達的導師與父母，順便把我的連絡電話給他們。琳達真的是一個聽話的好女孩，給她的建議她都照著做！我安排兩週後跟琳達繼續會談。

第二次跟琳達的會談

如我所料的！琳達的導師和爸爸都打了電話給我，時間就在上次會談的當天晚上。先是導師告訴我，她很訝異外表熱心助人的琳達，內心竟然是如此的孤單，她心中最會幫助同學的琳達，竟然才是最需要被關心的人！緊接著打來的是琳達的爸爸，儘管他的口氣顯得有些防衛，但仍難掩父親急切關心女兒的心情！琳達的父親覺得發生這樣的事簡直是不可思議！我看到一位父親內心複雜的情緒，有驚訝（乖巧的女兒竟然要找心理醫生！）、有自我懷疑（難道我有過錯、我怎麼都不知道呢？）、也有羞愧（不好意思麻煩到我！）……真是百味雜陳！

在過程中，我倒沒跟琳達的父親提到太多琳達的想法，只是始終中性地告訴他一個我所知道的事實：「你的女兒過得不快樂！而且從以前就過得不快樂！」因為如果琳達的爸爸不去接受這樣的事實，他對待琳達的態度就不會有改變，就算他很愛琳達也是枉然！隱藏在內心卻沒有行動的父愛，對琳達而言是沒太大用處的！

兩週後琳達如期前來會談，我問她現在的狀況如何？她說狀況改善了很多，原先的焦慮感、孤獨感已經沒了！仔細看著琳達，她的神情的確變得開朗許多，說話的樣子雖然還是一樣的端莊，但是讓人感到輕鬆多了！這種乖女孩，因為不想造成別人的負擔，有時候會把話講得比較「光明」，所以我總得仔細琢磨一番，多方面地評估一下琳達的狀況。接下來，我跟琳達一起討論狀況改善的原因。

琳達說自從上次會談之後，爸媽對她的態度有了明顯的改變，爸爸變得主動關心她的感受，母親雖然不是很會表達自己的感情，但是也會天天打電話來噓寒問暖，問一些生活上的瑣事。從父母改變的態度裡，琳達重獲匱乏許久的「自我價值感」，不再感到那麼地孤單！從父母看待琳達的眼裡，琳達感受到父母當她是個寶貝、是一個對他們很重要的人。從父母的眼裡，琳達覺得父母當她是「有價值」的，因此也覺得自己是個「有價值」的人！

　　除此之外，琳達也內省到前些日子會覺得特別孤單的原因。琳達告訴我，她向來都會透過幫助比她脆弱的同學來獲得「自我價值感」，從對方依賴、信任的反應中，來證明自己是重要的、有價值的，可是之前接受她幫助的同學，在狀況逐漸好轉之後，便不再事事依賴、信任她，甚至開始會嫌她囉唆，要琳達別干涉她的事，使得琳達頓失「自我價值感」的來源，所以她才會熬夜地打電話，想要彌補「自我價值感」的匱乏，反而事與願違地陷入日前的焦慮狀態。

【問題行為描述與分析】

不穩定的「自我價值感」

　　以前有位學者顧里 (Charles Cooley) 提出「鏡中自我」(looking glass self) 的概念來說明自尊的形成，他認為自尊起源於內化別人對你的態度，特別是對你具有重要性的人，一般而言就是指父母。如果視自尊等同於「自我價值感」的話，顧里的觀點與琳達的狀況就頗為契合！

　　不過，除了「自我價值感」匱乏的原因外，還有一個很重要的影響因素，那就是琳達一直無法從父母對待她的態度中，形成「穩定」的「自我價值感」。琳達確信父母是愛她的判斷，其實是基於過去經驗、內心需求及社會期許的混合體，並不是全然來自於真實的生活經驗！由於自我

價值感的不穩定性，琳達才會一直嘗試其他穩定「自我價值感」的方法，以致發展出日後「主動協助弱者」的人際交往模式，這種模式無非是想要能夠更「自主」地獲得「自我價值感」（由原先被動等待父母的關心，轉向主動關心別人），來確保「自我價值」的穩定。「自我價值」不穩定的問題，是琳達目前發展階段所要面對的重點之一！不過，也因為這種不穩定性，琳達父母態度的改變才能如此迅速地幫助琳達。

　　因為自我價值感不穩定的前置因素 (predisposing factor)，使得琳達在尋覓穩定「自我價值」的過程，增高了陷入自我價值匱乏的「易脆性」，由於發生被照顧的同學逐漸疏遠琳達的促發事件，結果產生焦慮的惡性循環。

　　專業人員的晤談與介入能快速改善求助當事人焦躁、孤單感，可能在於專業人員能在短時間內擔任當事人「自我價值」的基礎，暫時解決「自我價值」匱乏的問題。透過晤談技巧的展現與專注的投入，當事人從專業人員眼中看到自己匱乏的「自我價值」，這樣的幫助對當事人而言是相當的大。此外，如何幫助琳達穩定「自我價值感」是另一個協助的重點；依照琳達的發展階段來考量，幫助琳達找出興趣、發揮所長是一個可以考慮的方向，讓琳達發現透過發展屬於自己的興趣，一樣可以獲得大家的喜愛與尊重，與之前獲得「自我價值感」的方法相比，顯然「穩定」多了！同時，因為發展興趣而漸趨清晰的自我概念，對「自我價值感」的穩定也有相當的助益！

　　下表是琳達的問題行為描述：

層面＼向度	頻　率	強　度	期　間
動作	七天內和朋友熬夜聊天三次。頻率值為 3 次／星期		七天內和朋友熬夜聊天三次。每次聊天時間為晚上 23:00 到凌晨 03:00。所以每次

			聊天期間為四小時
情感／認知		1.擔心頻尿上廁所干擾同學上課。焦慮強度指數為7 2.擔心過於頻繁的干擾行為引起同學嫌惡。焦慮強度指數為8	
生理反應	白天上課時出現胃痛、拉肚子、頻尿等焦慮症狀		

　　經由上述描述問題行為的參照表,可知琳達的問題行為有下列三項:

　　第一、頻率過高加上持續太久的熬夜聊天行為,屬於「動作層面／頻率過高與期間過長」的問題行為。

　　第二、過於頻繁的生理症狀(胃痛、拉肚子、頻尿),屬於「生理反應層面／頻率過高」的問題行為。

　　第三、過於擔心干擾行為引發同學嫌惡,而產生的強烈焦慮感,屬於「情感／認知層面／強度過高」的問題行為。

　　由「壓力一因應」模式 (Stress-Coping Model) 的觀點來看,這三個問題行為是有先後關聯性的。琳達由於頻率過高加上持續太久的熬夜聊天,引發焦慮相關的生理症狀, 然而這些過於頻繁的生理症狀及其因應行為(如:因為頻尿而一直跑廁所),讓琳達擔心會干擾同學,甚至憂慮引起同學嫌惡,這樣的擔心可能加深焦慮感,使生理症狀更惡化,讓焦慮感再度加劇。原本先後關聯的問題行為形成一個焦慮與生理症狀交互作用的惡性循環 (vicious cycle)。

　　接下來,我們便繼續完成琳達問題行為的分析與衡鑑,如下表:

分析架構別	重要資訊摘要
1.壓力—因應模式	琳達以「熬夜聊天」因應壓力，但熬夜後產生的生理焦慮症狀引發琳達擔心干擾同學，甚至被同學嫌棄的新焦慮。原本琳達期望以「熬夜聊天」來解除壓力，但卻因此引發新的問題及新的焦慮，可見「熬夜聊天」並非一個有效的因應行為。
2.壓力—易脆性模式	琳達平日熱心助人，特別常以主動幫助情緒脆弱的同學來證明自己的重要性，最近接受其幫助的同學狀況好轉，不再如之前般的依賴，琳達頓時失去「自我價值感」來源，才企圖以「熬夜聊天」來彌補。可見琳達的易脆性是主動幫助弱勢同學來獲得自我價值感。
3.個體—環境契合理論	生長於一個父母忙碌的家庭，琳達期望得到關愛（個體的心理需求），父母親卻只提供許多「應該」的要求（環境的要求）；環境要求琳達理性堅強（父親的要求）、聽媽媽訴苦（母親的要求）等超齡表現，加上琳達天生氣質安靜被動（個體的適應能力），使得長期以來，個體與環境間不協調，讓琳達學會：只有壓抑情感需求，扮演主動關懷者的角色，自己才會有價值而且被人重視。

　　每個人都需要與環境連結，「被愛、被看重」是基本的生存需求，琳達也不例外。在一般環境成長下的孩子，孩子得以內化父母親喜歡自己的感覺，建立自我價值感；然而，琳達成長於一個不和睦的家庭，父母親忙碌於和上一代的爭執，沒有很多時間陪伴子女，在與手足分享原本就有限的父母關愛的同時，琳達與生俱來安靜、被動的氣質（個體的適應能力）讓她處於劣勢。乖巧的琳達順應「父母親無能關照她」的現實情境（環境的提供），表現得像一個不需要照顧的孩子，甚至得聽媽媽訴苦（環境的要求），扮演安慰傾聽母親的角色（個體的適應能力）。

　　以「環境的要求與個體的適應能力」間的契合度來看，琳達為自己建構堅強的外衣，勉強適應環境的要求。但是，堅強外表之下的琳達仍是一個需要被關心疼愛的小孩（個體的心理需求）。在父親常常告訴她許多的「應該」（環境的要求），母親也很少溫柔的跟她說話，反而常向她

訴苦（環境的要求）的情況下，就「當事人的心理需求與環境的提供」間的契合度來看，琳達漸漸發現關愛不會自然發生，只有壓抑住自己對親密的渴望，變得堅強理性（父親的要求），主動提供關愛（母親的要求），自己才有價值、才能得到與父母互動的機會。

　　基於「個體─環境」契合理論，在關愛匱乏的環境下（壓力），面對自己的親密需求，琳達發展出主動關懷他人的人際互動模式（壓力─易脆性模式），藉以得到自我價值感。但是人會變、環境會變，這種人際互動模式肩負著滿足親密需求的任務，形成易脆性。當生活中存在能提供關愛的對象時，琳達藉由主動付出關心、得到被感謝與被依賴的關係中得到自我價值感；但是，當環境變動，脆弱的供需失去平衡，就可能出現心理問題。例如：關懷對象的依賴程度產生變動，對自己的依賴程度降低時，琳達頓時覺得自己的重要性不再，情緒上產生焦慮，為瞭解除焦慮，滿足親密需求，琳達開始尋找新的關注對象；然而，其所採用的因應方式仍是平日所慣用的「主動關懷他人」模式，並以「熬夜聊天」的行為來進行（壓力─因應模式）。

　　熬夜聊天的後果或許因為連結的建立，暫時降低焦慮，但是這樣的因應方式所引起的生理症狀，讓琳達陷入另一個新的問題，也就是擔心伴隨生理症狀而來的頻頻上廁所行為可能打擾同學，甚至可能引起同學嫌惡；這些新的擔心使焦慮再升高，使得琳達原本脆弱的自我價值感更受威脅，也就是說熬夜聊天這個植基於易脆性的因應行為，不只無法滿足琳達的親密需求，反而引發新的擔心，可能使自我價值更低落，形成焦慮與生理症狀交互作用的惡性循環，如果這個無效的因應方式繼續被使用，也可能造成琳達更嚴重的身心症狀。

　　還好，琳達選擇前來晤談，心理諮商師瞭解琳達的問題之後，邀請父母來關心琳達，琳達單打獨鬥的情境因為老師與父母的介入有了改善。以「壓力─因應」模式來看，父母的關心使得琳達不必再熬夜聊天就能得到親密支持，停止了「熬夜聊天」的行為後，生理症狀已漸次得到改

善，琳達可以不必再擔心干擾同學或被嫌惡，焦慮與生理症狀交互作用的惡性循環因而被阻斷，問題得到暫時的控制；之所以只是暫時，是因為易脆性的建立始於幼年，長久以來「主動關懷他人」人際模式所帶來被感謝的後效，對琳達（由於缺乏被重視或關愛產生的寂寞或焦慮）是一種負增強，這樣的反應經過長時間的強化，形成很強的連結。因此，如何改變根深蒂固的易脆性，成為協助的重點（「壓力─易脆性」模式）；至於協助方式，可以鼓勵父母持續付出關愛，讓琳達藉由父母重視自己而產生自尊，或是鼓勵琳達發展自己的特長，藉由本身的能力建立自我價值感。具備自我價值感後，就容易與周遭環境建立平等健康的關係，無需如幼年般以委屈或妥協的方式，才能獲得親密感的滿足。

三、衡鑑青少年的情緒困擾

青少年朋友遭遇程度不一的情緒困擾，是實務上常見的現象。接下來的部分，針對衡鑑青少年情緒困擾的分析架構，做進一步的說明；同時也提出一當事人例，運用所提出的分析架構，對該案例加以分析，以利做出心理介入的決定。

㈠衡鑑青少年情緒困擾的重要概念

進行青少年情緒困擾的衡鑑，底下有幾點重要的概念或步驟，可供參考。

1.以當事人為中心收集多情境的行為資料 (client-centered & broad-spectrum approach)

⑴青少年的問題是不可切割，學校的問題是呈現問題行為的其中一種情境

在很多機會與場合中，有許多熱心關愛學生的老師，總會跟筆者討論學生的問題行為，雖然老師很關心學生，對學生在學校的行為也觀察

得相當仔細，可惜的是，只有學生在校的行為表現的片面資訊，以致無法對當事人的問題形成清晰的輪廓與假設。「在校的行為」只是學生「部分」的行為，學校只是呈現學生問題行為的其中一種情境。因此，我們必須以當事人為中心，除了獲得在校情境的行為表現之外，當事人在其他社會情境的行為表現，特別是在家庭裡的行為表現，是一定不可或缺的一環。

當我們以「當事人為中心」，收集當事人在許多情境下的行為表現資訊，才不至於忽略重要的訊息，避免犯了以偏概全的錯誤，同時，由於是以當事人為中心，並且收集了多種情境的資料，才能形成具有實務改變價值的假設。

(2)評估除了問題行為以外的「可能」問題行為

當我們呈現或描述當事人的問題行為的時候，其實這些描述都是經過我們的注意力選擇與分析判斷的結果。為了避免我們本身出現自我驗證的偏失 (self-confirmation bias)，我們還需要再加思索，目前的問題行為會不會只是另一個問題行為的一部分，或是還有什麼重要的行為表現被我們不經意地忽略；例如：「在校衝動，容易跟師長起衝突的學生」會不會只是有注意力缺陷合併過動症候群的一部分症狀？

(3)評估學校情境之外對問題行為的形成或維持具影響的因素

當事人在學校問題行為的形成與維持，有些時候其實部分是來自學校以外情境的影響。例如某位學生在校跟師長起衝突，可能影響的因素，除了學校老師對待學生的基本態度，以及師生衝突時老師的因應方式之外，也許那位學生當事人回家總會跟有家暴傾向的父親起衝突，在家積壓的焦慮與憤怒情緒，不自覺帶到隔天的學校情境。所以，學校以外的家庭情境，也直接或間接維持當事人在校問題行為（與師長衝突）。

2.情緒困擾的因應與不成功的因應 (emotion disturbance-coping & unsuccessful coping)

⑴**一旦個體適應出現問題，情緒會促使個體和環境做出因應**

通常學生在校出現問題行為，也可以換個角度說，當事人出現在校「適應困難」。也許有些學生行徑囂張，常與老師或同學起衝突，抑或，有些學生經常心情低落、學習表現不佳，不論何種外顯表現，上述這些學生實際的狀況均屬「無法認同學校價值、成功扮演學生的角色、適應學校的環境」。當適應出現挫折，個體便會產生一定強度的負面情緒，這些情緒具有強烈的動機因素，會推使當事人採取因應的方法，同時環境也會因為當事人情緒反應的訊號功能，做出一定的因應。例如：有一位藉由割腕來因應無助情緒的青少年，她在自己的日記上寫著：「我的功課一落千丈，寫不出東西，也說不出話來。面對這一個即將傾圮的家，我感到無助、害怕，並且認為事情在未來是不會變好（情緒反應），所以我選擇了割腕。」（因應情緒──選擇自我傷害），也許割腕可以抒解當下的負面情緒，但是對現實的改變與心境的轉換的幫助卻是相當有限。從這觀點，割腕並不算是「成功的因應」。

⑵**不成功的因應無法減低或消除問題行為**

一旦個體與環境產生因應之後，接下來便十分關切因應的結果，因應的結果是成功的，還是失敗的。不成功（失敗）的因應不僅無法消除問題行為，不成功因應的結果甚至會與原先的問題行為演變成新的問題行為。

3.問題行為的循環 (circularity of problematic behaviors)

有句話叫「治絲益棼」，事情越處理越複雜，越混亂；原先的問題與不成功的因應演變成新的問題行為；當事人的問題行為，其實是一個演變的過程。最早出現的問題行為，經過成功有效的因應，不僅可以消除或減低問題行為，而且個體也可以由因應的過程，獲得新的經驗與累積成就感。不過，不成功因應的結果卻可能與剛開始的問題，一起演變成新的問題行為，如果接下來又無法成功地因應新的問題行為，同樣的循

環會再出現，於是新的因應結果與新問題行為，再度演變成更新的問題行為，如果成功的因應一直沒出現，問題行為的循環便會一直持續，演變成心理諮商者當下接觸的問題行為。

4.問題行為的演變 (evolution of problematic behaviors)

問題行為並不會一成不變，隨著輔導關係的改變與核心問題的處理程度，當事人的問題行為也會隨之改變。問題行為本身帶給環境壓力，其實也是在向環境發出「訊號」，吸引環境的注意，藉以獲得環境的協助。因此，一旦心理諮商者介入當事人的行為，問題行為的訊號功能獲得滿足之後，當事人的問題行為會因為諮商關係的深入與核心問題的探近，而出現變化。

我們提一個小媛的例子，做進一步的說明：

> 小媛已經沒去上學兩個禮拜了。她表示上課的時候，總覺得坐不住，一旦專心聽課就會覺得頭暈，呼吸快喘不過氣來，因此發生幾次突然在教室暈倒，砰然巨響的倒地聲嚇著全班，之後便被送到保健室休息。學校的老師與教官因為擔心她會出現生命上的危險，總勸她休學好好回家休養。
>
> 心理諮商者在幫助小媛度過難關之後，學期也趨近結束。大家都以為小媛正以迎向新生活的心情，準備新的學期。只是開學沒幾天，小媛便堅持要休學，因為小媛還是不確定自己是不是可以勝任新學期的功課，而且她還有一個新擔心，她知道在校如果再出現問題，心理諮商者一定會幫她，但她不確定自己會不會給心理諮商者製造太多的麻煩，不確定哪一天心理諮商者若不幫她，自己當時一定會恐慌崩潰，所以，她選擇了休學，迴避了一切的擔心。

以小媛的例子，可以清楚看見當事人問題的演變，最早出現的是過

高焦慮造成的過度換氣症狀，接下來則是源自依賴焦慮與自我障礙 (self-handicap) 的拒學行為。一旦心理諮商者介入當事人的依賴焦慮，相信當事人的問題又會起了變化，也許為了減低依賴的焦慮，當事人會發展一段對方很依賴她，她卻不依賴對方的「安全」戀情，於是又會衍生其他的問題行為。

5.控制維持因素 (control of maintaining factors)

如何找出「維持」當事人問題行為的因素，並且加以控制、改變，是著手處理問題行為最重要的助人工作之一。

幫助當事人產生改變，需要從改變維持當事人問題行為的因素著手，一旦維持問題行為的力量或因素被移除或消滅，問題行為的頻率或強度便會隨之下降。因此，心理諮商者便要釐清與評估當事人問題行為的維持因素，例如：不斷洗手的行為是由能夠減低焦慮的效果所維持；所以，如果可以有效運用非洗手的因應方法，來降低當事人的焦慮，洗手的維持因素便會消失，當然洗手的頻率便會下降。

最能清楚說明控制問題行為的維持因素對於改變的重要性，莫過於治療酒癮。「酒癮」是一個治療難度高且復發性高的問題行為，造成酒癮治療困難的最重要因素，便是因為酒癮是一個多面向的惡性循環問題。因為長期飲酒，造成當事人在藥物面向、腦部功能面向、心理面向以及社會面向等四個面向，都產生惡性循環，使得當事人不斷使用酒精，換句話說，所有面向的惡性循環都是酒癮的維持因素。

(1)在藥物面向：一旦長時間使用酒精，造成生理代謝上的改變（產生耐受性與戒除症狀），結果持續或增加對酒精的需求量，當然會轉向使用酒精，維持酒癮的行為。

(2)在腦部功能面向：一旦持續使用酒精，將造成腦組織受損，使得調整與整合的能力下降，導致自我強度 (ego-strength) 變差，於是抵抗酒精渴望的克制力下降，當然會轉向使用酒精，繼續維持酒癮行為。

⑶在心理面向：一旦長期使用酒精，低自我評價的不舒服情緒（罪惡感、羞愧、無力感），使得個體退化成講求享樂主義來逃避現實的壓力，於是越加依賴酒精，當然繼續使用酒精，繼續維持酒癮行為。

⑷在社會面向：長期使用酒精，用酒後的社會互動後遺症（人際緊張、人際衝突），使得自己被刻板、被污點化、隔離、拒絕、脫離社會，於是自我認同社會所標籤的「酒癮」角色，結果持續或增加對酒精的需求量，繼續維持酒癮行為。

通常，如果將一位酒癮病患送進勒戒所，可以確保當事人在勒戒的環境下，成功地「脫癮」(detoxication)，中斷「藥物面向」的惡性循環；但是，勒戒的環境與治療的內容，恐怕無法成功地中斷腦部功能面向、心理面向以及社會面向的惡性循環。因此，一旦當事人離開勒戒單位，腦部功能面向、心理面向以及社會面向的惡性循環，將繼續維持當事人飲酒的行為；意思是，一旦當事人出院，時間或長或短，當事人又可能因為自我克制能力差、想要逃避低自尊的不舒服情緒或認同社會標籤的酒癮角色，又開始飲酒，當然一旦使用酒精到一定程度，藥物面向的惡性循環便又開啟，於是又回復到進入勒戒所之前的狀況。所以，成功的「戒癮」必須同時拔除所有使用酒精的維持因素（中斷惡性循環）。

找出並控制問題行為的維持因素，是協助當事人改變的重要工作。

㈡青少年情緒困擾的當事人分析

茲提出一位心理診斷為憂鬱情緒與不良外向行為的國中八年級男性學生，就以他為參考範例，依照前述的評估青少年情緒困擾的架構，依次來分析當事人的問題行為，並擬出下一步具體的協助策略。

1. 主要問題

⑴當事人七年級開始陸續出現頂撞老師、與同學口角、打架等衝動行為。

(2)當事人不滿父母嚴格的管教方式，也為無法達成父母的期望，感到挫折，與家人關係緊張，曾蹺家兩次（八年級上學期蹺家一週、及半個月前蹺家一天），以示反抗。

(3)當事人有割手的自我傷害行為，也曾在與老師激烈衝突後，在教室割腕，傷口深到必須尋求外科手術縫合。

2.會談評估內容

(1)當事人身材瘦小，尚未變聲。會談時主動自我坦露，對自己的遭遇描述得很詳細，表達能力還算清晰。一旦談及自己被不公平對待的事情，變得忿忿不平，情緒反應強烈。

(2)當事人的父母親一起經營百貨商品買賣，父親對於自己的事業成就自視甚高，總是認為當事人對課業學習的態度不如自己，要求當事人應該更認真讀書。對於家庭狀況，父親表示，當事人的母親容易情緒化，而且重男輕女。家中還有一位目前就讀於高中的姊姊，當事人與姊姊相處不睦，常因搶用家中用品而起口角爭執。姊姊課業表現不錯，當事人父母經常將姊弟兩人的成績相提並論，比較兩人課業表現的好壞。

(3)當事人無法達成父母對他的課業表現期待。當事人自述父母對成績要求嚴格，自己的表現與父母期望之間，永遠有五到十名的落差，七年級時曾考過班上第十五名（父母要求第十名），目前是班上第二十幾名（父母要求目標為第十五名）。當事人自幼一直被要求超過姊姊，他認為自己永遠無法讓父母滿意。

(4)對於被老師標籤為「壞學生」一事，當事人感到挫折無力。當事人表示，導師對其所標籤為壞孩子的特定學生，各項處置都不公平，例如同樣犯一樣的錯，「壞孩子」總是被打得更重。父親也責問過當事人：「你認為自己是個問題學生嗎?」這些事情讓當事人覺得，大人們總自以為是、老是責備別人；此外，當事人也覺得自己很少快樂，而且倒楣的事總是會出現在快樂之後。

(5)當事人重視親密與隸屬的需求。當事人重視朋友，也講義氣，曾出手教訓打小報告的同學；也不屈服於訓導處「供出同夥得以減輕處分」的利誘，選擇被打以保護朋友。當事人認為和同學聊天、打球很快樂。當事人認為理化及國文老師很好，因為前者公平對待學生，後者給予他真誠關注（老師關心其逃家期間的安全及生活起居問題）。

(6)當事人以說謊、逃避、蹺家等方式因應父母的嚴格管教。當事人指出，如果達不到父母成績的要求，便會被取消出門、玩電腦等權利；若未能在規定時間回家，會被罰站或罰跪。當事人指出，因為達不到要求，乾脆以塗改成績或自行偽造家長簽名作為因應；在家裡乾脆不要跟父母說話，省得被唸；乾脆蹺家，兩次蹺家經驗都覺得很自由自在。

(7)當事人以衝動行為反抗學校權威。當事人面對環境挫折無力解決；對被貼上「壞孩子」的標籤，反應敏感；在學校以頂撞老師、穿著不符校規等方式來回應老師的指責。例如與美術老師衝突後，在班上割腕；面對英文老師對其為何晚進教室之質疑與抓住其衣領的舉動，罵老師白癡以為回應。

3.當事人情緒困擾的分析架構

衡鑑青少年情緒困擾，有下列五個重要概念，分別為：㈠以當事人為中心，當事人的問題行為是一個整體，其在學校的問題只是呈現問題行為的一種情境；㈡「情緒困擾的因應」與「不成功的因應策略」；㈢問題行為的循環；㈣問題行為的演變；㈤控制維持問題行為的因素。以下除介紹概念的同時，也以前述的實例，針對每個概念配合說明。首先再次簡介案例：

當事人是一個國中八年級的男性學生，學校之所以轉介他前來晤談是因為，當事人自七年級開始陸續出現頂撞老師、與同學口角、打架等衝動行為，其父母親管教嚴格，當事人也因此與家庭成員關係緊張，曾

有兩次蹺家紀錄，其中一次的離家時間長達一週，除此之外，當事人也有自殘行為，曾經在上課中，與老師衝突之後，隨即在教室內割腕，傷口深到必須縫合。

⑴以當事人為中心收集多情境的行為資料 (client-centered & broad-spectrum approach)

人是一個有機體，具有一個由過去經驗與自身判斷所組成的內在詮釋架構，據以解釋生活周遭環境發生的訊息，形成判斷，產生因應策略，並做出反應，與環境互動；因此，當事人的問題行為，縱使依照主流價值可能被判定不符合標準，但卻源於其自身的主觀經驗，因此想真正瞭解當事人的問題行為，必須以當事人為中心，由當事人的觀點出發方才可行。

既然當事人的行為是根據自身主觀的內在架構，問題就無法切割，學校的問題只是呈現問題行為的其中一種情境，所以輔導老師在做衡鑑時，除了評估發生於學校的問題行為之外，也要評估除了問題行為以外的「可能」問題行為，以及學校情境之外對問題行為的形成或維持具影響的因素。

例子中的當事人，在學校所表現的「與老師衝突」或「與同學打架」等衝動行為，已屬於違反校規的舉動，為什麼當事人會一再觸犯呢？輔導老師必須進入當事人的經驗世界，以當事人為中心，設法理解支撐其行為背後的思維。經由會談的過程發現，當事人有一位情緒陰晴不定、愛恨反應強烈的母親，以及一位事業成功、對當事人懷有高期望，卻總認為「當事人對學業努力不夠」的父親。當事人自幼常被父母親拿來與姊姊相比較，當事人認為大人們總自以為是，喜歡責備別人；自己的快樂很少，而倒楣總跟在快樂之後。

當事人可能長期以來挫折於無法達成父母親的期望，也沒有能力對母親不穩定的情緒，整理出一套應對準則，漸漸的心中形成類似「我是

沒有能力的」、「權威總是充滿責難，也難討好」的內在詮釋架構（或基模）。在學校，老師這樣的權威角色是構成情境的主要元素，當事人本身對權威的詮釋架構，對其適應學校情境，並非有利，當事人在言談之中，對自身生活環境，特別是對環境中權威的人與事，充滿憤怒，對周遭環境所造成的挫折，頗感無力。

當事人在學校除了常表現出衝動行為之外，也出現自殘行為，並有兩次蹺家紀錄，認為蹺家是自由的經驗，這些行為也可以依據當事人的內在架構來理解，將在下個段落提出說明。

個人因應環境表現行為之後，環境的回饋會增強或削弱當事人是否再表現類似行為，也會強化或削弱當事人的主觀內在詮釋架構；以此例來說，如果當事人與環境的負向互動形式沒有被控制（例如：在與老師衝突之後，當事人更確信自己對權威的詮釋架構，對老師的防衛心或敵意變得更強，老師也認為當事人是個行為不良的學生，彼此下次的互動就更容易起衝突），之後也可能會出現長時間逃家、加入不良團體等進一步問題。在這裡，環境回饋就是對當事人問題行為的形成或維持具影響的因素。

⑵情緒困擾的因應與不成功的因應 (emotion disturbance-coping & unsuccessful coping)

一旦當事人的適應出現問題，被激起的情緒會促使個體對環境做出因應，但不成功的因應卻無法減低或消除問題行為。

實例中的當事人，基於其對權威的詮釋架構，在學校遇到類似情境，容易引發焦慮情緒，這種不愉快的心理激發狀態，促使當事人對環境做出因應，但是其所沿用襲自於家中的不成功因應行為（不是討好就是憤怒攻擊），卻無法解決問題，只會讓自己與環境變得對立；例如：當事人面對英文老師質疑其為何晚進教室，及抓住其衣領的舉動，罵老師「白癡」作為回應。以這個情境為例，當事人當時的心理歷程可能是，踏進教室之前，對於已是上課時間的事實，心中開始模擬英文老師的反應，

害怕權威的基模被啟動，焦慮開始升起，進入教室後，面對老師的質疑，焦慮一再升高，當老師抓住其衣領，高度焦慮使得當事人無法理性思考，結果「白癡」一詞對著老師脫口而出。這樣的衝動行為雖然化解當事人當時的高度焦慮，但也使他必須遭受被環境處罰，由於這個環境回饋的「處罰」，使當事人「權威總充滿責難，也難討好」的內在詮釋架構也因此更被強化。當事人在課堂上與美術老師的衝突之後，以割腕的方式解決焦慮，也屬於類似的行為模式。

(3)問題行為的循環 (circularity of problematic behaviors)

當事人原先的問題與不成功的因應演變成新的問題行為。

當事人基於其對權威的詮釋架構，在學校情境無法有效應對師長這種權威角色，衝突之後，常以衝動行為化解焦慮，類似事件反覆發生後，當事人逐漸被視為是愛頂撞老師、常和同學起衝突的學生，久而久之，被貼上壞孩子的標籤。當事人在因應父母親高期望這件事上，也屬於相同的事件發展模式，未達成父母期望的行為（如：考試成績未能進入班上前十五名），面對失敗後的環境回饋（如：父母規定罰跪或不准外出之責罰），當事人再以塗改成績或偽造家長簽名作為因應，當事人的問題由原先的無法達成期望，轉而演變成欺騙。不論是壞孩子或欺騙，都不為環境歡迎，原先的問題與不成功的因應交互循環的結果，演變成新的問題行為，如果這個負向循環沒有被截斷，新問題將不斷生成，使當事人在適應環境上日趨困難。

(4)問題行為的演變 (evolution of problematic behaviors)

問題行為並不會一成不變，隨著輔導關係的改變與核心問題的處理程度，當事人的問題行為也會隨之改變。例如：輔導關係建立之始，案例中當事人與老師的衝突可能是必須處理的目標行為，如果當事人在輔導關係中學習到，當焦慮升高時，以離開現場 (time out) 而非正面衝突的方式處理情緒，當事人與老師爭執衝突的衝動行為頻率可能下降，但此時目標問題行為可能演變成別種問題，因為當事人本身的內在詮釋架構

尚未改變，例如：同儕相處問題，這個當事人就曾出手教訓向老師打小報告的同學，基於當事人對權威的內在詮釋架構，這樣的行為可以預期，另外其「我是沒有能力的」的內在架構，可能造成當事人對同儕關係特別敏感，因此，在相處上更容易擦槍走火。

當事人在學校的問題行為，究竟只是呈現問題行為的其中一種情境；縱使在學校與環境間的負向循環得到控制，當事人建立內在架構的家庭環境，可能不易改善，隨著輔導關係的進行，當事人對自己的問題行為可能越來越能覺察，但最終仍必須面對「我是沒有能力的」、「權威總充滿責難，也難討好」內在架構的修正，而這樣內在架構源起於當事人與家人間的互動經驗，特別是當事人與母親之間的關係，這也是當事人必須去解決的核心問題。

⑸**控制維持因素 (control of maintaining factors)**

如何找出「維持」當事人問題行為的因素，並且著手加以控制改變是最重要的輔導工作。在這當事人例中，當事人基於其對權威的詮釋架構，以及對自己的負向基模，在家庭與學校情境中皆出現問題行為。

針對學校情境，以當事人與老師的衝突行為來說，「維持」當事人問題行為的因素可能是老師被當事人激怒時的負向回饋，例如：處罰或認定當事人就是壞孩子，因此在輔導關係中，輔導老師可以協助當事人在面臨人際對立時，學習除了衝動以外的情緒因應方式，一方面也建議老師，以「冷處理」（不被激怒之中性態度）的方式回應當事人的對立叫囂行為，另一方面，在當事人情緒平穩時，教導當事人以表達方式來因應當時憤怒的情緒，不一定要以嗆老師的方式來調適自己的情緒。如果運用合宜，當事人與老師的衝突行為應可以被修正。

4.處置及建議

⑴當事人的母親情緒陰晴不定，而且情緒反應強烈（愛恨分明與強烈），妨礙當事人學習與權威人物相處。通常，當事人不是以討好的方式，

不然就會以憤怒攻擊的方式來因應權威人物（老師）的要求，藉以降低與權威人物相處時的高度焦慮。結果，這些外向 (acting out) 的行為卻引來學校適應問題。父親雖然關心當事人，但是協助內容多屬行為指導，少了情緒層面的關心與接納，限制了對當事人的幫助。

(2)當事人長期以來無法達成父母的高期望，心中累積挫折，形成低自我效能的心態。本身無力改變現狀，父母與學校又只以責備而非伸出援手的方式與之互動，更令當事人感到焦慮。為了處理焦慮與壓力，當事人逃避、反抗權威、甚至用自殘行為以為因應。

(3)由於學校老師未能參與會談，無法確認當事人陳述及學校方面的輔導狀況。

(4)除了期望與要求，當事人更需要父母的關愛肯定，當事人對國文老師的好感即反映出其內心對關愛的渴望。目前的重點是協助當事人面臨人際對立時，學習除了衝動以外的情緒因應方式。

第四節　接觸當事人初期的基本評估項目

除了完成當事人問題行為的描述與問題行為的操作性假設外，在接觸當事人初期，還有一些基本評估項目需要完成。協助當事人的目的是幫助當事人產生改變，相關當事人改變的因素眾多，並不是完成精準的問題行為描述與形成正確的操作性假設，便足以掌握協助當事人改變的所有因素。底下是一些接觸當事人初期，需要評估當事人現況或人格表現的重要項目，依次來說明。

一、評估壓力干擾功能的嚴重程度

依據筆者的經驗，大部分的問題行為都劃歸為過高壓力的狀態，過高壓力不僅會影響當事人各項認知功能的運作，降低因應的效率，而且過高壓力狀態下的負向情緒，除了帶給當事人主觀上的痛苦與不適外，

甚至會出現情緒的惡性循環；打斷壓力或情緒的惡性循環，往往是幫助當事人改變的第一步。因此，評估當事人壓力干擾功能的嚴重度，是控制壓力惡性循環的重要資料。藉由有效的降低壓力措施，改善被嚴重干擾的各項功能，才能中斷當事人的壓力惡性循環，也才有機會進一步處理妨礙當事人適應的心理因素。

壓力干擾的嚴重程度，可以由當事人的認知功能（如：注意力窄化的程度、記憶功能干擾的程度）、思考清晰與判斷衝動、情緒調適程度等指標來評估。壓力干擾程度越大的當事人，越會出現話題侷促、想不起事情、思考空白中斷、容易轉換話題、情緒表達困難、情緒容易失控等現象，從這些指標出現的嚴重程度與頻率，心理諮商者可以初步地區分出，當事人目前的壓力干擾程度是屬於輕度、中度或是重度。

心理諮商者應該在評估當事人的壓力嚴重度之後,選擇適當的策略,來協助當事人。例如：如果當事人的認知功能有些混亂，這時候心理諮商者，應該多給當事人情緒宣洩以及獲得情緒支持的機會，減少耗費許多認知功能的知識教導。

二、評估動機來源：被動或主動前來求助

「諮商關係的維持」是協助當事人改善問題行為的必要前提，如果諮商關係無法維持，無論心理諮商者評估的正確性再高，協助改變的策略與計畫再完善，終將無用武之地。當事人的求助動機與諮商關係維持，有著極高的關連性，當事人的求助動機越強，諮商關係就越容易維持。當然，如果當事人的求助動機不足以維持諮商關係，心理諮商者便要適度地做出處置，主動地做些努力以增加當事人的動機，或考慮暫時結案以避免諮商關係的品質惡化。

通常當事人尋求心理諮商者的協助，不外乎「被動」與「主動」求助兩種情況。主動求助的當事人，其求助動機通常高於被動求助者，相較起來，維持諮商關係也比較容易。而常見被動求助的情形包括：帶給

父母困擾的兒童或青少年、公司轉介需要協助的員工、法律強制規定必須接受心理諮商的當事人（如家庭暴力或妨礙性自主的加害人），心理諮商者即將面臨，如何增加上述當事人求助動機的挑戰。

即使是主動求助的當事人，心理諮商者仍需仔細評估，當事人背後求助動機的來源，到底是因為問題行為帶來的情緒痛苦 (suffering)，還是來自對於某人的承諾，抑或視接受心理諮商為達到特定目的的工具（如：換得堅持離婚妻子的回頭，或交換親人接受治療）等等。此外，不僅是諮商關係開始的階段，需要特別注意維持諮商關係的背後動機，在諮商過程的不同階段，也都要清楚地掌握當事人維持諮商關係的動機，以確保諮商關係的存續。

三、過去接受協助的經驗

對大多數的人而言，接受心理諮商是個陌生的經驗，甚至，接受別人的關心與心理層面的幫助，都可能是不熟悉或不習慣的事。儘管當事人會在痛苦情緒的推力下尋求幫忙，但這並不意味著當事人一定會習慣接受心理諮商的協助。因此，心理諮商者需要仔細地詢問，當事人過去是否有接受過不同形式的心理協助，接受心理協助的形式，以及接受的經驗感受。如果當事人之前曾經接受過心理諮商，更需仔細評估之前心理諮商的進行方式、當事人受益程度與主觀的感受。

如果，當事人過去的受助經驗是負面的，心理諮商者應該仔細聆聽，並詢問他對未來諮商關係的擔心，並且一起討論如何因應。要是當事人表示從沒這種受助經驗，心理諮商者應對接下來會談的進行方式，做出詳盡的解說，再邀請當事人想像未來會談的方式，透過想像，也許可以幫助當事人提出對諮商關係的疑問。

當事人過去的受助經驗，不僅提供瞭解當事人與心理諮商者建立關係的重要訊息，同時之前曾有的侷限或有困難的受助經驗，也可能是當事人問題行為的前置因素。

四、對協助者的印象：權威（平等或尊卑）、親和力、能力、助人意願等

心理諮商通常是諮商者與當事人雙方的人際溝通歷程，是一個關係緊密的合作歷程，所以，當事人對協助者的印象，直接決定當事人對協助者的態度。心理諮商剛開始的階段，越是態度合作的當事人，心理諮商關係的存續與發展越是穩定。在剛開始接觸的時期，心理諮商者需要詢問並評估過去當事人對心理諮商者的印象，以及此時對剛接觸的心理諮商者的印象。

透過評估與詢問當事人「對心理諮商者的印象」，諮商者可以預期，當事人可能採取何種心態與諮商者互動，是學生對待老師的態度呢？還是朋友對待朋友？或者是病人之於醫生？當事人與心理諮商者互動，抱持的心態不同，對於心理諮商者協助的反應也會不一樣。如果是學生對老師的心態，除了會聽從心理諮商者的建議，也會同時在乎心理諮商者，對其個性或能力方面的評價；而如果是病患與醫生的關係，當事人除了比較願意遵從心理諮商者的建議，也會想要認同這樣專業權威的角色，希望自己也具有這樣的特質。當事人對心理諮商者的態度不同，整個心理諮商的歷程都會受到影響。

五、當事人的認知功能與人格功能

從事心理諮商工作，由於焦點經常是放在當事人的問題行為或有問題的人際交往模式，因此，容易造成心理諮商者面對當事人時，養成忽略當事人正向能力與特質的注意力偏失 (attentional bias) 習慣。然而，當事人的改變，除了心理諮商者專業能力的介入之外，另一個重要的因素，便是當事人正向能力與特質的展現，例如：當事人的抽象能力佳、情緒感受能力高，對於獲得領悟 (insight) 以改變問題行為，是很重要的能力。因此，評估當事人的認知功能，是瞭解有利當事人改變的資產 (asset)，

經常關注的標的。

有趣的是，當心理諮商者著手評估當事人的認知功能的過程，其實也同時是在收集有關人格功能的資料，因為兩者息息相關，例如：如果當事人回應心理諮商者的反應時間比較長,而且會多加澄清之後才回應,表示當事人在處理訊息時，投注程度高，但也反應當事人的「衝動性」較低。處理訊息習慣的「投入度」(involvement)，描述的是認知功能層面的處理特點，而「衝動性低」，描述的卻是人格層面的功能。通常，經由會談或其他工具（如：心理測驗、家庭史、或求學與工作史），心理諮商者需要評估當事人的認知功能項目，包括：

㈠智力功能 (intellectual functioning)：可以透過智力測驗、求學過程的課業成就表現、完成學歷等資料來獲得或推論其智力水準。

㈡訊息處理功能 (information processing)：個體投入當下認知作業的認知技巧程度、當事人將視野所見到的刺激加以有意義的分析及整合所需的能力與意願、個體投入當下認知作業的意願與能力的相對比值、處理訊息的效率。例如：當事人花費更多的力氣在處理訊息，對每一個新的刺激都加以小心及透徹地接觸，這種特徵稱為「過度合併」(over-incorporation) 訊息。

㈢訊息轉譯功能 (information mediation)：上述變項可以提供當事人的人格功能的取向是否保守因循,以及對知覺的輸入是否有扭曲等訊息,藉以瞭解當事人與環境的關係。

㈣思考意念功能 (ideation)：重點在於瞭解當事人之認知彈性度、反應的被動、濫用幻想。例如:當事人較容易使用「被動形式的幻想」(passive form of fantasy) 作為一種防衛的方式,比較不願意做出決定或行動,即使有其他可行的選擇存在。

六、問題的人際互動模式

問題的人際互動模式，是很多當事人困擾或痛苦的來源，這些人際

互動模式都具有與現實矛盾的特點。例如：原先就是因為男友為人誠懇老實，所以才放心與他交往，可是一旦成為男女朋友，卻無可抑制地，嫌棄男友不懂得甜言蜜語、無法長袖善舞地獲得很多人的喜愛。因為「誠懇老實」的個性與「甜言蜜語」或「長袖善舞」的行為，兩者是無法同時存在；對男友的這種期待不僅與現實矛盾，自己對男友的期待也是前後矛盾。此外，像過度討好別人，卻埋怨別人不夠重視他（她），或是無法放心地相信別人，卻不斷地生氣，為什麼周遭的人都不可靠，總是讓他（她）失望等等。諸如此類有問題的人際交往模式，是心理諮商者需要仔細評估的部分。通常，一旦心理諮商的時間夠久，這些矛盾的人際交往模式，也有可能在心理諮商關係中再次重現。

第五章
心理諮商技巧

本章分為五個部分。第一節首先討論在心理諮商過程中，心理晤談進行步驟的一般性原則；第二節介紹心理諮商者在助人工作中一項最基本而重要的態度、取向與技巧——同理心，包括：同理心的定義、重要性、內涵、與心理諮商者自我訓練同理心的步驟；第三節討論如何運用技巧與當事人建立良好的心理諮商關係，以及協助當事人進行自我探索，這些心理諮商技巧包括：尊重、傾聽、澄清、同理心、面質、自我揭露、立即性、摘要等；第四節討論當事人處於特殊情境或狀態時的處理技巧，例如：當事人沈默、哭泣、多話，或有自傷或傷人的企圖時，心理諮商者能夠運用的技巧；第五節探討處理當事人憂鬱情緒、焦慮情緒、過高壓力等議題時，分別適合使用的心理諮商技巧。

▌第一節　心理晤談的進行

一、心理晤談進行的步驟

心理諮商是以「談話」為主的方式，協助當事人解決心理或情緒方面的問題，首先必須先以心理晤談瞭解當事人的困擾，因此，如何進行心理晤談是心理諮商最基本的技巧。基本上，心理晤談的結構性會隨著心理諮商過程的進行逐漸增高，亦即：由「當事人導向」的晤談方式逐

漸轉向「晤談者導向」的談話方式；這樣由低而高的結構方式，一方面可以獲得當事人較多的主觀看法與感受，另一方面又可得到完整而全面的訊息。

心理晤談的格式可依序區分為下列五個步驟階段，不過，這些步驟是一般性的導引，並非沒有彈性。

㈠階段一：開放式問句 (the open-ended question)

在心理晤談初期，心理諮商者多採用開放式問句開始進行晤談；常見的問句內容，例如：「可以談一談關於你（妳）的事嗎?」、「你（妳）遇到什麼困擾?」、「讓我們來談談發生在你（妳）身上的事?」等等。開放式的問句可以避免當事人僅簡短地回答「是」或「否」，幫助心理晤談順利地持續進行，以及讓當事人在心理晤談中擔任主動的角色來談論自己的事情。

在心理晤談初期採用開放式問句的優點如下：

1.開放式問句提供心理諮商者一個深入瞭解當事人的機會，不僅可以瞭解當事人對自己問題的看法，並且可以瞭解當事人目前已經如何處理自己的問題；從當事人處理的過程中，心理諮商者能夠進一步瞭解當事人獨特的優缺點。

2.心理諮商者可以藉著開放式問句的晤談方式，獲得豐富的觀察資料，包括當事人回答問題的反應時間、當事人語言使用的流暢度、當事人思考歷程的邏輯性與完整性、當事人談話時的音調變化與其緊張的程度等行為變項。這些豐富的行為觀察資料，能夠提供心理諮商者更多可靠的訊息來瞭解當事人的個性、態度、特質等，並且可以將這些非語言訊息與當事人所主動提供的語言訊息相互參考比較。

3.一般而言，在心理晤談中採用開放式問句，容易帶給當事人較高的心理壓力。因此，心理諮商者能從當事人在心理晤談的表現與其他結構性心理測驗表現中的一些共同指標相互比較；例如：「智力測驗中的抽

象思考請維持測驗得分」與「心理晤談中抽象思考的能力」做比較，藉此瞭解當事人面對不同壓力水準時的反應差異。

(二)階段二：促進 (facilitation)

「促進」是為了維持當事人能持續地進行自我陳述；在心理晤談過程中，心理諮商者給予一些支持的行為，使得當事人在第一階段所談論的主題能夠持續進行。促進的階段同時包含了語言與非語言兩部分的支持行為；語言部分包括：「你（妳）能對於剛才那點多談一些嗎?」、「然後，發生什麼事呢?」、「嗯哼，接下來呢?」等等；非語言部分包括：點頭、眼神注視當事人、適當的臉部表情表達認同等等。

當心理諮商者面對一位膽怯、緊繃、退縮的當事人，直接的促進動作更是需要的；透過支持性的鼓勵，能夠提升當事人對自我表達的自信心，讓當事人可以敞開心胸、比較自由自在地表達自己的事情。另外，在促進的階段，心理諮商者亦可以主動向當事人解釋他（她）的自我陳述之重要性，任何他（她）所提及的事都是重要的，都能夠幫助心理諮商者瞭解其問題。

(三)階段三：澄清 (clarification)

「澄清」是指心理諮商者針對當事人所說、所感受，以及所表示的內容，進一步地詢問、澄清，以獲得更清楚的瞭解，確保心理諮商者與當事人雙方能有正確的溝通。

澄清的技巧包括下列兩種：

1. 直接澄清 (straightforward question)

心理諮商者直接澄清當事人所說的某些部分內容；通常心理諮商者使用澄清的技巧時，會以「我」開頭的陳述句來詢問對方，避免採用「你（妳）」開頭的陳述句，才不至於讓當事人感受到被責備的意味。直接澄

清內容例如:「我不太瞭解你(妳)剛才所說的意思,可以多說一點嗎?」、「我不是很清楚你(妳)所提到同學對待你(妳)的方式,請再仔細多談一點好嗎?」等等。

2.反映 (reflection)

心理諮商者以詢問的方式,主動反映當事人的感覺與所說的內容,或是將當事人所描述的事情做一個簡單的摘要,以澄清當事人描述中不清楚或模糊的地方。例如:「你(妳)是不是覺得父母的管教過於嚴厲,幾乎讓你(妳)喘不過氣來?」、「整體而言,你(妳)是不是認為同學都故意挑你(妳)毛病來嘲笑你(妳),讓你(妳)覺得很難過?」等等。

㈣階段四: 面質 (confrontation)

「面質」意指: 在心理晤談過程中,心理諮商者對於當事人出現不一致的現象加以評估的方法,面質的目的是為了瞭解當事人更深層的內在矛盾(因為內在矛盾,以至於在表達過程中出現不一致的現象),而不是故意挑剔當事人的錯誤、或指責當事人的欺瞞。因此,面質在實質上並不帶有攻擊或批評當事人的意味。

當事人在心理晤談過程常出現的不一致類型有下列三種:

1.前後不一致或不符合的內容 (inconsistent or incongruent contents)

當事人在心理晤談的前後描述內容出現不一致的現象,例如: 當事人先是說常與同學起爭執,後來卻又說自己的人際關係良好。

2.內容與情感表達不一致 (inconsistency between content and feeling)

當事人在陳述事情時, 語言的與非語言的訊息出現不相容的反應,

例如：當事人笑著談論父親過世時的痛苦經驗，此又稱為不恰當的情感 (inappropriate affect)。

3. 相同的內容前後所表現的情感表達不一致 (incongruent feelings about the same content)

當事人在心理晤談的前後談論到相同的主題時，卻出現不同的情緒反應。例如：當事人談到母親對待他的方式，剛開始談的時候是平鋪直述、沒有特別的情緒，到後來談的時候卻憤恨不平、非常地激動。

藉由「面質」的階段，心理諮商者將焦點放在當事人不一致的部分，可以協助當事人清楚地看到自己往往不自覺會出現的自我保護或自我防衛方式，以及當事人刻意想要壓抑、或忽略的情感，這些深層的內在衝突均可能是造成當事人主要困擾的重要因素。

(五)階段五：直接詢問 (direct questioning)

「直接詢問」意指：心理諮商者直接對當事人表達不清楚的細節提出封閉式的問句，藉此獲得當事人明確的回答，以便瞭解當事人所談論問題的每一個重要細節。在此階段，心理晤談的歷程由原先的當事人取向轉成晤談者取向，心理晤談的結構性也隨之增高，心理諮商者會採取比較主動的方式詢問當事人。而且，心理諮商者通常會針對當事人早先的議題或原先的問題範疇直接提出詢問，例如：「你（妳）之前提到最近一直睡不好，這樣的情況持續多久時間了?」、「你（妳）提到父母對待你（妳）的方式嚴厲，讓你（妳）常常很害怕自己犯錯，是特別指父親還是母親呢?」等等。

二、心理晤談稿範例

以下的範例為一段心理晤談稿的簡要內容，依序呈現出心理諮商者與當事人在心理晤談五個階段的對話。

【階段一：開放式問句】

　　心理諮商者：「不曉得你遇到什麼困擾?」【開放式的問句】

　　當事人：「我很容易緊張焦慮。」(在當事人回答之後，當事人說話變得吞吞吐吐、眼神閃躲，不敢直視心理諮商者，心理晤談氣氛變得有些嚴肅。)

【階段二：促　進】

　　心理諮商者：「嗯哼，你能夠多說說看嗎?」(心理諮商者以鼓勵、關愛的眼神看著當事人，並微笑、點頭)

　　經過心理諮商者的「促進」動作，當事人開始對他的「容易緊張焦慮」進行描述：「只要自己稍微做錯事，就覺得自己很差勁，一直擔心別人會嚴厲地指責我。平常只要大家的眼光投注在我身上的時候，我第一個念頭總會覺得自己不知道又犯了什麼錯誤，不知不覺就會焦慮緊張起來……」

【階段三：澄　清】

　　心理諮商者：「你的容易緊張焦慮是從什麼時候開始的?」

　　當事人：「從小的時候就有了，感覺都跟媽媽有關」。

　　心理諮商者：「我不太清楚你說跟媽媽有關的意思，你能多談一點嗎?」【直接澄清-1】

　　當事人：「從小媽媽就管我們管得很嚴，做錯事不分青紅皂白，就先痛打一頓，愈解釋打得愈重，即使犯的是小的錯誤，結果也是一樣!」

　　心理諮商者：「顯然媽媽的嚴厲管教方式，常常讓你非常害怕做錯事，是這樣嗎?」【反映】

　　當事人：「嗯! 的確是這樣!」

　　心理諮商者：「我不是很瞭解，媽媽嚴厲的管教態度跟你今天的容易

緊張焦慮的關係是什麼呢？你能多告訴我一點嗎？」【直接澄清-2】

【階段四：面　質】

當事人：「我想媽媽那樣管我們也是為了我們好，就像她講的，小孩子不打會變壞。現在她對我大哥的兒子的管教方法就是原先對我們的那一套！」

心理諮商者：「你自己對媽媽管教你們的方式，有什麼看法？」

當事人：「哎！天下無不是的父母，她那樣做還不是為我們好。不過，一想到小時候做錯事時心慌意亂的感覺，就替自己感到難過！」

心理諮商者：「聽起來，似乎想到小時候的日子就有很強烈的感受！」

當事人：「是的，我一想到小時候的害怕，心裡就會問媽媽為什麼要那樣對待我們？難道她都不知道我們是多麼地害怕她的處罰，她怎麼可以對我們那麼不好？愈想愈氣、愈想愈難過……」

心理諮商者：「原先我聽到你媽媽嚴厲的管教是為你們好，後來又聽到你覺得媽媽怎麼可以那樣對待你們，讓你們生活在恐懼之中，這前後的態度似乎不相同？」【面質——對母親的態度前後不一致】

當事人：「是的！我對媽媽常常有這種矛盾的感受，一方面我告訴自己要相信媽媽的苦心，可是有時候又覺得其實媽媽傷害我很深……」

【階段五：直接詢問】

心理諮商者：「最後我做一個簡單的摘要：當你做事的時候，心裡都會擔心自己做不好，一旦真的犯了錯誤，你就會因為害怕別人的嚴厲處罰而焦慮緊張起來，是嗎？」【直接詢問-1】

當事人：「嗯！是的！」

心理諮商者：「而且你也覺得你今天的容易焦慮緊張跟媽媽小時候嚴厲的管教方式有關，可以這麼說嗎？」【直接詢問-2】

當事人：「的確是像你所說的！」

第二節　心理諮商者的基本助人態度——同理心 (Empathy) 的態度培養與表達訓練

　　心理諮商能夠進行順利，理所當然需要心理諮商者與當事人雙方的配合。心理諮商者除了要訓練自己心理晤談的能力，使自己更能正確評估當事人的困擾外，另外也很重要的一個層面即為：心理諮商者的基本助人態度，是否能夠讓當事人感受到被關心與被支持，因而增加當事人與心理諮商者合作的意願。

　　在眾多的心理諮商理論之中，筆者最認同的基本助人態度是人本心理學的觀點，人本心理學認為人的本質上都是好的，內在具有追求成就的動機與實現的能力，得以幫助自己解決問題，因此，心理諮商者所扮演的角色便是協助當事人自我探索及促進自我成長，以便發揮「自我實現」(self-actualization) 的功能。

一、羅傑斯 (Carl Rogers) 與自我理論 (Self-Theory)

　　羅傑斯 (Carl Rogers) 強調正向自我概念的重要性，認為自我實現來自於自我價值 (self-worth) 的感受，源自於早期培育者的能力與正向關懷的人際經驗；亦即：個體在成長的經驗中，愈能感受到重要他人對自己的重視與關心，愈能依照自己的需求和潛能，發揮出獨特的自我能力與價值；相反地，個體出現心理困擾的源由，往往是在成長的過程中，為了獲得別人的贊同，因而扭曲了個人內在的價值與需求來迎合別人，以至於造成心理困擾。因此，羅傑斯 (Carl Rogers) 提出「無條件正向關懷」(unconditional positive regard)、「同理心」(empathy) 與「真誠」(congruence)的態度與技巧，來營造一個可以讓當事人安心表達內心感受與想法的環境，以協助當事人改變原有的人際模式，漸漸地從中去瞭解自己心中的需求，而選擇朝向自我實現，此為人本心理學最重要的諮商取向。換個

角度來看，採取人本心理學為基本助人態度的心理諮商者既不需要給當事人建議，也不需要直接質問當事人，就可以幫助當事人找到正向的自我態度，所以稱為個人中心 (person-centered)、非指導性 (non-directive) 的心理諮商策略。

二、同理心的基本定義與重要性

在上述的基本助人態度中，最重要的一項態度就是要以「同理心的瞭解和表達」對待當事人，才能提供一個安全又溫暖的心理諮商環境，讓當事人在此環境中培養正向的自我態度。羅傑斯認為同理心是「能夠正確地瞭解當事人內在的主觀世界，並且能將有意義的訊息傳達給當事人。明瞭或覺察到當事人蘊含著的個人意義世界，就好像是你自己的世界，但沒有喪失這『好像』(as if) 的特質，這就是同理心的瞭解。」簡單地說，「同理心」就是指：心理諮商者能夠瞭解當事人所表達出來的情緒和感受，並且做出基本的溝通；所以，同理心的瞭解代表心理諮商者不但能夠察覺到當事人的感受，而且還能進一步從當事人內在世界去理解當事人何以出現這些情緒感受。

事實上，同理心的態度和表達對於建立和諧、合作的人際關係是非常重要的。一個人愈能夠同理別人，才會愈願意去接納、寬容別人，這樣的態度可以幫助自己成為一個心胸寬大、富有包容心的人，不會因為別人對自己的情緒反應而易產生不舒服的感受；另一方面，能夠給予別人同理心的表達等於是給了對方最需要的情緒支持，對於幫助別人減輕情緒困擾可能大有助益；所以，將同理心運用在一般的人際關係溝通上，不但可以幫助自己、也能幫助別人。相同的道理，心理諮商者以同理心的態度對待當事人，不但可以幫助自己更能體會當事人的困境，也能提供當事人足夠的情緒支持，對於建立良好的心理諮商關係是非常關鍵的。

三、同理心的內涵與表達

同理心的表達包括兩個重要部分：辨識 (discrimination) 與溝通 (communication)。

(一)辨識

意指心理諮商者站在當事人的立場瞭解他的感覺及其世界。「辨識」可以再細分為下列兩個部分：

1. 辨明發生的事件：心理諮商者觀察與澄清當事人究竟發生了何事。
2. 辨識感覺：心理諮商者瞭解當事人的內在感受與想法。

(二)溝通

意指心理諮商者把所瞭解的表達出來，讓當事人知道他的處境已被充分地瞭解。溝通亦可細分為下列兩個部分：

1. 情緒反映 (emotional reflection)：心理諮商者定位當事人情緒狀態，並選擇符合當事人情緒的形容詞，來描述對方的情緒狀態。例如：「你（妳）覺得很難過，不希望事情是這樣發生的，是嗎?」
2. 簡述語意 (paraphrasing)：簡要複述對方談話的內容。例如：「好像即使你（妳）盡了力，還是沒有用的?」

另外，心理諮商者在進行同理心表達時，需要注意的事項包括下列幾點（黃惠惠，1991）：

1. 心理諮商者要避免假裝瞭解，否則當事人一旦察覺時，將會嚴重破壞彼此的心理諮商關係。有時候，當遇到表達能力較差的當事人，或心理諮商者的確無法理解當事人的談話內容時，心理諮商者要誠實且誠懇地再次詢問。
2. 避免鸚鵡學語式的模仿。在表達同理心的過程，心理諮商者要將當事人所談的內容吸收後，使用自己的語言表達出來，不要完全重複當

事人的話語，否則就會像「背書」一樣，容易讓當事人感到厭煩。

3.避免過度理智化的詢問，而忽略當事人的情緒感受。心理諮商者在進行同理心表達時，避免過度想要釐清當事人的問題，而不斷地詢問當事人一些事情的細節，這樣的詢問容易引發當事人被質疑的不舒服感受。

4.注意用語的層次需與當事人的生活、教育背景相配合。心理諮商者在表達同理心時，要盡量使用當事人最熟悉的語言表達方式，才能讓當事人感受到心理諮商者的感同身受，藉此拉近彼此之間的距離。

5.心理諮商者在表達時，要注意自身的語言內容、語音訊息與非語言行為之間的一致性。心理諮商者在表達同理心時，不僅要在語言內容方面表達，也要在非語言訊息方面有一致的表達。舉個例子來說，當心理諮商者語言內容為：「你這樣一個人孤單地度過最困難的時候，一定很害怕!」也必須同時流露出對當事人關愛、心疼的眼神，這樣才能給予當事人一致、真誠的支持。

四、同理心的層次

同理心的表達可以分為下列兩個層次：

(一)初層次同理心 (Primary level of empathy)

「初層次同理心」指：對於當事人所明顯表達出來的情緒和感受，做出基本瞭解的溝通，協助當事人由原先自己的參考架構中澄清自己的問題和感受，並且讓當事人感受到心理諮商者確實能夠瞭解其所表達的情緒、感受。

初層次同理心包括：簡述語意與情緒反映。「簡述語意」指心理諮商者用自己的話，簡要地描述並整理當事人所表達的內容；「情緒反映」指心理諮商者能夠精確地辨識當事人所表達內容中的情緒，並且恰如其分地將當事人的情緒表達出來。舉個例子來說，心理諮商者在聽完當事人對家人的抱怨以後，初層次同理心的表達為：「家人不欣賞你的長才（簡

述語意），的確十分惱人（情緒反映）。」

㈡高層次同理心 (Advanced level of empathy)

「高層次同理心」則是從當事人未明顯表達或隱含的參考架構中，理解出當事人曖昧不明或無法說出的問題和感受。因此，高層次同理心能夠表達當事人所暗示的意思，並且幫助當事人連接自己所提供的資料，讓當事人有機會從另一個參照架構來談論自己的困擾。

一般而言，心理諮商者通常在比較瞭解當事人的內在架構之後，才會進行高層次同理心的表達，否則，心理諮商者可能過度將自己的經驗投射在當事人身上，而大幅提高了高層次同理心錯誤的機率。亦即，高層次同理心的表達必須在比較清楚地瞭解當事人內在動力的需求與方向以後，才能大膽的假設、小心的求證。因此，心理諮商者在進行高層次同理心時最好採用詢問的語氣，避免自己過度的專斷。舉個例子來說，前述心理諮商者在聽完當事人對家人的抱怨以後，初層次同理心的表達為：「家人不欣賞你的長才（簡述語意），的確十分惱人（情緒反映）。」高層次同理心的表達則可能為：「家人不欣賞你的長才，似乎會影響你在家中沒有地位，並可能會打擊你的成就感，是這樣子的嗎?」

五、心理諮商者增進同理心的自我訓練

心理諮商者的同理心自我訓練包含辨識與溝通兩個部分，訓練過程如下圖所示。

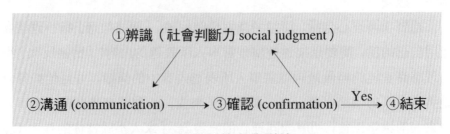

▲同理心的自我訓練

㈠學習「辨識」的歷程

1.辨識

心理諮商者要學習正確、精細地覺察當事人當時的情境、想法及反應（情緒感受）；亦即，心理諮商者要完整且清晰地覺察當事人的「刺激─內在想法─反應歷程」(S-O-R)，瞭解當事人究竟在什麼樣的情境、產生什麼樣的內在想法，並且出現哪些行為反應與情緒感受。

2.達到準確辨識的方法

心理諮商者要達到精準而正確的辨識內容，可以參考下列三個建議。

⑴延宕心中的衝動

①心理諮商者不立即、直接給當事人建議或評價。心理諮商者對於當事人所表達的問題特別有心得的時候，難免會想要趕快給予當事人一些「真知灼見」，幫助當事人迅速解決困擾；然而，倘若心理諮商者很快地就提供當事人建議，可能無法達到正確、精細的辨識，心理諮商者可以學習專心地傾聽，而不要太急著表達自己的看法。

②心理諮商者控制自己對討論主題或當事人的情緒反應。有時候，心理諮商者會對當事人或對當事人所提出的問題特別有感受、或是出現比較強烈的情緒反應。此時，心理諮商者亦會出現兩種不同方向的衝動想法，第一種為：迫不及待地想與當事人分享；第二種則為：不自覺地想要轉移話題來減少情緒負荷；這些衝動想法均會干擾心理諮商者的精確評估。因此，心理諮商者在辨識當事人困擾的歷程，盡量避免讓自己出現比較強烈的情緒反應。

③控制心理諮商時擔任「助人者」的焦慮。心理諮商者在心理晤談的過程難免會出現焦慮的情緒，包括：擔心沒有適時的反應會讓當事人認定自己是個沒有幫助的人，或是覺得自己似乎沒有經驗或能力來幫助

當事人等等。當這些焦慮的想法出現時，心理諮商者就無法全心全意地把心理晤談的焦點放在當事人的身上，自然而然會影響到辨識的精確度。因此，心理諮商者要自我分析在心理晤談的過程容易出現哪些焦慮，並設法做好自我調整。

⑵充分詢問

心理諮商者對於當事人的情境、想法、與反應 (S-O-R) 能夠清晰的澄清與描述：

①操作型描述 (operational description)。無論是情境、想法或反應，心理諮商者都要盡量做出具體的描述，避免以抽象、模糊的方式與當事人相互溝通；具體的作法如下：

- 對情境的描述：描述當事人所處問題的人、事、時、地、物。
- 對反應的描述：描述當事人出現的生理反應、情緒感受以及行動反應。
- 對想法的描述：描述引發當事人產生行為與情緒反應的關鍵性想法。

②想法與反應的合理性聯結。心理諮商者能夠具體地描述當事人的情境、反應與想法後，要進一步分析當事人的想法與反應之間是否有合理性的聯結或稱之為合乎比例的聯結 (proportional connection)。亦即：當事人的痛苦反應愈強烈時，代表當事人愈容易過度憂懼或抱持悲觀的想法，反之亦然。舉個例子來說：當事人因工作方面的小疏忽被總經理斥責了一頓，倘若當事人的反應是有點難過但很快就消失了，此時當事人的想法可能為：「也許這次主管的確對我不滿意，但是下次我多留意、細心一些就不會再犯了……」；相對地，倘若當事人的反應是極度的難過與害怕，此時當事人的想法可能為：「總經理可能因為我這次的錯誤而逼迫我辭去工作，如果我沒有工作的話，全家的生活必將陷入一片困頓……」。

⑶考慮其他的可能性 (alternatives)

心理諮商者對於當事人的問題理解，特別是關於當事人的想法，千

萬不要快速地認定當事人的想法，並過度固著某一種特殊的觀點，而是應該花費精力不斷思考是否有其他觀點的可能性。心理諮商者能夠致力探討出愈多的可能性，再由眾多的可能性中抽絲剝繭地找出最合理且具有說服力的聯結，才能精確地描述當事人所處的情境、反應與想法。

㈡學習「溝通」的歷程

1. 定義

「溝通」意指心理諮商者不但能夠做到精確的辨識，而且能夠把所瞭解的部分表達出來，讓當事人知道他（她）的處境與想法已被瞭解。

2. 溝通的方法與步驟

一般而言，心理諮商者可能先表達對當事人的反應描述，一方面幫助當事人更敏感於自己的生理反應、情緒感受以及行動方向，另一方面也顯示出心理諮商者對當事人基本的觀察與瞭解；接著，心理諮商者和當事人具體地探索在哪些特殊的情境，究竟是遇到什麼樣的人，或是在什麼樣的環境壓力下，當事人容易出現上述的反應傾向；最後，心理諮商者分析的是當事人對所處情境的關鍵性想法，通常這一部分的溝通需要最充分的討論，因為當事人的關鍵想法往往是習以為常、會自動化地 (automatically) 出現並產生作用，心理諮商者需要逐步地引導當事人如何去覺察自己的想法，並且能夠找出想法與反應之間的合理性聯結。綜合而言，溝通的步驟整理如下：

⑴溝通覺察到當事人的「反應」。

⑵溝通覺察到當事人的「情境與反應」。

⑶溝通覺察到當事人的「情境—想法—反應」。

㈢增進同理心的方法

「同理心」並非先天就具有的能力，主要是依靠個體後天的努力學習才能達到，雖然每個人天生擁有的特質或敏感度，可能會影響到學習的容易或困難度。王溢嘉在《心靈雜誌》曾提出下列十項心理諮商者可以自我培養同理心能力的建議：

1. 對自己的情感、慾望與希望有充分的瞭解，並承認別人也有同樣的情感、慾望、與希望。

2. 學習去傾聽別人，即使自己不同意他人所說的，讓他人說完他們要說的話，在下判斷之前先問個明白。

3. 仔細觀察街上、飯店或公車上的陌生人，並嘗試以他們的表情去領會他們當時的情感狀態。

4. 在評估他人時，絕不能單靠外在的表現，更重要的是去找出他（她）的潛在態度，我們自己可以透過談話或問一些有趣的問題得到這方面的訊息。

5. 在看電視節目時，不妨將聲音關掉，只留影像，然後去猜測螢幕上人物在談論什麼問題，這樣我們就非得將自己投入其中不可。

6. 在談話中，我們自己也許會發現某人的意見和自己的意見完全背道而馳，我們不妨想想為什麼這個人會有這樣的意見。

7. 自問為什麼在某種情境中自己的反應方式是 A 而不是 B，瞭解自己行為的背景，要為他人設身處地就顯得容易。

8. 如果自己不喜歡某人，嘗試去發現這方面的原因。

9. 在判斷一個人及改變自己對他的態度之前，盡可能的收集有關此人的資料，一旦瞭解他（她）的行為模式，即可對他（她）做出更精準的判斷，而自己對他（她）的回應也將更適當。

10. 請記住每一個人的心境都會影響他（她）自己的行為。

● 同理心表達自我練習表

這個作業為同理心表達的自我練習表，請你找一位朋友扮演當事人，你扮演心理諮商者，當事人的困擾如下所述，你以同理心的辨識與溝通方式，瞭解當事人當時的情境、反應與內在想法，並將你所瞭解的內容向當事人陳述。（你可以一邊會談，一邊將詢問或表達的內容填於空格之中）

㈠例子

當事人：「我的老闆是一個沒有原則的人，有時很輕鬆，有時很嚴格；分派任務時，也是一會兒教我做這，一會兒做那，常常弄得我一頭霧水，不知道該怎麼辦才好！」

㈡辨識

辨識項目	內　容
1.辨明當事人當時所處的情境 （人、事、時、地、物）	
2.瞭解當事人當時的反應	1.生理方面 2.情緒感受 3.行動表現
3.描述當事人產生反應的關鍵想法	

㈢溝通

1.陳述當事人所處的情境：

> 2.讓你（指心理諮商者）覺得／使你感受到：
>
>
> 3.描述當事人當時的反應：

第三節　常用的諮商技巧

在此節中，主要介紹一些心理諮商者常用的諮商技巧，運用這些技巧可以與當事人建立良好的心理諮商關係，並且協助當事人進行自我探索以幫助當事人進行實際的行動改變。一位當事人進入輔導室或心理諮商室並不代表他（她）已經準備好接受心理諮商或輔導，或是明瞭自己應該如何向心理諮商者尋求協助；也就是說，當心理諮商者接觸到一位從未接受過心理諮商服務的當事人時，心理諮商者必須使用一些諮商技巧，讓當事人能夠順利地進入心理諮商的歷程，安心地談論自己內心真正的困擾並設法找出解決之道。

一、建立心理諮商關係

心理諮商者最基本的第一個步驟就是要和當事人建立「諮商關係」，由於「諮商關係」與一般的人際關係在本質上有很大的差異，這樣的關係通常不是當事人所熟悉的關係模式，因此心理諮商者要先將諮商關係的架構說明清晰，讓當事人理解諮商關係究竟是怎麼一回事，以及如何能夠在心理諮商的關係下獲得成長和進步。下列五項即為在建立心理諮商關係的過程，心理諮商者應有的態度、技巧與需要進行的事項。

㈠架構化的形成

建立心理諮商關係的首要前提在於「架構化的形成」，讓當事人清晰地瞭解心理諮商的目標、進行方式，以及心理諮商者與當事人雙方的責任。包括：時間、地點、費用、專業界線、晤談責任等方面的架構（林家興、王麗文，2003）。各方面架構需注意的事項茲說明如下：

1.時間架構方面。包括：心理諮商多久談一次（如：一週一次、一週兩次或兩週一次）、一次心理諮商的進行持續多久時間（如：五十分鐘或一小時）、每次心理諮商時間均能準時開始進行並準時結束、當事人或心理諮商者想要請假或結束心理諮商應該如何告知等等。

2.地點架構方面。包括：心理諮商必須在心理諮商室進行、心理諮商室的環境布置與擺設愈簡單愈好、避免在心理諮商室進食等等。

3.費用架構方面。包括：心理諮商的收費標準、收費的彈性或折扣、當事人付費的方式（現金、匯款、信用卡、採用預付制度或心理諮商結束後才付費）、是否能夠以其他方式抵免心理諮商費用等等。

4.專業界線方面。包括：當事人是否可以詢問心理諮商者的專業經驗或個人經驗、當事人與心理諮商者對彼此的稱呼等等。

5.雙方的責任架構。在心理諮商的過程中，當事人與心理諮商者均需負責任。心理諮商者的責任包括：消除當事人的焦慮、建立當事人對心理諮商的正確期待（心理諮商是否有效、多久才會有效）等等。當事人的責任包括：準備談話的主題、認真表達自己的困擾等等。

6.諮商目標的確立。心理諮商者和當事人相互溝通討論，並訂立初步的心理諮商目標，避免會談的過程成為一種漫談的方式。

㈡專注

「專注」意指心理諮商者專心一意地將注意力放在當事人身上，讓當事人感受到被重視，專注可以分為「生理的專注」與「心理的專注」

（黃惠惠，1991）：

　　1.生理的專注。包括：心理諮商者面向當事人、保持適當的眼神接觸、保持輕鬆自然開放的身體姿勢，並且將身體微傾向當事人以表達關心。

　　2.心理的專注。包括：用心地理解當事人口語表達的內容，瞭解當事人談話內容中所表達的困擾情緒；並且能夠認真觀察當事人非語言行為和語音訊息，從當事人的肢體動作、聲音的抑揚頓挫中，察覺出更多當事人言語中未明顯表達出來的真實情緒。「專注」的態度是心理諮商者在建立心理諮商關係最基本的重要態度。

㈢積極傾聽

　　「積極傾聽」的程度較一般所謂的聽更加地用心，不只聽懂對方的話，且能瞭解與體會其情緒與感受（包括其經驗、想法、感覺與行為），心理諮商者使用積極傾聽時可以搭配運用下列幾項技巧，讓當事人能夠更有動機談論自己的問題。

　　1.開門器：當當事人欲言又止或不知如何開口時，以一種鼓勵對方，而非強迫式的邀請引導當事人說話。例如：「你（妳）還好嗎？要不要說看看現在的心情？」

　　2.基本的鼓勵：以一些小反應讓當事人知道心理諮商者在關心他。例如：「嗯哼！」、「後來呢？」、「結果……」

　　3.偶爾的詢問：有時可以將當事人的話回問，幫助話題繼續下去。例如：「你（妳）覺得很不可思議？」

　　4.專注的沈默：陪伴當事人經歷短暫沈默，並以專注態度的相應，給當事人時間沈澱思緒，也讓心理諮商者有機會多思考當事人的問題。

　　在積極傾聽的過程中，心理諮商者要避免不完整、評斷式及同情式傾聽。

㈣尊重

　　「尊重」意指心理諮商者將當事人視為一個完全獨立的個體，並允許當事人擁有屬於自己的感受與經驗，無論當事人的感受或經驗為何，心理諮商者都不會做任何主觀的評價或批判，而且能夠接納當事人所有的感受與經驗，並且關懷當事人、願意幫助當事人。這是一項身為心理諮商者重要的助人態度，特別是所遇到的當事人之價值觀與心理諮商者自身之價值觀不相容或相互衝突的時候，心理諮商者必須學習去包容各種不同的價值觀，並將焦點放在理解當事人情緒困擾的源由，而不急著去改變當事人的想法或價值判斷。

　　因此，尊重的內涵包括：無條件的接納當事人的一切感受或想法、願意與當事人在一起解決問題或處理情緒、一切都以當事人的利益為最優先考量、尊重當事人是獨特的個體，並且尊重當事人能夠為自己做決定（黃惠惠，1991）。

　　舉個例子來說：

　　有位父親偷看了高二女兒的日記之後，發現女兒居然瞞著他偷交男朋友，並且與男朋友有擁抱、接吻之類的親密舉止。他覺得女兒交男朋友並不妥當，並且也表達了一些他認為的看法，例如：交男朋友會影響學業成績、年輕人要是無法克制衝動可能會讓女兒未婚懷孕等等理由。

　　這時候，心理諮商者或許會認為：當事人應該要尊重女兒的隱私權與自主權，希望當事人以開明的態度與女兒討論交男朋友一事，然而，心理諮商者應該將焦點放在當事人提出女兒交男友的事，那會是怎樣的心情呢？是愉快還是不愉快？要是不愉快的話，當事人是遇到什麼樣的困難呢？然後，當事人現在需要的是什麼？當心理諮商者將焦點放在當事人的情緒與感受之後，當事人才能逐漸把心中的擔心說出來，他訴說

自己很擔心女兒交了男朋友以後會將重心完全放在男朋友身上，自己彷彿失去了女兒一般。

(五)真誠

「真誠」意指心理諮商者的助人行為是發自內心的真心誠意，願意去瞭解並接納另一個完全獨立的個體。心理諮商者的態度是否真誠，其實是很容易被當事人所覺察的，特別是當心理諮商進行愈久時，當事人愈容易感受出心理諮商者的真誠度。而且，當事人能夠感受到心理諮商者真誠的態度時，才能夠擁有多的力量去探索自己、學習包容自己的缺點或不完美的地方，所以心理諮商者的真誠態度對當事人而言，是一項良好的示範，讓當事人也能夠學著以真誠的態度對待別人、對待自己。

真誠的態度表現出來的是一致的關懷行為（黃惠惠，1991），包括下列四項特點：

1.不拘泥於角色：不是以心理諮商者的「角色」在與當事人互動，而是以真誠的自我在關心、關懷當事人。

2.自發性的行為：心理諮商者對待當事人的方式是出自於內心的真實感受，是自發性的、有人味的，而不是很做作地、或技巧性說出一些表面關心的話語。

3.非防衛性的行為：心理諮商者在面臨當事人的挑戰時，仍然會用真誠的方式對待，不急著為自己辯護或做自我防衛的行為，能夠承認自己並非完美之人，而且仍然將焦點繼續放在當事人困擾的情緒。

4.一致性的行為：真誠的心理諮商者最大的特色即為「言語、行為以及態度」都能夠永遠保持一致，能夠給予當事人穩定的感受，心理諮商者不會因為任何外在環境或內在心理的壓力，而做出一些偽裝的表現，因此給予當事人的關懷是穩定、一致的表現。

二、問題探索期

　　問題探索是新進的諮商工作人員或初學者最容易快速跳過的一部分，主要的原因為以下幾點：

　　1.心理諮商者容易將自己的想法投射在當事人的身上，所以當事人的談話不清不楚時,心理諮商者會不自覺地用自己的架構去理解當事人，而這樣的方式卻阻礙了心理諮商者更清晰理解當事人的機會。

　　2.與個體進行問題探索，其實對於心理諮商者來說，也需要忍受不小的壓力，包括：面質當事人時擔心自己是否造成當事人不舒服的情緒，進行立即性時不僅是挑戰當事人,而且是挑戰當事人和自己的關係等等，這樣的自我衝突和挑戰都是心理諮商者本身壓力的來源，所以往往在對當事人問題尚未清晰理解前，就會進入問題解決的階段。

　　3.新進人員對於諮商的目標往往在於解決問題，似乎能夠趕快進入行動階段，給予當事人一些真知灼見，幫助將問題解決，才能降低自己害怕「諮商沒用」的擔心。

　　4.在行動階段時所採用的理性技巧，與一般習慣性的思維方式較為接近，包括採用平衡單、找出優缺點等。因此，當心理諮商者本身愈焦慮的時候，愈會讓會談的步驟邁向問題解決的階段，而忽略了去探索當事人無法解決問題的源由。

(一)具體

　　「具體」意指以具體的詞彙協助當事人討論所表達的感覺、經驗或行為。當事人在進行問題的自我探索時，最基本的步驟就是要能夠清楚地定義自己的問題與困擾，才能進一步討論出可行的解決方式。然而，許多當事人在表達自己的問題時，常常會用模糊的字詞來表達，例如：「我的人緣很差」、或是「我希望功課能進步」等，但是究竟當事人自我認定的人緣差或功課進步的具體行為或具體目標為何，其實是非常不清

晰的，心理諮商者必須具體地詢問實際的內容，才能避免心理諮商者與當事人的認知差異。通常當事人最常出現下列三種的模糊表達方式（黃惠惠，1991）：

1. 刪除：在描述問題時省略了某些重要的內容，可能是「人、事、時、地、物」任一層面，以前述的例子而言，「我的人緣很差」，心理諮商者可以具體詢問的部分包括：是和誰比較起來人緣很差？是誰認為你的人緣很差？發生了什麼事讓你覺得自己人緣很差？在什麼時候、什麼環境，覺得自己的人緣很差？等等。

2. 扭曲：當事人在描述問題的因果關係時，想法可能會出現扭曲的現象，例如：「我希望功課進步到前五名，否則就會讓媽媽生氣！」心理諮商者可以具體詢問的部分包括：為何沒有進步到前五名，媽媽就會生氣？你怎麼知道沒進步到前五名，媽媽就會生氣？等等。

3. 概括化：當事人容易將一次的經驗或類似的經驗，推論成一項不會改變的事情，也就是當事人可能在沒有足夠的證據下即輕易妄下斷言，例如：「媽媽總是對我生氣！」心理諮商者可以具體詢問的部分包括：媽媽每一次都對你生氣？都沒有任何例外嗎？等等。

透過「具體」的方式詢問，心理諮商者對於當事人的處境才能夠有精準的瞭解，避免將自己的認知投射在當事人的問題情境中。

㈡面質

「面質」意指針對當事人所表達出來不一致的地方進行討論，因為這些不一致的地方可能就是當事人的問題癥結所在。「不一致」有三種類型：第一、前後所表達出來的內容不一致。第二、語言內容與情緒感受不一致。第三、相容的內容但前後所表達的感受不一致。面質時，心理諮商者應注意的態度：以同理心的方式進行、以當事人的利益考量為出發點、以假設的語氣說明、以較不具威脅性的事項先進行，而且如果當事人否認時，心理諮商者千萬不要咄咄逼人。心理諮商者在面質當事人

的過程中，必須以同理心去感受當事人的內在困難與掙扎矛盾之所在，而非像法官辦案一樣找出事實的真相。

(三)自我揭露

「自我揭露」又稱自我表露，意指心理諮商者將自己類似的經驗和感受與當事人分享，透過心理諮商者的自我揭露讓當事人更有意願探索自己的優缺點或內心擔心、害怕的層面。

「自我揭露」的目的包括：增加當事人對心理諮商者的信任感、增加彼此的親密度、提供自我分享和示範的效果，並且讓當事人能夠從心理諮商者的經驗分享中得到有意義的啟示。然而，心理諮商者考慮進行自我揭露的時候，必須先問清楚自己為何想對當事人做自我揭露，這樣的自我揭露到底對當事人有哪些好處，特別是要誠實地詢問自己：究竟是為了自己的因素，還是為了當事人的考量，決定做出自我揭露；因為，並不是心理諮商者本身所有發生與當事人相關的事情,都需要自我揭露。另外，心理諮商者進行自我揭露時，切記不需要太詳細地交代自己所發生事情的每一個細節，否則心理諮商者很有可能會反客為主，自己變成心理諮商中進行探索的主角。

(四)立即性

「立即性」意指心理諮商者在心理諮商關係或心理諮商過程中，將心理諮商者與當事人雙方所發生的一些狀況,或是彼此的溝通進行模式，做出立即、直接、坦誠的溝通與處理，並且在此時此刻立即將雙方關係的變化回饋給當事人。「立即性」的使用時機包括：心理諮商者與當事人雙方的關係有所變化，或是心理諮商者與當事人目前的關係模式可能反映出當事人日常生活的重要關係模式時（例如：當事人對心理諮商者出現過度的依賴、當事人將責任完全推卸到心理諮商者身上，或是當事人對心理諮商者出現潛在的敵意、甚至競爭等等）。

通常，在使用立即性的技巧，心理諮商者必須有足夠的自信心與自我覺察的能力，因為此時心理諮商者挑戰的不只是當事人，而且是當事人與心理諮商者自身的關係。心理諮商者本身的情緒要能夠保持穩定、不受當事人的刺激影響，才不至於因為自身的焦慮情緒驅使，而不知不覺也逃避了討論彼此的關係變化。心理諮商者必須一直將焦點放在澄清雙方的關係變化，並且進一步讓當事人感受、體會到自己習慣性的重要人際關係模式。

(五)摘要

「摘要」意指心理諮商者在當事人描述一個段落之後，以客觀的方式做出一個小結論，讓當事人聽聽是否為自己所想要表達的意思。摘要的功能在於確保心理諮商者所聽到的內容與當事人所要表達的感受、想法等，能夠非常接近、相同，心理諮商者能夠理解當事人的困境與表達方式，將避免在彼此溝通的訊息發送與接收過程出現雞同鴨講、不一致的情況發生。此外，摘要的另一功能為透過心理諮商者協助當事人整理其面臨的問題，讓當事人對自己的困境有更進一步的覺察。

▼基本的助人技巧演練統整

1. 架構化形成 (Structuring)	
(1)定義	心理諮商者讓當事人清晰地瞭解心理諮商的目標、進行方式，以及心理諮商者與當事人雙方的責任
(2)內涵	a. 時間的架構 b. 地點的架構 c. 費用的架構 d. 專業界線的架構 e. 雙方責任的架構 f. 心理諮商目標
2. 專注 (Attending)	
(1)生理的專注	a. 面向對方，呈九十度角坐姿

	b. 開放的姿勢與表情，上身前傾
	c. 眼神注視
	d. 輕鬆自然
(2)心理的專注	a. 口語表達內容
	b. 非口語行為：眼神注視、臉部表情、肢體動作與姿勢、接觸行為、副語言──抑、揚、頓、挫（音調高低、音量大小、音頻速度、音質）

3.積極傾聽 (Active Listening)	
(1)定義	不只聽懂對方的話，且能瞭解與體會其情緒與感受（包括其經驗、想法、感覺與行為）
(2)內涵	實際進行的技巧包括：
	a. 開門器　　　　b. 基本的鼓勵
	c. 偶爾的詢問　　d. 專注的沈默

4.尊重 (Respect)	
(1)定義	即所謂「無條件的積極關懷」
(2)內涵	a. 無條件接納　　b. 願意與對方在一起
	c. 一切為了對方
	d. 開發對方內在資源
	e. 尊重對方是獨特的個體
	f. 尊重對方的自我決定

5.真誠 (Genuineness)	
(1)定義	心理諮商者發自內心的真心誠意
(2)內涵	a. 不拘限於角色　　b. 自發性行為
	c. 非防衛性行為　　d. 一致性行為

6.具體 (Concrete)	
(1)定義	以具體的詞彙協助當事人討論所表達的感覺、經驗或行為，避免刪除、扭曲及概括化
(2)舉例	例如：「聽起來你所謂心情不好，具體來說指的是心情煩躁?」

7.面質 (Confrontation)	
(1)定義	是一種負責任、出自關懷，而非惡意攻擊或對立的挑戰式問法，重在事實的描述，而不在追究原因，可以釐清並界定問題與情境
(2)舉例	例如：「當你好幾次都先強調『我想你可能聽不懂我的意思』時，其實正讓人擔心你習慣性地不信任他人。」

8.自我揭露 (Self Disclosure)	
(1)定義	將自己類似的經驗和感受與當事人分享，期望能夠讓當事人從心理諮商者的經驗分享中得到有意義的啟示
(1)定義	例如：「當你提到失戀時的感受，也讓我回想起過去類似的經驗，當曾經深愛過的人漸漸遠離自己的時候，的確會出現強烈的失落感。這樣痛苦的感受似乎在告訴自己一定要做出一些必要的內在調整，才能幫助自己度過難關……」
9.立即性 (Immediacy)	
(1)定義	當諮商過程中因雙方感受不佳、或其他因素造成諮商工作無法有效進行時，則需停止原本主題，改而先行處理此時此刻的問題；即對諮商關係或過程中雙方所發生的一些狀況做「立即」、「坦誠」、「直接」的溝通與處理謂之
(2)舉例	例如：「剛剛在被問到家人時，你的語調似乎提高不少，與先前差異頗大，是不是原本不打算在今天提，卻突然被問到，因此感到不舒服?」
10.摘要 (Summary)	
(1)定義	心理諮商者在當事人一個段落的描述後，以客觀的方式做一小結論，讓當事人聽聽是不是自己所想要表達的意思
(2)舉例	例如：「聽起來最近你因為遇到連續發生的意外事件，不但求助無門致心情受損、影響工作表現，還被誤會成偷懶、怠惰、不求上進，因此更加感到沮喪與無助。」

三、進行自我探索的詢問方式內容

　　心理諮商者與當事人進行自我探索時，當心理諮商者採行不同的心理諮商學派，就會有不同的問題探索方向。以下針對六個心理諮商學派，討論心理諮商者常出現的探索問題。

㈠採用「精神分析學派」為主的心理諮商者

　　1.請試著回想您小時候（童年時期）發生過的一些事情，哪些是您

印象最深刻的？

　　2.這些事情對您的影響是什麼？

　　3.您認為這些事情與您目前所出現的困境是否有相似的地方？

　　4.如果可以回到過往，當您在遇到相同的事件時，您會如何處理？

　　5.您會選擇相同的方式或是不相同的方式？分別是為什麼？

㈡採用「個人中心學派」為主的心理諮商者（通常以尊重與鼓勵的語氣為主）

　　1.您能夠多說說自己的想法或看法嗎？

　　2.我可以理解您為什麼會這麼想、這麼做的緣由。

　　3.您似乎也期待自己能有改變，只是在改變的過程中總是會出現許多困難，讓您感覺到很挫折。

　　4.沒關係，雖然您目前還沒有完成，但是我們可以繼續一齊努力，好嗎？

㈢採用「行為治療學派」為主的心理諮商者

　　1.您最想要改變的行為是什麼？

　　2.如果基準點有 0～10 的困擾程度，0 為最低，10 為最高，您自己評估目前這個行為對您的困擾程度大概有多少？

　　3.請具體說明您想要改變的目標。

　　4.接著，請試著將預定的目標再依序切割為數個小目標。

　　5.您覺得哪些行為或情境會阻礙您達到預定的目標？以及哪些行為或情境可以幫助您達到預定的目標？

㈣採用「認知治療學派」為主的心理諮商者

　　1.您對這件困擾的事情有什麼想法？

　　2.您覺得大家對這件事情普遍的想法是什麼？

3.您覺得您的想法是理性的嗎？

4.針對同一件事情，您覺得是否有比較符合現實的理性想法呢？

5.您願意調整您原先的想法嗎？

6.您覺得調整原先的想法是否對自己是有幫助的？

7.未來面對相同或相似的困境時，您願意繼續用比較理性的想法來面對嗎？

(五)採用「現實治療學派」為主的心理諮商者

1.您要解決什麼問題？這個問題帶給您的困擾是什麼？

2.您是不是做了什麼事情才會導致這個問題呢？

3.您覺得您能夠控制這個問題的發生嗎？

4.您曾經嘗試過哪些方法？這些方法分別有用的地方在哪裡？

5.藉由別人的幫助能夠讓您更容易解決問題嗎？

6.如果用另一個心態來看待這個問題，是否能夠改善您的困擾？

(六)採用「家族治療學派」為主的心理諮商者

1.您在家中的排序為何？有幾個兄弟姊妹？大家的關係如何？

2.請描述您的父母相處的情形。

3.最喜歡家裡怎樣的氣氛？以及最討厭家裡怎樣的氣氛？

4.您覺得家人間的情感距離分別是親密型或疏離型呢？

5.您在家中的地位是什麼？

6.您在家中扮演怎樣的角色？

7.在您的家庭中，誰最容易給您壓力？又，跟誰相處最輕鬆愉快？

8.家人對於您目前的困擾有什麼樣的態度?給您哪些的協助或壓力？

9.有沒有其他的家人與您有類似的困擾或情況？

10.家人如何看待在這個困擾中的您？

│第四節　特殊情境的心理諮商技巧

　　心理諮商的過程，往往無法被期待能夠一直是一帆風順、毫無阻礙的。通常，心理諮商者會遇到所謂「麻煩」的當事人，或是當事人在心理諮商的某些過程，可能會出現一些突發狀況，這些特殊的狀況不但可能阻礙心理諮商的進行，而且最容易引發心理諮商者的焦慮情緒，以下討論當事人出現五種特殊狀況（聒噪不休、生氣、哭泣、家屬或好友過度介入、對心理諮商者企圖騷擾）時，心理諮商者可行的處理技巧。

一、聒噪不休的當事人

　　有些當事人由於焦慮情緒或個性等因素使然，一進入心理諮商室就會滔滔不絕地陳述自己的事情，而且談話的主題內容往往不太連貫，會一個接著一個不間斷地談論，而且一直強調下一個主題的重要性，幾乎不讓心理諮商者有任何插話的機會。此時的情況會讓認真傾聽的心理諮商者感受到不小的壓力，一方面難以掌握當事人談話的重點，另一方面會感受到自身完全使不上力的無奈。因此，將當事人引導回適當的話題、幫助當事人的談話聚焦，是心理諮商者的責任，不能夠讓當事人有漫談的習慣。

　　然而，在打斷當事人的過程中，必須技巧性不讓當事人感受到自尊受損，這時候可以使用的技巧為：「我陳述」(I statement) 開頭的問句。例如：「我不清楚你目前所說的內容與我們要討論的主題有什麼關連?」藉由這樣的問法，一再地提醒當事人重新回到原先的主題。而且，如果遇到當事人仍然持續地在晤談過程中轉移話題，心理諮商者一定要主動地重複提醒，或者將「漫談」成為一個當事人問題的主題，好好地討論一番，可別因為害怕一再地打斷當事人會造成對方的不舒服，而放任當事人持續進行聒噪不休的自我談話方式，否則，心理諮商者、甚至於當

事人本身都可能不滿意心理諮商的效果。

二、生氣的當事人

有時候當事人會對現實、對心理諮商環境、甚至對心理諮商者表達出憤怒的情緒。生氣的當事人通常會帶給心理諮商者很大的挑戰，擔心當事人的不舒服反應是否由於自己在心理諮商中做得不夠好所致。此時，心理諮商者千萬別急著替自己解釋，或是做出一些超過自己能力負荷、或是沒有百分百把握能夠做到的承諾，心理諮商者比較好的作法包括：專心地傾聽、同理當事人的不舒服，讓當事人有機會能夠宣洩這些憤怒、不滿的情緒，並且一定要尊重當事人的感受，即使當事人因不耐煩而表示不想繼續被詢問時，心理諮商者可以表達自己仍然希望可以關心當事人的期待，但是強調當事人擁有最後決定的權利，而且心理諮商者一定會尊重當事人的選擇。這樣的處理方式可以給當事人與心理諮商者雙方一個重新考慮的機會。

三、哭泣的當事人

當事人在談話中突然的哭泣、或出現激動的情緒反應是另一種壓力的來源，因為當事人哭泣勢必會中斷心理晤談的進行。面對哭泣的當事人的最佳方式是沈默、溫和地注視著當事人，心理諮商者這樣的態度可以幫助當事人整理自己的情緒，並且允許當事人自行決定要繼續抒發情緒或者是停止哭泣，盡量避免在當事人哭泣時做出過多的主動反應，例如：「你別哭，我會幫你！」或「你好好地哭、沒關係！」等等。在當事人哭泣的行為結束後，亦可以詢問當事人為何有如此劇烈的情緒反應，或是詢問當事人期待心理諮商者在其傷心、難過時能為他（她）做些什麼，以表達心理諮商者對當事人的關心並增加彼此之間的投契度。

四、家屬或好友過度介入的當事人

心理諮商最珍貴之處就是從當事人身上獲得第一手資料，若是由家屬或好友轉述則為第二手資料，這時資料的真實性可能因轉述者的主觀判斷而有部分程度的扭曲。因此，「避免讓家屬或好友打斷當事人的陳述」是心理諮商者必須完成的任務，除非必要的狀況（例如：當事人在剛進入心理諮商室堅持需要有親友的陪同），心理諮商者最好亦能單獨和當事人晤談。事實上，當家屬或好友一同在當事人身邊時，即使家屬或好友完全沒有出聲，他們的在場亦可能會有干擾的效果。

所以，當事人由家屬或好友陪同前來時，倘若家屬或好友堅持要提供一些重要的訊息時，心理諮商者可以請家屬或好友先在諮商室外等候，仍然以和當事人談話為主，然後預留一些時間讓家屬或好友表達他們的看法或意見。如果當事人在剛進入諮商室堅持需要有親友的陪同，心理諮商者可以先彈性地讓大家一齊進入諮商室，但是當心理諮商者察覺當事人情緒比較穩定，而且心理諮商者能夠掌控當事人的情緒後，仍然需要請求家屬或好友先離開心理諮商室，讓心理諮商者與當事人有單獨談話的機會。

五、企圖騷擾心理諮商者的當事人

在心理諮商的過程中，心理諮商者難免會遇到對於心理諮商關係界線不清楚的當事人，特別當心理諮商者與當事人為不同性別的時候。當心理諮商者感受到當事人在言詞方面有超越專業界線，或是有騷擾或騷擾的企圖時（例如：邀約心理諮商者出遊或是表達想與心理諮商者建立其他的社交關係等），心理諮商者都應該明確地表達出自己的態度，遇到有騷擾企圖的當事人則必須讓對方瞭解其言語已經造成心理諮商者的不舒服。心理諮商者可以採用「溫和而堅定」的方式告訴當事人：「我不確定是否自己對你的表達有所誤會，但是我們之間是諮商關係，任何超出

諮商關係以外的交流都是不正確的。」有些當事人在接收到心理諮商者明確的反應後，就能夠停止企圖越界或騷擾的行為傾向，但是如果遇到比較難纏的當事人仍然想進一步的測試時，心理諮商者可以告知當事人，若是當事人繼續這樣的言詞，將把當事人轉介給相同性別的心理諮商者，但是要特別強調的是，心理諮商者的拒絕是因為當事人的行為，而非當事人本身。

▌第五節　面對不同情緒困擾的實務心理諮商技巧

心理諮商的過程，當事人經常出現的心理困擾包括：心情低落、憂鬱情緒、焦慮情緒、過高壓力，以及情緒管理不佳等議題，因此，在本節中主要分別討論當事人出現這些心理困擾時，心理諮商者適合教導的步驟與使用的實務技巧（作者為吳國慶，節錄自心園心理治療所網站）。

一、如何提升低落的情緒

「心情不好怎麼辦呢？」這句話對於許多心理諮商者聽起來應該很熟悉，這是當事人來尋求心理協助常出現的口頭抱怨。一旦當事人真的心情不好，心理諮商者應告訴當事人怎麼做，才會讓心情轉好呢！或者讓心情不會再糟下去呢！

其實心情不好並非全然是一件壞事，如果遇到挫折，心情沒有不好，就像見到迎面而來的卡車，卻不會害怕的話，那後果可就不堪設想。又例如：考試失敗的心情固然不好，卻可以讓自己內省，到底自己適不適合繼續升學，還是準備課業的方法要改進呢？經過這樣的思索，才能找到讓自己勝任愉快的自我定位。所以說心情不好不見得是件壞事，不過要是心情繼續糟下去，最後演變成惡性循環，心情愈來愈差，那才真是個大問題！

一旦心情陷入愈來愈糟的惡性循環，不僅本身的表現會受到干擾，

沒法把事情做好，無法掌控心情的無力感更會傷了自尊，增添對自己的不滿意。所以，心情不好的時候，我們費心的倒不是扭轉心情，而是別讓心情惡化，繼續壞下去，變成對自己沒有好處的壞心情。只要心情不要再糟下去，心情便會反彈，開始「止跌回升」。所以當心情不好的時候，因應的重點是避免不好的心情陷入惡性循環，如此既可以享受到心情不好帶來的好處，也不用承受心情惡性循環的痛苦。

一旦知道自己心情不好的時候，接下來當事人是怎麼「因應」(coping)是很重要的！當事人的因應方式可能會讓自己的心情止跌回升，也可能讓心情無量下跌。如果當事人察覺到自己的心情愈來愈糟，就表示他一直沒能做出好的因應。底下是一些有關如何因應心情不好，不讓心情繼續糟下去的觀念與作法，可以提供心理諮商者與當事人討論此議題時的參考。不過，這些建議是一般性的參考，如果是憂鬱症、焦慮症或是創傷後的心情低落等特殊狀況，就得另當別論，那是需要專業的協助才行！

(一)給自己「心情是隨時變動的，給點時間就會轉好」的正確觀念

「人嘛！心情難免會起起伏伏」，如果有這樣的認知，當事人就比較容易接受心情不好的出現，也會預期過一會兒心情會變好，所謂「心隨境轉」，事情發生之後，帶來的衝擊便會逐漸減低，心情也會跟著轉變，所以現在也許不好受，不過待會兒就會轉好。而且這種認知也算是符合現實，因為大部分的挫折，只要給點時間都會過去的。心情不好的時候，本來就容易把事情想得太嚴肅、太複雜，如果沒有這個正確觀念，反而會拖延心情轉好的時間，自己就得多受一些不必要的情緒折磨。

(二)別慢半拍才知道自己心情不好

當心情不好，什麼「時候」做因應的重要性，不亞於採用何種有效的因應方法；早一點知道自己心情不好，因應起來總比晚些知道來得好。同樣的因應方法，在心情「有點」不好的時候做，跟心情「十分」不好

的時候做，效果卻是大大地不同，也許大家都有過經驗，有時候睡上一覺，心情就不會那麼差，不過一旦心情真的糟透了，即使想睡也睡不著，搞不好還會因為擔心睡不著，把心情搞得更糟糕。換句話說，就是要提醒當事人早點「覺察」自己的情緒不好，愈晚覺察，處理起來愈費力，效果也愈差。早一點知道心情不好，就算是喝杯咖啡、四處走走也會有不錯的幫助。心理諮商者可以鼓勵當事人找出專屬於自己的情緒指標（如：看誰都不耐煩、坐立難安……），一旦出現這些指標，就表示自己的心情不好該有所處理了。當然也可以請周遭的人提醒當事人，有些時候心情不好已經清楚地寫在自己的臉上，影響到周遭的人，可是自己卻還渾然不知。

㈢多做一些直接讓心情變好的努力，別只想著為什麼

儘管大家都知道心情不好是個「情緒」問題，可是我們總還是習慣透過處理好事情來調整情緒，而不是直接做一些調整情緒的努力。當事人遇到心情不好，總會先想「為什麼」心情不好？到底自己出了什麼問題或是遇到什麼事情，讓自己心情不好？彷彿搞清楚心情不好的原因之後，就知道該怎麼辦了。不過，一旦事情無法在當時或短時間內釐清，或是自己當時的身心狀況受到心情不好的干擾，沒法快速地理出頭緒，當事人的心情反而會因此而變得更糟。所以，不能偏廢直接讓心情變好的努力，例如：唱唱卡拉 OK、找人談談自己的心情、或者找一些簡單但花腦力的事情來做……，雖然這些方法未必有助於改變現實，卻能調節情緒。有了好的情緒，回過頭來會讓事情的處理變得更有效率。別以為追根究底、想清楚為什麼的作法就一定是對的！

㈣別讓事情繼續變糟，而不是只想著怎麼才能讓事情變好

當事人在心情不好的時候，容易衝動地做出一些重要的決定，以為這些改變可以帶來重大的轉變，「戲劇化」地把心情變好。然而，當心情

不好時，自己的心力、體力、腦力其實都比一般的狀況差，結果判斷錯誤的可能性就會大增，隨之而來的挫折，反而使得心情變得更差，因此重要的改變往往會事與願違。另外，我們每天都有一定的事物要處理，儘管心情不好也沒有特權可以全然豁免，如果因為心情不好而全部不加打理、拖延或不理會的結果也會搞壞心情。所以，即使心情不好還是要把心思放在眼前的事物，至少把幾件不處理會帶來麻煩的事，做一些安排。心理諮商者要把心力放在協助當事人能夠不要讓事情糟下去，當讓心情變得更糟的事情都被當事人掌握之後，給點時間心情自然會「止跌回升」。

㈤不快樂的事情無法少，那就多做一些快樂的事

雖然內心對事情的看法決定了自己的心情，但是，人常常是一種非常堅持的動物，總還是會堅持一些自己無法控制的因素，無法全然地開脫不好的心情，只是，這時候若還把全部的精神或注意力放在無法改變的地方，那只會徒增痛苦，最後落得自憐自艾的地步，這是好的選擇嗎？其實，心理諮商者可以鼓勵當事人多做一些快樂的事讓心情改變，即使無法減輕痛苦，至少可以增加快樂，千萬別讓自己的「固著」害了自己！

以上提供的這些方法可能無法全部適用於每一個人，不過，如果當事人能從這些建議中，學到一句自己受用的話，那就夠叫人興奮的了！一方面那樣的期待是合乎現實的，另一方面我們都是需要多一些的鼓勵，才能學會怎麼讓自己愈來愈快樂！

二、如何克服憂鬱

「憂鬱」，是每一個人或多或少都會有的情緒經驗，當一個人覺得自己面臨著無可挽回的失落或是內心的期望無法達成，憂鬱的情緒便會隨之出現。這樣的情緒雖然令人不舒服，但事實上，它卻有著幫助我們適應環境的正面功能。憂鬱情緒的正面功能有二，其一為提醒我們必須積

極地去尋求資源的協助；另一方面，憂鬱情緒告訴我們需要重新評估並調整自己內心的渴望或追求，才能配合現實環境的要求。不過這樣的功能必須是具有良好調節情緒能力的人才會具有。我們來看看下面這個例子。

魏小姐是某國中的新進老師，在她進入該校的第二學期，即被分派到一個「惡質學生」最多的班級，擔任導師的工作。她接到通知以後，心裡非常不平衡，覺得教務組的同事怎麼可以這樣欺負一個新來的老師，把大家都不想教的班級硬生生地丟給她，而且事前完全沒有和她商量過；另一方面，她也著實擔心自己沒有能力應付那群可怕的學生，接下來的日子可能會被他們整垮。魏小姐雖然有滿腹的怨恨和惶恐，卻沒有能力改變任何既定的事實，加上其他同事都只求自保，根本不可能幫助她、跟她交換班級，於是愈想心情就愈差。

這樣惡劣的心情並沒有結束，回到家以後的魏小姐依舊是悶悶不樂、板著一張臉孔躺在床上，她的先生很快就發現魏小姐不太對勁，但是也搞不清楚發生什麼狀況，小心翼翼地問了一句「怎麼了？」卻只得到魏小姐一個愛理不理、厭煩的眼神，她的先生覺得莫名其妙，認為「女人就是難搞！」決定閃得遠遠的，免得被掃到颱風尾，於是獨自到客廳看電視，不再理會魏小姐。

魏小姐就這樣躺在床上，一直想著自己被迫當「壞班」導師這件事，腦子裡出現的，不是同事間的無情無義，就是那些可怕學生可能出現的惡劣行為，心情愈來愈低落，原先還期待先生能夠多給她一些關心，沒想到先生根本不理睬她，心裡更覺得難過和失望，卻也不知如何是好，只好繼續躺在床上，任由憂鬱的情緒恣意地在她身上蔓延開來……

事實上，憂鬱的情緒並非想像中那麼難以控制的，但是如果長期下來都沒有妥善的處理，卻可能會發展成令人擔心的「憂鬱症」。接下來介

紹五個有效克服憂鬱的步驟，心理諮商者可以根據這些步驟，按部就班地教導當事人調整自己的情緒，便能夠成功地克服憂鬱情緒，不讓自己的生活籠罩一片藍色的憂鬱。

㈠先處理憂鬱情緒，再處理問題

遇到不如意的事情，便可能會出現憂鬱情緒，但是成功克服憂鬱的優先次序卻是「先處理憂鬱情緒，再處理問題」。當事人在情緒很差的狀況下，只是一味地想著所面臨的問題和困境，可能只會鑽牛角尖，反而更難找到好的解決之道。比較好的作法是：心理諮商者邀請當事人先試著做一些與解決問題無關卻可以提升自己情緒的活動，如喝喝茶、看看電視、或找人談談，宣洩一下心中的不舒服，讓自己的情緒變好。像上述例子中那位鬱卒的導師，因為只想著如何解決問題，不理會本身低落的情緒，反而讓憂鬱的情緒不斷地加深，問題反而愈難解決。

㈡發出心情不佳的訊息

出現憂鬱情緒時，請當事人一定要記得跟周遭重要的親人「發出心情不佳的訊息」。如果當事人覺得不知道怎麼做或是覺得做起來很困難，那表示當事人平常缺乏練習與準備，而不是沒有需要那樣做。因此，心理諮商者要建議當事人：「事先讓親人知道，當你情緒低落的時候有什麼表徵，以及你希望他們發現了以後怎麼做反應」。像案例中的魏小姐，她心裡期待著被先生關心，但她並沒有向先生發出「清晰」的訊息，如果魏小姐能夠清楚地告訴先生自己心情不好，希望先生能夠抱抱她、哄哄她，相信先生的體貼與安慰就能很快地幫助魏小姐改善憂鬱情緒。

㈢讓「身體活動」以提升情緒

當出現憂鬱情緒時，當事人通常最想做的就是蜷縮在角落不動，但是，這時候讓「身體活動」卻是提升情緒的不二法門，因此如何讓自己

動起來變得很重要！有兩個要點可以協助當事人自己「慢慢」動起來。第一、把期望動起來的目標（例如：由躺床改變成出去走走）分成幾個連續的等分，先鼓勵自己由簡單、容易辦到的第一步做起（如：先要求自己坐在床沿），然後再進行下一步，依此類推，出去走走便不難達成。第二、對進步過程的期望要正確，其實進步是「有進有退」，如：走五步退一步，較佳一點的表現是走十步退一步，期望自己全然只有進步是不符合真實狀況的。如果沒有正確的期待，讓自己可以一點一滴地逐步改變，最後可能只是像魏小姐一樣躺在床上懶得動，情緒只會愈來愈糟。

㈣多樣化思考問題

一旦情緒有所提升以後，才是面對問題的最恰當時機，處理問題時除了要盡力思索可能的解決方法外，也要讓自己對問題的觀點盡量多樣化、豐富化。至於，心理諮商者如何幫助當事人讓自己的思考變得富有彈性呢？不妨鼓勵當事人採取主動的態度，多多詢問其他人的觀點，特別是那些有經驗的人。以魏小姐為例，她可以去詢問一些資深的老師以吸取更多的經驗，或是多想想也許所謂的「壞學生」也有可愛的一面。

㈤重新審視自己的價值觀

「從負面的事件看出正面的價值」是人類因挫折而變得成熟的重要步驟。憂鬱情緒可以促使我們重新審視自己的價值觀與內心追求，而逐漸調整到最適合自己的狀態。藉著不斷的調整，個人與環境的「契合度」才會愈來愈高。因此，如果心理諮商者能夠幫助當事人不受憂鬱情緒影響而變得意志消沈，憂鬱的情緒其實能夠發揮正向的功能，幫助他們找到更適合自己的目標與方向。例如：當魏小姐能夠調整好自己的情緒後，她可以進一步審慎地思考：自己是否真的喜歡教職這樣一份工作，或是自己的耐心、人格特質到底適不適合當老師，然後做出正確的選擇，讓生活變得更好。

三、如何掌控焦慮

焦慮是大家共同的情緒經驗，幾乎每天都會碰得到！人類很多的成就與文明，就是在焦慮的推動下而誕生。就是因為秦始皇對匈奴的焦慮，才會有今日萬里長城的規模，少了對匈奴的焦慮，秦始皇是不會心血來潮、一時興起地去建築長城的！然而，很多人卻受苦於過高焦慮，那是一種讓人感覺像熱鍋上螞蟻的苦惱情緒，即使是一般人偶爾也會因為過高的焦慮而表現失常。對我們而言，焦慮是一個熟悉（經常聽到），但不是很瞭解（因為焦慮很抽象、很複雜），卻跟我們生活息息相關的情緒，我們跟焦慮之間的關係可以用「錯綜複雜」來形容。究竟如何掌控焦慮情緒，可以分為下列幾個步驟：

㈠一切從覺察焦慮反應開始

由於「焦慮」是一個抽象的名詞，一時難以具象地瞭解。通常，我們都是透過覺察焦慮出現當時的各種身心變化，來判斷自己是不是焦慮，這些身心變化就稱為「焦慮反應」。判斷別人是否焦慮的方式，也同樣是透過觀察對方是否出現焦慮反應。那麼焦慮反應包括哪些身心變化呢？「焦慮反應」包括了身體、行動與想法上等三方面的變化。以下即為常見代表焦慮反應的變化，心理諮商者在與當事人討論時需要把它們說得比較具體、清楚，同時也請當事人自我回顧一番，這些反應是不是當事人所熟悉的！

1.身體上的變化。這些變化包括：顫抖、冒汗、腳軟、頭暈、胃漲、肌肉緊繃、呼吸急促、心悸、甚至視線模糊等等。

2.行動上的變化。這些變化包括：坐立難安、四處走動、逃離現場、咬指甲、搓手、一直吃東西、喋喋不休等等。

3.想法上的變化。這些變化包括：擔憂事情會變糟、擔憂自己無法處理、一再地負面思考等等。

　　所以當事人若覺得肩膀肌肉緊繃、胃腸蠕動快速、猛吃東西卻又喋喋不休，而且滿腦子對自己能力懷疑時，可能正處在焦慮中喔！一般而言，透過覺察這些焦慮反應，我們便能瞭解自己正處於焦慮，接下來才能開始對自己的焦慮反應做一些處理！否則，若無法覺察自己的焦慮反應，就不會去做適當的焦慮控制，即使學得世界上最棒的焦慮控制技巧，也是枉然！這是心理諮商者與當事人討論的第一個重要概念。

　　在察覺焦慮反應的過程中，心理諮商者要特意留意的是：當事人的個性是否偏向於奉「成就至上、競爭第一」為圭臬的「A型性格」者。所謂「A型性格」(Type A personality) 者是指平常只關心眼前的工作進度，對自己身體的變化向來很少理會，這樣的人也許 IQ 很高、學習能力很強，但是在覺察自己情緒反應的表現卻是一級差，是學習覺察焦慮反應的負面教材！另外，有些人雖然可以發現自己部分的焦慮反應，卻不知道那代表自己正處在焦慮的情緒中，這有點像一般所說的「情緒文盲」。舉個例子：有位先生因為擔心收帳的過程，對方會用盡辦法、刻意刁難，所以就焦慮起來，由於這位先生不曉得自己正在焦慮，所以還很納悶為什麼陰涼的下雨天，自己的汗衫竟然會溼透！甚至還懷疑自己的體溫調解功能是不是出了毛病！

　　當上述這些情況發生時，心理諮商者必須花費更多的精力，與當事人討論察覺自己情緒反應的重要性，當事人有意願調整自己的個性且願意重視自己的情緒，才能成功地且敏銳地察覺自己的焦慮反應。

㈡解讀自己的焦慮反應

　　發燒到四十度代表生病了，那麼出現焦慮代表什麼意義呢？從心理學的觀點，焦慮代表一種訊號，表示人們內心認為（內心判斷）「有危險要來了！」就像大樓的火災警報的功能，警報一旦響起，就表示某個地方出現「危險」的火災。例如：下禮拜學校舉行期中考，小明「內心認為」自己可能會考糟，一旦考糟，就會被全班嘲笑，非常丟臉。由於小明「內

心判斷」考試的來臨是一個證實「自己是差勁」的機會，對自己危害甚大、深具威脅，所以才會對期中考感到焦慮！由於焦慮反應決定於「內心判斷」的結果，會因為每個人「內心判斷」的不同而出現個別差異，如果小明「內心預期」參加期中考，自己有信心考好，而且會因此而上司令臺領獎，這樣的判斷結果一點威脅感都沒有，就不會出現焦慮反應。因此，當事人察覺到焦慮反應以後，心理諮商者要與當事人進一步討論的是：當事人究竟出現了哪些認知評估或心理判斷？包括兩個部分：

1.當事人如何判斷外界環境的威脅度。心理諮商者鼓勵當事人仔細探討自己對於所處環境的內在判斷，認真思考自己擔心會出現哪些危及性命、健康或自尊的危險，並進一步分析自己的擔憂是否合乎現實。

2.當事人如何評估自己因應外界環境的能力。包括：當事人認為自己有多少的能力處理外界的環境要求；除了自己的力量以外，還擁有哪些外在資源能夠協助自己處理外界環境，以及這些外在資源是否容易獲得；當事人是否因為罪惡感（害怕找人幫忙增加別人的麻煩）或羞恥感（擔心找人幫忙代表低人一等）而不敢向外界主動求援。

透過此兩個部分的充分討論，能夠幫助當事人更瞭解自己出現焦慮反應的源由，能夠提高掌握焦慮的控制感。

㈢認識真正的敵人——過高焦慮反應

「焦慮」雖然是不舒服的情緒，但是它對我們的生活適應卻有很大的貢獻。怎麼會這麼說呢？因為遇到危險的時候，焦慮出現就是為了提醒當事人要有妥善的應對，以避免可能的傷害或危險。看見迎面衝出的汽車，竄升的焦慮就是要自己做出自我保護的適當反應（例如：閃開車子，別讓車子真的撞傷了你！）。試想要是每個過馬路的人都不會焦慮，那麼結果想必是車禍頻傳，後果真是不堪設想！當我們看到三歲的小朋友突然跑到車水馬龍的大馬路上，心中不免要焦慮起來，焦慮的出現是因為嗅到有危險出現（小朋友可能會被車撞上），想要有所應對以避免發

生危險，相對地，就是因為小朋友不會焦慮，所以才會跑到馬路上，讓自己陷入可能危害生命的處境。所以焦慮的情緒其實是有促使個體早做準備以應對危險的重要功能，人們要是少了焦慮情緒，這世界不知道要變成什麼樣子喔!

　　既然焦慮對我們有相當的好處，怎麼會說要去「掌控焦慮」呢?「掌控焦慮」這句話似乎意涵著焦慮不是什麼好東西，需要加以管束一番、免得它坐大危害! 其實，適度的焦慮反而可以增進表現，但是，如果焦慮反應過於強烈，或是焦慮反應持續過久，就會干擾我們的表現，影響到我們的生活品質，這時候的焦慮反應就需要加以處理。所以，我們要面對的、要處理的是「過高焦慮」，而不是降低所有的焦慮，讓自己變成一個不會焦慮的人。在辨識過高焦慮的過程，都會提到「過高焦慮」具有「不成比例」的特點，意思是說，在引發焦慮的情境下，焦慮反應的強度遠高於實際可能帶來的危害程度，就像遇到芝麻小事卻出現大驚小怪的強烈反應。如果周遭的人常會說我們「太緊張」，「把事情想得太糟了」，那麼去澄清對方的看法，評估一下自己對有壓力的事情是不是出現「不成比例」的反應是需要的。

　　一般而言，過高焦慮造成的不舒服包括: 緊張不安、無故地恐懼害怕、時常頭疼、頸酸、胃痛、不易入睡、容易做惡夢等，此外，過高焦慮也可能會以重複洗手、極度畏懼某種物體、恐慌發作等方式出現。心理諮商者可以藉由讓當事人填寫下列的「自我檢查表」，來幫助當事人獲得更進一步的瞭解。

練習作業

● 簡易的焦慮自我檢查表

如果 9 題中超過 5 題勾選符合的話，你就需要關心自己是否有過度焦慮的問題

□ 1.我近來比較容易緊張和焦慮

□ 2.我覺得快要崩潰

　□ 3.我覺得體力虛弱，很容易疲倦

　□ 4.我的呼吸經常不順，有時會喘不過氣來

　□ 5.我覺得胃痛，消化不良

　□ 6.我常感到自己無法把事情處理好

　□ 7.我經常感到自己的心跳加速

　□ 8.我很容易煩躁，心很難定下來

　□ 9.我常會無緣無故地害怕起來

㈣瞭解人際互動中也會出現過高焦慮

　　過高焦慮不僅會造成身體不適的症狀，也會出現在人與人的互動過程。假設我們在女孩子面前講話會過度焦慮，不僅當時會結結巴巴、荒腔走板，事後也會因為擔心自己將再度表現失常，就會「迴避」跟女孩子接觸的機會，免得痛苦再現。萬一真的迴避不了，只好硬著頭皮挺下去，草草結束、落荒而逃是想當然爾的結果！最後每天落得形單影隻的，好不孤單啊！心中實在是很痛苦！過高焦慮妨礙了自己親密需求的滿足。除了剛剛所提「焦慮與異性交談」的例子外，過高焦慮還會發生在其他的人際互動之中，妨礙了許多心中渴望的滿足，例如：

　　§ 欣喜若狂地相愛，但是當兩人愈是接近的時候，快樂的感覺愈來
　　　愈淡，繼之而起的是想要疏遠的衝動……抑或不知不覺開始做萬
　　　一結束的準備。

　　§ 當別人的要求讓我們感到不舒服，想要有所反應時卻做不出來
　　　……可是愈想要有反應，心理就愈緊張！

　　§ 渴望獲得眾人的認同與稱讚，可是一旦別人真的稱讚你的時候，
　　　心中反而不知為何不安起來，急著轉移話題！

§平常習慣了為別人忙碌、在意別人的日子，有一天開始為自己做了一些事，卻有點擔心自己會不會太享受了，而開始有罪惡感！

這些發生在人際互動的過高焦慮並不罕見，也常帶給我們許多的不快樂！不過換個角度想，其實這些人際的過高焦慮反應正是通往「自我瞭解」的大門，心理諮商者如果能夠帶領當事人去探索這些人際互動的過高焦慮，當事人就有機會看到自己內心的渴望、不自覺的擔憂、潛藏的感受以及慣用的應對方式，對於當事人的「自我成長」是有很大的幫助！

四、如何做好壓力管理

筆者在指導大家學習壓力處理的過程中發現，大部分的人其實都能很快地學會「紓解壓力」的技巧，包括：肌肉放鬆法、轉移注意力或改變對壓力事件的心理評估等，有趣的是：即使大家一樣都學會了這些技巧，但是「學會減壓的技巧」對每個人往後的受益度卻有天壤之別。有些人學會了以後確實能應用在自己身上，有些人卻只是把這些技巧擺在一旁，無法和自己的生活結合。您認為什麼原因會造成這樣的差異呢？除了學會紓解壓力的技巧外，究竟還有什麼因素影響著成功的壓力紓解呢？

事實上，能夠「隨時注意到自己的壓力變化、隨時做壓力的調整」，的確不是一件那麼容易的事，但是這樣的態度和習慣卻是能夠幫助自己持續成功紓解壓力所不可或缺的條件。想要達到「成功紓解壓力」，除了減壓技巧外，還需具備一些基本條件，筆者將之稱為成功紓解壓力的「必備條件」，並將這些基本條件整理成以下五大項目，心理諮商者在帶領當事人進行壓力紓解時，可以和當事人逐一進行評估。

(一)當事人覺得壓力管理是一件重要的事嗎？

當事人覺得「壓力管理」真正有需要時，才會有足夠的動機學習減壓技巧，而且持續地練習、使用。實務的工作經驗中，筆者遇到兩類的人，有些人感受到壓力管理對他們的重要性，不想讓過高壓力的痛苦生活繼續下去，因此下定決心要有所改變；另外一些人則是把「壓力管理」當成一件應急的工具，非得在自己已經壓力負荷過量的時候，才願意紓解自己的壓力；甚至還有一些人是被迫去學習「壓力管理」，心不甘情不願地來學，課程結束了，也跟著向壓力管理的知識與技巧說再見！心理諮商者需要邀請當事人先評估，自己是上述哪一類的人。

㈡當事人能夠敏銳地察覺自己壓力的高低變化嗎？

能夠敏銳地覺察自己壓力的高低，才能在自己最需要紓解壓力的時候幫助自己。事實上，每個人最容易出現的壓力指標都不盡相同，有些人壓力高時會有腹瀉、頭痛等生理指標；有些人則會變得急躁不安，甚至是罵小孩的次數會增加。如果當事人平時能多注意自己的生理或心理變化，就能洞察自己壓力的高低，並且在最適當的時機，「壓力有點大又不至於太大」的時候，做出好的調整。所以，當事人是否能夠或是願意花費精力隨時觀察自己的壓力變化，將會是能否做好壓力管理的重要關鍵。

㈢當事人瞭解紓解壓力的努力重點嗎？

「紓解壓力」的努力重點在於改變自己「內在心理對壓力事件的看法」，同樣是「結婚」，有人是迫不及待、躍躍欲試，但是有人卻視之為洪水猛獸、避之惟恐不及！因此，一個人是否常常有「檢視自己在壓力狀況下想法」的習慣是一件重要的事。通常，當感受到過高壓力時，當事人可能犯了一些看待事情上的錯誤，包括：誇大壓力事件的嚴重性（例如：考試考壞了就會被別人唾棄）、低估自己處理的能力（例如：我對事情的改變一點都使不上力），以及低估身旁可以運用的資源和支持系統

（例如：周遭沒人可以幫得了我或總覺得不能麻煩別人而獨力面對）。有的時候，個體的錯誤看法一旦持續久了，就會錯得很自然、很理直氣壯，除非有機會協助當事人看到自己是如何看待事情，不然不容易發現自己常犯的想法錯誤。

㈣當事人知道自己有哪些干擾壓力紓解的衝動反應嗎？

遇到壓力時，心中的衝動反應往往會干擾壓力紓解，一般人最容易出現的衝動想法就是：「事情都做不完，哪有時間紓解壓力？」或是「休息就會覺得自己很偷懶、出現罪惡感！」但是，當事人在壓力過高的狀態下硬撐、硬幹，往往只是徒勞無功，嚴重影響表現。因此，心理諮商者能夠幫助當事人察覺並延宕衝動反應，是一項重要的能力培養。

㈤當事人對壓力紓解的成果是否有正確的預期？

從大部分的人學習壓力紓解的成效來歸納，筆者發現：學習壓力紓解所獲得的成果在剛開始是比較緩慢的，而且需要比較多的練習和調整，再來便像是倒吃甘蔗、漸入佳境。因此，心理諮商者要讓當事人建立正確的成果預期，有正確的進步預期才不會在學習壓力管理的初期，因為無法感受到明顯的進步而提早放棄、半途而廢。如此一來，當事人就永遠等不到春天的到來了！

五、如何擁有優質情緒（如何做好情緒管理）

有個故事，內容是這麼說的：

大明是一個有志氣、好修行的年輕人，為了求得人生的真諦，便四處遍訪名師。有一天，大明來到了一座仙氣裊裊的大山，經松下問童子，得知前方有大師，便急忙趕去參謁，經過一番心靈對談，大明心中雀躍不已。末了，大明問大師：「一月動情（即心中起了情緒

波瀾）幾次？」大師答：「三次！」聽畢，大明心中無限感佩，甚為稱讚，此時大師卻面有難色地回應：「一月雖動情三次，但每次仍達十日，尚須修練！」

　　從故事裡大明對大師一個月動情三次的感佩中，清楚地看見大明對生活出現情緒波瀾的期待，大明認為不論外在環境有什麼的變化，心中都不會因此而出現情緒的波瀾，最好能不動情。這時候大明認為「不動情」就等同「優質的情緒」或「高 EQ」。其實，筆者對這種優質情緒的信念並不陌生，甚至在年輕的時候也常常以此為師，遇到事情的時候，總是想把自己塑造成一副不動聲色、情緒內斂的樣子。不過，這時候真想問問大家，我們的優質情緒或高 EQ 的信念是什麼？我們心目中優質情緒的人到底是什麼模樣呢？是跟大明一樣的「不動情」，還是另有見解呢？

　　搞清楚心中「優質情緒」的信念是挺重要的一件事！認定的優質情緒信念不僅引導我們學習情緒管理的努力方向，也會成為評價自己表現的重要參考；換句話說，如果我們的優質情緒的信念如同大明一樣，那麼我們會盡量要求自己變成一個不容易出現情緒波動的人，盡可能在各種狀況下收斂情緒、不輕易地表露情緒，一旦見到自己情緒起伏較大，免不了要責備自己，認為自己做得不夠好。身為心理諮商工作者的你（妳）贊同這樣的信念嗎？這樣的信念到底符不符合現實呢？筆者對「不動情」的信念是有一些質疑的，認為「不動情」的信念是需要有所調整。

　　每一種情緒都有它存在的價值，只要情緒不要「過度控制」或「失去控制」的話，情緒就能幫助我們適應得好，例如：大卡車正迎面而來，你（妳）覺得「動情」（出現焦慮害怕的情緒）還是「不動情」對你（妳）比較好呢？如果你（妳）真的不動情（不害怕、焦慮），那我很擔心你（妳）的安危，不曉得明天能否見到你（妳）。要是有人欺負你（妳），不適度地表現出生氣的情緒，無異是在鼓勵對方繼續欺負你（妳）。如果考試得

了一百分，也要不動情，不能感到快樂，那麼誰還會願意努力課業呢？所以，「不動情」顯然與情緒本身的功能不符，不是一個對自己有利的期待！

在提出筆者所認為的「優質情緒」內涵為何之前，先來描述「情緒」本身的特徵，其特徵有底下兩點：

㈠情緒的強度與先天的氣質有關

如果有機會站在嬰兒房，靜靜地觀察這些剛到世間報到的小生命，你（妳）會發現每個嬰兒的行為或反應都不太一樣，有些小朋友安靜的像個小紳士，可是有些卻活蹦亂跳像個運動家，手舞足蹈不歇息；另外有些小嬰兒會被你（妳）的舉動所吸引，可是有些卻對你（妳）的動作視若無睹……。其實每個人生下來便有一些行為傾向上的差異，這些與生俱來的個別差異，心理學稱為「氣質」。就像有些人生下來神經就比較粗，環境刺激的影響比較小，可是有些人就恰好相反，神經纖細如髮，稍有風吹草動便有反應，而且久久不能自已！然而這種與生俱來的差異不是後天可以全然逆轉的，對於生性敏感的當事人，要求他們跟不敏感的人一樣「不動情」，豈不是悖離人性、強人所難嗎？所以，鼓勵生性敏感的當事人抱持「不動情」的信念，無異是忽略個別差異，要求對方做出超過能力的事！

㈡情緒的變化與後天的環境有關

此外，情緒的出現與生活的際遇也是息息相關，發生在生活上的事隨時都會牽動我們的情緒。然而，每個人的處境與人生遭遇不盡相同，有些人一生平順、無憂無慮，達到「不動情」也許不是件困難的事，但是有些人卻命運多舛、處境窘迫，要「不動情」顯然大有困難。一輩子遇到不順遂的事愈多，當然牽動的負面情緒也愈多，這時候還期待繼續堅持「不動情」，可不是不近人情，缺乏同理心嗎？

舉個例子來說，筆者曾經遇到一位神情哀戚的母親，陪著唯一的兒子來就醫，他的孩子當兵時發病，經診斷為精神分裂症。在跟母親談話的過程，筆者才逐漸瞭解她的人生際遇。因為身為貧困家庭的長女，她犧牲了自己的青春與受教育的機會，幫忙雙親把年幼的弟妹拉拔長大，她把希望寄託在自己未來的家，所以她刻意選了一個老實人嫁了，想過自己的日子。怎曉得婚後原先忠厚老實的先生學會了喝酒與賭博，最後變本加厲甚至對妻兒動粗，她忍氣吞聲、含辛茹苦地把唯一的兒子撫養成人，本想寄望長大成人的兒子，如今兒子卻罹患精神病，原先的希望大概又要落空，唉！真是一生坎坷啊！遇到這樣的處境當然會有許多負面的情緒，我們怎麼好請這位遭受命運作弄的老人家要「不動情」呢？更何況人生的許多際遇不是我們所能逆料與掌握的！期待自己「不動情」顯然難以達成！

其實，大多數的我們都是平凡的芸芸眾生，絕難達到那種「不動情」的修持，期待大家都朝著同樣的「樣版」努力，恐怕很多的人都會難以達到，如果還一味堅持，沒有任何的彈性，想來許多人的情緒會因這種挫敗而更加抑鬱，到那時這種「不動情」的期待還稱得上是一件好事嗎？如果信奉不切實際的優質情緒信念，學習情緒管理的過程，便可能是一趟「自我挫敗」之旅。所以，如果不把自己內心優質情緒的定義搞清楚，只是一味地拼命學習情緒管理的技巧，好比是走錯路、入錯行一般，白走了冤枉路，最後吃虧的還是自己啊！

前面敘述的種種，顯然告訴我們，「不動情」的信念並不適當，那麼「好的優質情緒信念」又該怎麼定義呢？筆者把優質情緒定義成「正向（愉悅）的情緒可以維持得久；負向（不愉悅）的情緒轉變得快」。這樣的定義表示，一旦出現情緒，當事人能讓愉悅的情緒維持久一點，不讓愉悅的情緒過快消失，而不愉悅的情緒轉變快一點，別讓不愉悅的情緒困擾自己太久，那麼當事人就是一個具備優質情緒的人。這樣的定義也告訴我們，當事人透過這樣的觀念學習後，就用不著因為遇到事情心情

不好，或因為比別人更容易出現負向情緒而責備自己，氣自己表現不好或努力不夠，只要當事人出現的負面情緒可以快一點轉變，那就是優質情緒的表現。

相同地，對於「正向情緒」，通常我們共同面臨的問題是正向的情緒持續過短，而不是「過度」。我們的文化向來是比較抑制正向的情緒的，從一些常見的成語就可以略窺一二，例如說：「樂極生悲」、「生於憂患，死於安樂」、「勝不驕」等等，這些觀念在潛移默化、不知不覺中使得我們正向的情緒容易短命或夭折，可是認真努力做事卻不能心安理得地享受快樂的感受，這不是挺奇怪的嗎？好像讓自己正向的情緒持續得久一點，是不應該的，對別人有虧欠似的。長期抑制正向情緒的結果不僅是快樂的感受變少了，最後還會連怎麼才能快樂都有困難。

「正向（愉悅）的情緒可以維持得久；負向（不愉悅）的情緒轉變得快」的優質情緒，不僅符合個別差異，也是一種自己與自己比賽的定義，你（妳）要比較的對象是自己不是別人，如果你（妳）發現，近日的負向情緒轉變的速度比之前來得快，正向的情緒持續的時間比先前來得久，這肯定就是優質情緒的表現，不必盯著自己的情緒，提防自己出現情緒變化。

豐富的情緒變化也許是上帝給人類的一種賞賜，讓我們能有一個多采多姿的彩色人生。在這樣的優質情緒的定義下，我們便可以更接納自己、更切合現實地學習情緒管理的知識與技巧，而且在學習的過程更容易清楚地看到自己的進步，並且獎勵自己。總而言之，就是希望「快樂地學習，且因學習而快樂」。

第六章
心理諮商的歷程分析

　　心理諮商過程的時間長短，因為求助的目的（危機處理還是改變個性）、心理諮商者的訓練背景與能力（認知行為取向抑或人際動力取向），甚至是現實環境的變化（會談過程當事人是否遭逢一連串的生活變動，如親人過世、失業或婚姻狀態改變）等因素的不同，而有所差異。心理諮商歷程也是心理諮商者與當事人的人際互動過程，雖然心理諮商者的角色是「助人者」，但是整個心理諮商的過程，其實是雙方相互影響。實務上，心理諮商者也經常藉由當事人的反應與回饋，作為進行心理諮商的重要判斷參考，而不只是「按圖索驥」地執行心理諮商計畫，因此，心理諮商歷程的分析，對於指導心理諮商的方向，諮商過程中當事人行為的預測與理解，有著相當大的幫助。

　　「心理諮商歷程」本身具有脈絡性，循序漸進地依著一定的階段，推展著心理諮商關係，當事人也在這過程中逐步獲得改變。

　　心理諮商歷程可以定義成：追求「趨避衝突」人際關係的平衡過程。追求「趨避衝突」人際關係的平衡過程中，當事人不斷地承受焦慮、控制焦慮，獲致對自己行為的新領悟 (insight)，學習新的人際互動行為，並因此而獲得高度的自我接納與滿意的人際關係（滿足愉快的情緒）。逃離心理諮商關係通常是「趨避衝突」失衡的結果，當事人無法在該階段的諮商歷程，承受焦慮與成功控制焦慮。這樣的觀點，特別強調自我的功能，藉由自我的強壯來達到「平衡」，以及掌握自己的人生。下圖即為心

理諮商歷程當事人的趨避衝突。

▼心理諮商歷程當事人的趨避衝突

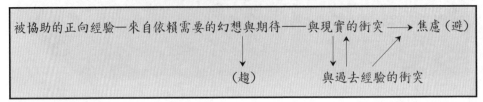

依照時間向度上的先後次序，將心理諮商歷程區分成以下的五個階段：

㈠階段一：減低當下痛苦結果的平衡（當事人的配合改變與痛苦減低的平衡）

受痛苦情緒的驅使，當事人努力地配合心理諮商者的指導，以期減低痛苦情緒，並因此而建立諮商關係。當事人為求改變，必要的配合所需付出的代價（如：適應不確定的新關係、增加的諮商費用支出、調整作息時間配合諮商等等）與減低痛苦的效果之間的平衡，決定了諮商關係的存續與否（如果當事人無法持續配合或痛苦減低效果不佳，將使諮商關係走向結束）。

㈡階段二：發展緊密人際關係的平衡（適應新的緊密關係與正向期待之間的平衡）

一旦求助的痛苦下降，建立諮商關係的動力也隨之改變。當事人原有的人際模式，可能排斥延續第一階段新的緊密關係，即當事人原有的人際關係模式可能復辟，面臨適應新關係的壓力，逃離關係是可能的選擇。來自被有效協助所引發的正向期待，也同時是決定諮商關係存續的重要因素（如果當事人沒準備要改變、合作的關係引發的焦慮過高，或

是有效協助引發的期待有限，諮商關係可能走向結束或停滯在其他的平衡點，如：成為一個乖巧的當事人)。

㈢階段三：來自幻想的期待與現實之間衝突的平衡

來自有效協助的正向期待持續地發酵，當事人不斷地透過「幻想」與心理諮商者的關係，獲得內在需求的滿足，而每次與心理諮商者見面的會談成了當事人內在幻想滿足的催化劑與增強物。幻想漸漸轉變成對心理諮商者的各種期待、甚至是要求，這些來自幻想的期待與現實之間的扞格，挫折了當事人內在需求的滿足，引發了焦慮與失望，影響了關係的存續與關係的複雜程度（愛恨交織、依賴與被拋棄）。此時，當事人可能選擇心理防衛降低焦慮或（和）調整對心理諮商者的期待以維持諮商關係，避免失去依賴。個案也可能選擇逃離諮商關係來減低焦慮，當然也可能擺盪在失去依賴與減低來自現實挫折焦慮的衝突中，衍生更多複雜的心理運作與強烈的負向情緒。

㈣階段四：來自依賴的衝突經驗與害怕失去依賴之間的平衡

來自有效協助的正向期待與幻想，雖然能夠短暫滿足當事人內在的心理需要，但總會遭到現實扞格的挫敗。不僅如此，基於幻想與期待形成的依賴關係，同時也會喚起當事人過去依賴的痛苦或衝突經驗，為了避免重蹈過去依賴痛苦的覆轍，強烈的焦慮壓制著對心理諮商者的期待，試圖降低甚至擺脫對心理諮商者的依賴，不過這樣的企圖同樣也會引起失去依賴的焦慮，於是當事人陷入重蹈過去依賴痛苦處境與失去依賴的衝突中。混合著來自現實挫折的衝突，以及各種的因應衝突的方式（討好、被動等待或與心理諮商者競爭），將投射在諮商關係，呈現出強烈情緒與複雜心理運作的人際歷程。

㈤階段五：追求正向自我與穩定的負向自我衝突的平衡

在當事人逐漸覺察自己的內在衝突，並解決內在衝突的過程中，當事人逐漸與心理諮商者建立適應性高的人際模式來獲得內在需求的滿足，這種過程，改變了當事人對心理諮商者的概念，同時當事人也持續地調整自己內在的自我概念與信念，然而模糊、不確定的正向自我，總與熟悉、明確的負向自我衝突。正向自我與負向自我的消長決定了正向自我的鞏固程度。

本章的篇幅針對前述的五個階段進行詳細的說明；此外，為了達到容易瞭解，筆者在文中加入實例的說明，以期讀者更能真實地體會，各個不同心理諮商歷程的變化。依照時間向度上的先後次序，將心理諮商歷程區分成以下的五個階段：

第一節　階段一：減低當下痛苦結果的平衡（當事人的配合改變與痛苦減低的平衡）

一、痛苦情緒驅動求助行為

通常當事人都是以「呈現遭遇問題」的方式來求助，而在初次的評估性晤談時，心理諮商者也常用「你（妳）遭遇到什麼困擾或問題?」來開啟雙方的互動；似乎存在「求助的問題」，成為諮商關係建立的前提。

幫助當事人面對求助問題，獲得良好的解決當然是協助的重點；但實際上，當事人求助當時的「情緒狀態」，卻是影響出現求助行為的重要動機性因素。當事人在問題情境下所感受的負向的情緒（如：焦慮、憂鬱、生氣等等），一般統稱為「痛苦」，會促使個體尋求協助，以降低負向情緒的強度（減低痛苦）。換言之，大部分的當事人都是因為心裡的痛苦，以解決問題為訴求，而接觸心理諮商者。負向情緒（痛苦）把當事

人推向諮商室，也讓當事人給自己機會，願意向多半是陌生的心理諮商者求助。負向的情緒（痛苦）既是當事人面臨困境不成功因應的結果，也是推動當事人繼續尋求改變的動力 (motive)。

二、痛苦情緒背後的改變契機

　　驅使求助專業幫忙的痛苦情緒，對當事人而言，雖然非常難以承受，但是也算是當事人人生改變的契機。儘管當事人原先的人際行為模式或情緒壓力因應方式是不健康的（通常是自我挫敗與挫敗他人），但是透過心理防衛機制的扭曲現實或是逃避壓力的運用，當事人可以在某段時間內達到一定的「內在平衡」，在「內在平衡」持續維持的狀態下，當事人是缺乏改變的動機的；換句話說，雖然心理諮商者或周遭關心的人發現當事人的問題，想要對當事人有所幫忙，然而得不到當事人願意改變的呼應，而且耗盡所有協助方法的協助者，將經驗到不斷挫折結果的強烈無力感，協助者甚至需要採用「遠離」當事人的方式（不再如同之前一般的投入與協助當事人），來因應強烈的無力感，最後，現實上缺乏足夠支持系統的當事人，不僅因此失去協助的資源，協助者「遠離」的反應也成了當事人「負向自我」（我果然是不討人喜歡，別人最後還是會離開我）與「人際無法信任」（我不能輕易地相信別人，別人會因為各種因素而離開我，不會因為我做什麼改變）的再度自我驗證。

　　面對這種困境，心理諮商者需要的是處理內在的挫折，維持與當事人合理的諮商關係。往往需要等待當事人失去內在平衡（也許是發生重大生活事件的促發），在痛苦情緒的驅使之下，暫時停擺的防衛機制與逃避反應，提供當事人一個接受別人協助，進而信任他人的機會，開啟新的人際互動經驗的契機。

● 例子：拒學的小麗

　　小麗自從國小三年級之後，就很期望已經改嫁的母親回家陪她，但

諮商理論與技術

母親的經常性爽約令她很傷心失望，小麗表示哥哥目前已經中輟，也跟自己一樣，希望媽媽回來關心他們。小麗早知道母親不會陪她來參加今天的會談，但仍抱著期待，希望母親臨時能趕來。

其實小麗跟母親的相處並不如想像中好，輔導老師指出母親多次對小麗當眾指責，小麗的反應只是一臉木然，而且小麗的母親傾向以物質彌補對小麗的愧疚，例如送很貴的手機，來修復兩人的關係。

小麗表示自己不上學基於兩個原因，分別為對母親失望及不被同儕接納。小麗在班上的人際關係並不好，受到班上同學的排斥，例如上課的電腦被霸占、同學說她壞話，她也擔心別班同學對她的印象不好。小麗傾向以逃避的方式面對挫折，對於同學的誤會，自己不主動澄清，例如音樂課座位旁邊的女生總是捉弄小麗，使她非常尷尬，無法處理的小麗選擇了不去學校；音樂老師對自己的誤會（由於上述女同學的捉弄），小麗也不想向老師說明；她生氣母親爽約，會掛母親的電話，但願意和母親修復關係……。小麗目前要好的同學，同時也是班上較弱勢的學生。

小麗雖然理智上理解老師的關愛，但總是感到壓力。輔導老師及導師曾主動邀請小麗參加家庭活動，但因為小麗的興趣不高，最後總是不了了之。老師甚至為了維持小麗持續上學的行為，還曾經上下課接送她，但目前小麗也拒絕了老師的好意。小麗提到導師曾經有一次單獨留下她指導功課，之後再載她回家，這次的經驗很快樂，反應小麗內心的期待「擁有母親形式」的關愛。

小麗堅持自己目前不需要他人的幫助。小麗自述期望現況不要變動就好，認為目前的人際困境，上了國中會好轉；也認為自己上國中要好好唸書。小麗也希望老師不要再傳簡訊給母親，不要再跟母親提到自己目前的人際關係。

由於師長們的關心讓小麗維持暫時的內在平衡，也因此讓她選擇了以往迴避相信別人的負向關係。因此，「也許」小麗的改變需要在下一次重大事件發生，那是內心再度失去平衡，急需要關心的時刻。

三、求助的趨避衝突

在痛苦的驅使下當事人接觸到了心理諮商者，與心理諮商者互動之後，藉由心理諮商者專業的介入，當事人獲得需要的協助，原先的痛苦情緒也有了改善；在同一時刻，與心理諮商者形成的關係也會影響當事人（當事人要向陌生或不熟悉的心理諮商者傾訴心裡的私密、高度注意心理諮商者反應的負擔、考慮接受心理諮商者的指導、諮商需要高額的花費等種種變化），成為另一股壓力的來源，帶來另一種情緒的負擔。在初期的諮商關係尚未穩固之前，原先前來求助的痛苦與適應諮商關係的情緒負擔之間的平衡結果，決定了諮商關係的延續與否以及延續的方式（穩定持續或斷續晤談）。

特別是對於向來缺乏足夠「信任」他人經驗的當事人，向心理諮商者傾訴自己的困難，表露依賴協助的需要，可能引發比原先求助痛苦更強烈的內在負向情緒（通常是焦慮），如果無法控制這股強烈的焦慮，當事人選擇以逃離的方式來面對這種趨避衝突 (approach-avoidance conflict) 的可能性便會增高，接下來發生的便是停止會談、中斷諮商關係，這種現象常見於求助問題是長期性或是自覺的痛苦感較低的當事人身上。

如果心理諮商者在初步接案的過程，敏銳的臨床敏感度發現面對的是一位四處遊走 (doctor shopping) 的資深當事人，或是在初次會談的過程，當事人抗拒你（妳）對他（她）情緒感受的同理，認為自己狀況沒那麼糟糕，這時候，心理諮商者便需要意識到，必須對當事人持續會談的意願有所處理，避免當事人鞏固逃離會談的決定，以致危及諮商關係的建立。

底下是一位對心理諮商者的協助心存懷疑的當事人，心中充滿不確定的李小姐，最後以逃離的方式來處理，因為不相信心理諮商者所產生的強烈焦慮。

● 例子：他幫得了我嗎？

　　李小姐對於家人長期對她過度干涉，感到相當的生氣。即使都已經結婚了，還是把她當成小孩來看待，總是以苦勸、訓誡、指導的方式來要求她。講不過他們的李小姐，只能裝聾作啞地不理會他們，萬般忍耐地等他們把話說完，萬一忍不住頂了幾句，就又會遭來一頓難以招架的「苦勸」，萬般痛苦卻也無可奈何，實在令李小姐感到挫折失望。捱上一段時間，經過一番心裡的掙扎，李小姐終於決定尋求心理諮商者的幫忙。

　　會談的過程中，李小姐信誓旦旦地跟心理諮商者表示，自己已經思考了很久，一定要終結這種跟家人的痛苦關係，可是談完之後的幾天，李小姐心理起了變化，開始不確定與疑慮跟她會談的心理諮商者是不是幫得了她？開始懷疑自己的問題不是心理諮商者的專長，也開始考慮下一次的會談還要不要去？

　　約定會談的當天，李小姐覺得自己好疲倦，因此在接近會談的時間，撥了電話取消了會談，也籠統地向心理諮商者表示，下個月會再打電話來另約會談時間。不過，已經過了半年，李小姐始終沒與心理諮商者聯絡。

　　儘管李小姐對家人的束縛感到痛苦無奈，但是緊密又排外性很強的親子關係，也讓當事人無法建立新的諮商關係，最後，李小姐還是回到讓自己一再矛盾痛苦的緊密關係中。

四、減低當下痛苦的協助（情緒層面的協助與困擾問題的解決合作）

　　當事人尋求我們的幫忙，無非就是要盡快減低當下的痛苦，因此，心理諮商者便要透過情緒層面的協助與問題解決的合作，滿足當事人當時殷切的需要。

此外，當事人的情緒狀態，直接影響問題解決的表現，所以有些當事人，一旦情緒的干擾下降，解決問題或自我調整的能力就會跟著改善，問題也會很快地迎刃而解。因此，除了對求助問題做出必要的處理（因應）協助，心理諮商者同時也要協助當事人調適本身的負向情緒。此外，成功的情緒調適也會增加當事人對心理諮商者的信任與依賴，有助於諮商關係的存續，諮商關係如果無法存續，無論心理諮商者有多優秀的專業能力或是多高的助人熱忱，都將淪為空談。

　　以下將就「情緒層面的協助」與「困擾問題的解決合作」，分別做說明：

㈠情緒層面的協助

　　心理諮商者協助當事人獲得情緒面協助的方式，與心理諮商者本身的情緒處理偏好與態度有很大的關係。過度作業取向 (task-oriented) 或問題解決取向 (problem-focused oriented) 的心理諮商者，比較容易忽略當事人的情緒訊息，大部分的焦點都在於如何解決問題。

　　協助當事人調適情緒最常見的方式，就是「同理」當事人。讓當事人從心理諮商者的同理中感受到被關懷與支持，是協助當事人調適情緒常採用的方式；透過真誠的情緒反映 (emotional reflection) 與高層次同理心 (advanced empathy) 的發揮，協助當事人表露內在積壓的情緒。通常，心理諮商者需要相當的練習與足夠的生活體驗，才能高度同理當事人。

　　儘管當事人的情緒調適明顯出現問題（過度壓制、情緒抽離或情緒失控），心理諮商者也企圖關心當事人的情緒，希望經由同理，協助當事人調適情緒，但是當事人的反應卻是不盡相同。當事人對於心理諮商者的同理與情緒支持的反應，不僅是當時介入是否有效的重要回饋，更是瞭解當事人人格與形成問題假設的重要資料。

　　心理諮商者協助當事人減低當下痛苦時，當事人在情感層面的交流反應大致可分為以下三種類型：

1.迴避或逃離負向情緒聚焦（再度經驗情緒）的當事人

面對遇到情緒困擾與困境的當事人，心理諮商者同理關心當事人的處境與負向情緒是必然的。但是，對某些當事人而言，聚焦負向情緒將帶來另一波的焦慮反應，因此當事人會對於心理諮商者的同理，缺乏適當的反應，甚至轉移話題。

出現這種迴避負向情緒聚焦的反應，通常暗示著兩個可能性：

第一，在當事人的成長經驗，負向情緒的表露（如：遇到困難向父母求助）是不被接納，甚至是被禁止的，一旦表達負向情緒時，聯結的焦慮反應抑制負向情緒的聚焦；

第二，當事人曾經經驗極大的情緒痛苦（可以稱為創傷），必須採用「抽離」情緒的方式來幫助自己處理那些即將讓自己陷入混亂或崩潰的情緒，因此，自然不可能讓自己陷在可能再度經驗極度痛苦情緒的風險。

前來求助的當事人，痛苦的情緒必然是存在，關心當事人的情緒感受也是理所當然之事。但是，底下例子中的甲先生，卻是以缺乏反應或是轉變話題的方式來逃離聚焦情緒：

● **例子：無法談論前妻的男人**

甲先生是一位四十歲的男性，自從離婚之後，情緒變得十分低落，而且開始出現迴避人群的行為，跟人交談時，經常緊張不安，慌張的態度、閃爍的眼神與笨拙的言詞，常使得交談冷場，這樣的結果，反而讓甲先生更加迴避人群。

經過一番內心掙扎，他主動前來尋求協助。剛進會談室的甲先生，神情緊張，不安地四處張望，開始了他與心理諮商者的第一次會談。

離婚這件重大的生活事件，自然是會談的重點之一。從會談過程得知，離婚前一年，甲先生的妻子經常譏諷他的職位與收入，兩人常因此起爭執，婚姻關係一直沒改善，兩人的關係愈來愈惡化。感到痛苦難以

自拔的他，終於在某次爭吵中，心灰意冷地屈服於太太離婚的脅迫。

　　每回談論與前妻離婚前的相處，當事人的情緒出奇得平靜，有問才有答，甲先生只是簡單地敘述結婚與離婚的過程，缺乏明顯的情緒變化，讀不到對前妻鄙棄的憤怒與孤單過日子的痛苦。當心理諮商者聚焦在這些跟前妻有關的負面情緒，甲先生總會不經意地轉換話題，心理諮商者清晰地感受到，來自當事人迴避聚焦前妻話題的「費力」感，總覺得甲先生好像在閃躲。經過幾次的嘗試，心理諮商者感受到甲先生那種幾近創傷的痛苦，似乎必須藉著迴避前妻的話題，來控制自己積壓已久的情緒。最後，甲先生提到，自己其實不敢把過去跟前妻在一起的種種不愉快，串連起來，那似乎是一件會讓自己受傷很嚴重的事，只好把過去那些不愉快的事，一段一段地分開來看……

2.把心理諮商者當成只是「有個人」的情緒宣洩

　　經過心理諮商者的同理，有些當事人的確能將心中的負向情緒表露出來，在心理諮商者面前表露明顯的情緒反應（如悲傷的哭泣、憤怒的辱罵，以及焦慮的慌張等等），但是當事人的眼神卻始終未與心理諮商者交會，也不會在意心理諮商者的反應或態度，只是十分專注地表露自己的負向情緒，心理諮商者對他的問題的態度或想法，當事人雖有反應但不甚明顯，對心理諮商者的詢問只是禮貌上的回應，當然更不會主動詢問心理諮商者對事情的看法。

　　這時候，心理諮商者只是個「觀眾」，就像座石膏雕像，當事人很少會去注意，眼前的心理諮商者到底能給自己什麼幫忙。對心理諮商者協助的模糊期待，反應當事人習慣性「自力」面對自己的生命困境與痛苦的情緒，這對於當事人與外界互動的基本態度瞭解有所助益，也可以作為選擇與當事人形成合作關係的參考。

> ● 例子：宣洩痛苦的李小姐
>
> 　　李小姐因為感情問題，嚴重影響工作的情緒與意願，不想上班的衝動與日俱增，她知道自己不能再這樣繼續下去，於是做出尋找諮商協助的決定。進入會談室，拘謹的李小姐，終究壓抑不住心中的痛苦，臉上的肌肉抽搐著，眼淚潰堤似的，不斷地滑落臉頰。李小姐低著頭，承受著強烈的情緒，斷斷續續地說出心中的苦，不堪回首的往事，彷彿在眼前，一幕一幕浮現⋯⋯
>
> 　　在李小姐宣洩痛苦的感受之後，心理諮商者關心地詢問：「看妳這麼難過，我可以幫妳些什麼嗎？」這個問題倒讓李小姐停頓了一下，李小姐表情略帶迷惑地表示，自己理智上知道是來請心理諮商者幫忙，但是希望心理諮商者能幫她做些什麼，李小姐一時也答不上來。李小姐似乎已經忘了可以求助這回事。此刻的心理諮商者，彷彿只是情緒宣洩的對象。

　　3.感受情緒支持的情緒交流

　　這類當事人能在心理諮商者同理的過程，與心理諮商者產生適當的情緒交流，會主動詢問心理諮商者的看法，也會對心理諮商者的關心表達感謝。當然，這是心理諮商者最期待發生的狀況。

> ● 例子：決定是否休學的藍同學
>
> 　　藍同學是一個害羞木訥的大男孩，他前來進行心理諮商的主要原因為：課業的壓力導致自己愈來愈不快樂，低落的情緒使他無法靜下心來專心讀書，而且經常無法抑制地嚎啕大哭⋯⋯。藍同學表示自己原先在南部讀書，雖然他不確定所學的領域是否為自己的興趣，不過和同學們一齊讀書與玩樂，日子倒過得挺悠哉。後來，為了完成父親的期待，參加轉學考試並順利進入北部更好的大學，然而，他無法適應北部學校的

學習環境，對於需要閱讀許多原文書籍更是感到懼怕，加上到了北部以後，人生地不熟，遇到困難也找不到人幫忙，因此一個人時常孤單地在宿舍裡發呆、不知所措，想要休學卻又擔心讓父親傷心，眼看著一次又一次不如意的成績，情緒也跟著愈來愈糟了……

　　在瞭解藍同學的處境以後，心理諮商者對藍同學表達情緒上的同理與支持，藍同學漸漸地感受到自己不再那麼地孤立無援，也變得更有力量去思索自己的未來，於是和心理諮商者談了三次以後，他毅然決然地決定先休學返家、重新調整自己的心情，縱然這個決定必然會讓父親失望，他瞭解這是自己目前比較好的選擇。

㈡困擾問題的解決合作：有效的指導（協助獲得新的解決方案、矛盾選擇困難的協助）

1. 高德佛 (Goldfried) 的「理想問題解決模式」(ideal problem solving model)

　　想要有效幫助當事人解決問題，就必須瞭解影響問題解決的心理變項。根據這些變項對當事人進行評估，給予當事人必要的幫助，例如：面對問題的正確態度、訓練或補強當事人問題解決的能力，或學習如何產生最有利於當事人解決方案的程序。

　　影響問題解決的心理變項包括下面三大類：問題取向的認知 (problem-orientation　cognition)、基礎的問題解決能力 (basic problem-solving　ability) 以及特定的問題解決技巧 (specific problem-solving skill)。這三類的心理變項，對於是否能產生解決問題的新方案 (solution)，均具有決定性的影響。心理諮商者應該仔細評估，當事人在這三個心理變項的表現：

　⑴問題取向的認知 **(problem-orientation cognition)**

當事人整體的問題取向認知，反映當事人對於解決問題的信念、價值與投入程度；它對問題解決的表現與問題解決歷程，有著全面且非特定的影響。包括：

- 問題的知覺 (problem perception)：指個體能注意並觀測到 (monitoring) 自己與環境之間交流互動的程度。透過正確的問題知覺，個體才能正確地辨識問題，並且加以適當的標籤 (label)。

- 問題的歸因 (problem attribution)：指個體對問題形成原因的看法。正向或有利問題解決的歸因包括，認為問題是由可改變、可接受的個人或環境因素所造成，而不是來自不能改變的內在缺陷或異常。

- 問題的評估 (problem appraisal)：個體評估面臨的問題對其本身／社會福祉安適的意義。正向的問題評估是把問題視為挑戰（如：個人成長的機會），而不是視為威脅（如：可能的損失與傷害）。

- 個人的控制 (personal control)：包括「對問題可以被解決或控制可能性的判斷」，以及「對問題可以透過自己的努力來達到解決或控制的判斷」這兩項。正向的個人控制指認為問題是可以解決的，而且相信自己有能力加以解決。

- 時間／努力的投注 (time/effort commitment)：包括「個體估計成功解決問題的程度」以及「個體投注解決問題所需的時間與努力的程度」這兩項。有利問題解決的時間／努力投注，是指能正確地估計成功解決問題所需的時間，而且願意投注解決問題所需的時間與努力。

　　如果當事人的問題取向的認知愈有利於問題解決，愈會展現所謂的「有利適應的遇事態度」。這些「有利適應的遇事態度」，不僅可以幫助心理諮商者評估當事人問題取向認知的實際表現，也可以當成教育當事人學習良好問題解決態度的參考資料。「有利適應的遇事態度」共有五點，附加在本節的末段。

(2)**基礎的問題解決能力 (basic problem-solving ability)**

指的是影響學習與執行問題解決作業的一般性基本能力，包括下列的認知能力 (Spivack, Platt & Shure, 1976)，這些能力具備的程度愈高，愈有利於問題解決。這些能力包括：

- 問題敏感能力 (problem sensitivity)，指察覺問題是否存在的能力。
- 他項思考能力 (alternative thinking)，指產生其他可能解決方法的能力。
- 「方法─目標」思考能力 (means-end thinking)，指能概念化相關的方法以達到目標的能力。
- 預期結果能力 (consequential thinking)，指預期事件結果的能力。
- 觀點思考 (perspective thinking)，指從別人的觀點去知覺某種情境的能力。

(3)**特定的問題解決技巧 (specific problem-solving skill)**

指一序列 (sequence) 特定目標導向的作業 (task)，加以執行，藉以達到成功解決某個特定的問題。這些問題解決技巧可被視為是一個行為鏈 (behavioral chain)。包括：

- 定義與陳述問題 (problem definition & formulation)。
- 產生可能的解決方法 (generation of alternative solutions)。
- 選擇決定 (decision making)。
- 執行與驗證解決方法 (solution implementation & verification)。

心理諮商者可以按圖索驥地協助當事人逐步找出解決方法，不過很多時候，當事人其實已經有解決方式的計畫，只是無法做出決定。

2.協助做出決定（選擇比較好的可能）

無法做出決定的猶豫不決，通常來自於當事人不願接受現實中可行性較高的解決方式，不滿意可能帶來的預期結果，卻過於堅持現實中可能性低的解決方法。換句話說，當事人堅持「最好」但「不可行」的解

決方案 (the best but unavailable solution)，而不願接受「比較好」而且「可以執行」的解決方案 (the better and available solution)。

但是，由於一直無法採取並執行有效的解決方法，當事人的問題可能因此而演變得愈來愈複雜，不僅解決問題的現實困難度再增高，干擾做出決定與執行解決方法的情緒困擾也加深，使得當事人陷入痛苦情緒的惡性循環。心理諮商者除了協助當事人正確評估解決方法的可行性與預期結果，也要幫助當事人接受現實，別過度自我堅持，造成自我挫敗的結果。底下的例子是一位因為無法影響先生、無法免除自己心中預期的擔心，而逐漸情緒低落的中年女性，由於一直不願接受心理諮商者的建議，任由情緒逐漸變糟：

● 例子：一個不願去跳舞、心情鬱悶的中年女子

王小姐是位衣著時髦年輕的中年女性，因為友人的堅持與苦勸，才來尋求諮商協助。她的困擾來自先生，先生對於經營事業的態度總是不夠積極，而且經常性出現支票存款不足的危機，可是作為支票發票人的她，始終無法掌握先生金錢的使用與調度的狀況，因此時常擔心跳票與隨之而來的信用破產。儘管如此，不管王小姐運用何種方法，總是無法掌握先生的經濟狀況，先生各種被動的反應，深深地挫折王小姐，長期的無力感讓當事人的情緒逐漸憂鬱。

詢問王小姐向來採用的情緒因應方法，王小姐表示之前都會偕同友人前往舞場跳舞，跳舞的運動效果的確可以改善心情，讓自己暫時忘了眼前的煩惱。心理諮商者便鼓勵王小姐，增加跳舞運動的頻率，可是王小姐配合的意願卻不高，理由是先生不贊同她前往舞場，所以儘管知道跳舞可以提升情緒，王小姐也不願前往。王小姐不願意接受前往舞場之後，先生不悅的表情，這似乎意謂，王小姐一直在等待最好的結果：「先生清楚表達鼓勵她前往舞場跳舞」，只是這種情形發生的可能性極低。

王小姐其實知道比較好的選擇，但是卻不願接受選擇的代價。因為當事人無法做出決定，情緒就在缺乏有效的因應過程中逐漸惡化，憂鬱逐漸加深。

　　此外，當事人也可能出現對未來的想法矛盾、紊亂的現象，使當事人無法做出決定；通常會談剛開始的階段，也會是當事人狀況比較糟的時候，可是當事人的思維經常盤據在抽象、複雜、未來的議題，妨礙符合現實的努力或調整。也有些過度成就取向的當事人，對於情緒層面的支持，抱持負面的態度，只是一味地要求解決問題，不僅本身乏力改變，甚至心理諮商者也會成為當事人矛盾要求的祭品，跟著當事人拖著疲憊的身心，進行對眼前狀況缺乏效益的努力。藉由下面兩個例子的內容，讓讀者瞭解當事人的矛盾：

● 例子：接受現實很困難？

　　李先生表情無奈、痛苦地告訴心理諮商者這段日子以來吃的苦頭。

　　「我現在看到什麼都煩！每天最怕去上班……自己簡直快崩潰了，我真想辭職不幹，好好地休息一下！」……「我真的該休息囉！」李先生提高語氣說著。

　　「聽起來，辭職可以讓你好好地休息，你有這樣的打算嗎？」心理諮商者語氣中肯地問。

　　「嘖！可是真的辭職，就會有一堆人來煩我，到時候我真的不知道該怎麼辦！？唉呀，別說了！想了就煩。」李先生變得情緒煩躁起來。

　　「有誰會來煩你呢？」

　　「我媽、我阿姨、我姊，甚至是我女朋友。她們一定會囉唆地問一大堆問題，還會講一大堆道理，尤其是我媽，她知道了以後，一定又要眉頭深鎖，我真的不希望讓她擔心！」一股腦的擔心就這樣地傾倒出來，李先生無力地癱坐在椅上。「唉……！」好長的嘆氣啊！

　　「真的是很為難，難怪你會這麼煩！」心理諮商者感同身受地回應。

「你很希望可以順利辭職,最好周遭關心你的人也能理解你的困難,不要再囉唆,別再講道理?」心理諮商者緊接著說。

「對啊!如果他們能體諒我的困難,我就可以安心地離職!」說完之後,李先生又嘆了一口氣!

「嗯!要他們不問你、唸你,該有多好啊!」心理諮商者帶有同感地回應。「不過目前那是可能的事嗎?」

「……」李先生沈默了。

● 例子: 未來會是什麼樣子?

經過一段時間的努力,黃先生終於找到一份還算滿意的工作,也盡力去做好這件工作。由於是新的工作、也是新的嘗試,工作的過程難免會遇到許多困難,心情當然會受到影響。有時候,還要勉強地打起精神去上班,撐完一天的工作。

黃先生跟心理諮商者提到,覺得工作很累,有種快幹不下去的感覺,在公司裡一個人忙,挺孤單的,可是回家也沒法放鬆……一空閒下來,腦子便開始想,真的幹不下去,就要換工作,一想到要換工作,不知道工作要到哪裡去找,即使找到了,也沒把握可以勝任幹下去,想到這裡,心情更糟,無力感更強,心中的茫然感幾乎快讓人窒息……可是,腦子還是停不下來,愈想心情愈糟,真擔心明天不知有沒有力氣上班……

3.教導認知行為因應技巧

對於當事人的焦慮與憂鬱情緒困擾,「認知行為治療取向」的技巧一直被認為是有效因應的選擇。認知治療強調:教導當事人學習有效因應焦慮或憂鬱情緒的技巧,以達到控制焦慮或憂鬱情緒的目的,避免形成焦慮或憂鬱的惡性循環。

然而，成功地學會因應焦慮憂鬱的技巧，有賴於心理諮商者與當事人之間形成的良好合作關係。至於處理焦慮與憂鬱的認知行為技巧，在此不多做介紹與說明，倒是當事人是否願意持續使用認知行為技巧，成了決定當事人是否可以受益於認知行為治療的關鍵因素。換句話說，當事人也許學會了這些控制焦慮或憂鬱的技巧，但是卻不願認真與持續使用這些技巧。

《補充》「有利適應的遇事態度」

　　如果當事人的問題取向的認知越有利於問題解決，越會展現所謂的「有利適應的遇事態度」。這些「有利適應的遇事態度」，不僅可以幫助心理諮商者評估當事人問題取向認知的實際表現，也可以當成教育當事人學習良好問題解決態度的參考資料；「有利適應的遇事態度」共有五點：

1. 抱持「有利適應的遇事態度」的人認為：遇到問題是稀鬆平常且必然的，他們能理解遇到問題不是代表自己能力不足，問題的成因是環境或可接受的個人因素（如：缺乏經驗）所造成的結果，不是什麼嚴重與不變的個人缺陷或異常。即使問題來自於個人因素時，他們也能理解這是代表他們目前不是百分之百完美，但決非毫無能力，最重要的是從遇到的錯誤中學習來提升自我。

2. 抱持「有利適應的遇事態度」的人能把問題視作是一種挑戰或是另一個自我進步成長的機會到了（如：學習新事物，讓人生更美好，覺得自己又進步了），而不只是把問題當成需要加以逃避的威脅。即使解決問題的過程遇到失敗，也不會把它當成災難的來臨，而是改進的學習經驗。他們心中長駐的信念是：把遇到問題當成是一種挑戰，即使失敗也比連試都沒試來得好。

3. 抱持「有利適應的遇事態度」的人遇到問題時，他們馬上想到的是「問題是可以被解決的」，而且相信自己是有能力獨立加以解決。此外，他們瞭解到：心理愈覺得自己有辦法解決問題，就愈

能夠把問題處理好的道理。

4. 抱持「有利適應的遇事態度」的人明白：解決問題不一定是一蹴可幾，是需要花一些功夫與時間的，即使是最好的問題解決者，也是需要足夠的時間來有效解決問題。他們會知道要去抵擋剛遇到問題時，心中馬上浮現的衝動與念頭，因為通常這些剛開始出現的衝動與念頭，大多是當時情緒的產物而不盡然是經過足夠的理性思考的產物。他們對獨立、盡心努力、與詳加規劃的問題解決計畫都給予高的評價，即使是在解決問題的方法不是很快可以找到的狀況下，他們會堅持下去不會過早放棄。

5. 當抱持「有利適應的遇事態度」的人盡了最大的努力，仍然無法成功地解決問題時，他們不會一再地鑽牛角尖，會改用不同的角度來看原來的問題，或是尋求外界的協助來解決問題。

第二節　階段二：發展緊密人際關係的平衡（適應新的緊密關係與正向期待之間的平衡）

一、建立進一步信任關係的「考驗」：復辟的人際模式

　　心理諮商者針對當事人在情緒與問題解決層面的處理，有效的協助使當事人的痛苦得以減輕，這時當事人也會經驗到被心理諮商者「有效的協助」的經驗。如果當事人原先的痛苦來自有問題的人際互動模式，這時候痛苦的減輕，鮮少是因為原來人際關係模式，產生結構性的改變所致。痛苦的減輕來自於當時負向情緒惡性循環的中斷，且藉由有效的協助，中止了當事人不斷地變糟的處境；換句話講，當事人的痛苦是減低了，但是核心的問題卻依然存在，未必有改變。

　　心理諮商者可能會發現，有些當事人在情緒痛苦的時候，能與心理諮商者高度合作，對心理諮商者建議的遵從度相當高，因此很快地控制

問題行為，但一旦痛苦的情緒減低，當事人原有的「人際合作模式」便會浮現，當事人將感受到諮商關係的「人際親近」所帶來的壓力，而選擇逃離諮商關係來減低壓力，儘管問題並未完全改善。這時候諮商關係的變化，稱之為「復辟的人際模式」：因為痛苦的情緒已經改變，原來與人親近互動的困難再度浮現，直接影響諮商關係的存續；舉例來說：

> ● **例子：第三次會談就提議離開的沈小姐**
>
> 　　因為公司的股東之間出現嚴重爭吵，終至決裂，不僅內憂嚴重，公司的經營也每況愈下，愈來愈差，幾個月來一直接不到新的訂單。擔任行政職員的沈小姐面臨失業的打擊。沈小姐為此，十分擔憂著自己的未來，停不住的擔憂影響到睡眠，於是失眠成為沈小姐新增加的擔心，身心透支的沈小姐，不僅擔心未來，也擔心自己的身體，因為緊張焦慮造成的身體不適，成了沈小姐憂戚自己是否罹患嚴重疾病的素材，各種擔心害怕交雜在一起，讓沈小姐快要受不了，自己瀕臨崩潰的邊緣！
>
> 　　在會談過程，沈小姐不斷地哭泣，訴說著各種擔心，在心理諮商者的情緒支持與控制焦慮的建議，沈小姐的狀況有了一些改善。第三次會談的前一天，沈小姐來電表示要取消會談。

　　在沈小姐的焦慮逐漸控制之後，對人信任與依賴的問題正式登場；換句話說，要不是焦慮痛苦的驅使，沈小姐是不願尋求別人的協助與聽從他人的建議，所以儘管當事人明顯有過高焦慮的問題，也尚未準備要去面對與改變。沈小姐還表示她自己本來已決定不再來會談，因為心理諮商者的鼓勵，才來最後一次；換言之，沈小姐已經自己做好決定，然後「告知」心理諮商者，沒有打算要跟心理諮商者討論如何安排雙方已經形成的諮商關係。

　　一旦原先求助的痛苦情緒改善之後，也許當事人原先合作的態度就可能出現微妙的變化，不再那麼專心傾聽你（妳）的建議，也許會挑剔

你（妳）的說法，或者總會遲到個幾分鐘，不再像之前那麼準時到達。這時候，心理諮商者應敏銳地覺察這些現象，並誠懇與當事人談論諮商關係是否打算改變，如果當事人在未與心理諮商者討論的情形下，已經做出改變諮商關係的決定，心理諮商者則可以與當事人討論「當事人『片面』自行決定諮商關係的行為」，這也是一個可以協助當事人瞭解自己與他人互動的機會，如果當事人缺乏被他人尊重的經驗，自然在決定自己人際關係的過程，不一定會考慮到需要尊重對方，所以才會在未與心理諮商者討論的情形下，便片面決定雙方的未來諮商關係，這樣的行為雖然不恰當，但並不難理解。

儘管如此，不論交談的結果為何，「尊重當事人」的選擇是最高的指導原則；否則，強烈企圖說服當事人的心理諮商者將與當事人出現競爭的角力，心理諮商者與當事人雙方都違反了原先諮商的契約，將各自「競爭對立」的人際模式重現在諮商會談中，最後招致諮商關係的破裂，反而增強了當事人原有的不適應人際模式，同時也降低當事人日後從諮商關係中獲得幫助的可能性。所以，在結束「當事人的『片面』決定諮商關係」的討論之後，如果當事人仍堅持原先的決定，心理諮商者就應尊重當事人的決定，與當事人討論結束諮商關係與後續的安排。

在實務的經驗中發現，有些當事人的改變是長期與漸進的，總會夾雜幾次諮商關係的結束與重新開始，所以暫時好好的結束，也許是下次與當事人建立更深關係，協助當事人獲得更大幫助的基礎。

二、被有效協助的經驗引發的幻想與期待

㈠不斷醞釀與自我維持的正向期待

承上所述，當然也有些當事人會選擇繼續維持這種諮商關係，但這並不一定表示：選擇繼續維持關係的當事人都是清楚地體認到自己核心問題（有問題的人際模式）的存在，才做出維持諮商關係的決定。也許，

當事人知道自己有些未解決的問題，但是諮商關係的維持，大部分還是因為受到被有效協助正向經驗與隨之引發的「正向期待」的增強(reinforcement)。

　　感受到心理諮商者有效協助的當事人，不僅當時感受到被協助的支持感，也會感到自己的生活出現由困頓轉向開闊的愉快契機，隨之產生這樣的想法：似乎追隨心理諮商者，繼續與心理諮商者會談，可以獲得極大的安全與愉悅感，甚至只要「依賴」心理諮商者，便能開展美好的未來人生。上述這種因為心理諮商者的出現所引發對未來的美好期待，就是「正向期待」。當事人「正向期待」的內容，可區分為「情愛關係的期待」與「依附關係的期待」。

　　進一步來說，對於受到心理諮商者協助的當事人而言，「被有效的協助」是一種很特別的經驗，作為一位求助的人或被幫助的人，感受到「依靠別人」（相對於單獨面對）與「獲得幫助」的正向感受。這種被有效協助所帶領的感受，會引發當事人對心理諮商者醞釀更多的「期待」，尤其是向來身處孤單、缺乏關心的當事人尤然。

　　這種對正向期待的殷切渴望是無可避免的，只是對於缺乏充足或穩定被協助經驗的當事人而言，投注在心理諮商者身上殷切的期待，多半來自當事人的「幻想」(fantasy)，而不是基於真實的經驗，當事人將心中理想化人物的印象投射在心理諮商者身上，形成對心理諮商者的「正向期待」。透過幻想與心理諮商者形成「滿足心理需求」的關係，當事人得到了某種程度的心理滿足；這些多半基於幻想、缺乏足夠真實經驗的「正向期待」，逐漸成為當事人與心理諮商者建立接下來諮商關係的行為藍圖，成為當事人對心理諮商者行為解釋與反應的重要基礎。換句話說，當事人開始「心理依賴」心理諮商者。

　　然而，有些當事人對心理諮商者的依賴漸增，當事人為了滿足自己內在的需要，不斷地「理想化」地幻想心理諮商者，將自己渴望依附的對象，不斷地投射在心理諮商者的身上，透過沈浸於依附心理諮商者的

幻想，不斷地獲得缺乏現實基礎的滿足，逐漸地當事人對心理諮商者的感受與期待也愈來愈偏離現實，也愈來愈複雜。偏離現實的結果，可能帶來高度的焦慮，慢慢超過扮演「稱職當事人」所能控制的範疇，而企圖與心理諮商者發生與幻想感受一致的真實互動。這些偏離現實的行為，將諮商關係變得複雜，當事人向心理諮商者需索滿足依賴需求的反應，將帶給心理諮商者相當的壓力，也可能因此引起心理諮商者的焦慮、不悅或排斥，導致破壞諮商關係，甚至危害諮商關係的存續。特別是進入這個階段的當事人對依賴需求本來就高，而且過去的依賴經驗通常都有不愉快的，甚至是「遠超過」當時年齡或自我強度所能承受的創傷。

> ### ● 例子：堅持錄音的李小姐
>
> 　　會談持續半年後，李小姐向男心理諮商者提出會談錄音的要求，理由是想回去重聽一遍，增加會談治療效果。另外，當事人遇到生活上的困境，也會請求心理諮商者從旁協助，請心理諮商者幫她拿主意。當事人曾經寫了一封信給心理諮商者，信中提到，有時候她對心理諮商者的感受朦朧，有時候覺得心理諮商者的言談反應像是她的爸爸，可是有時像她的哥哥，又像她以前的情人，讓她感到迷惑。後來心理諮商者才發現，當事人經常聽著會談的錄音入睡……
>
> 　　有一回，李小姐帶著焦慮的心情向心理諮商者訴說一個西方的故事，她表示以前曾經讀過一本書，書中提到有些已婚的男女，在一年的某些日子，會暫時拋下自己的工作與家庭（自己原有的身分），遠離到沒人認識的地方，與某個人一起過著像夫妻的兩人生活，一旦結束，就各自回到自己原有的現實生活。心理諮商者詢問當事人，怎麼會想跟他談這個故事呢？當事人支支吾吾地回答……
>
> 　　其實當事人早已透過幻想，享受著跟心理諮商者發生種種的關係，經過內部一番衝突掙扎，決定藉著會談過程中談論的故事，流露出自己內心的渴望！

㈡交錯複雜的衝突情緒

　　於是，對心理諮商者產生強烈依賴的當事人，開始要去面對「正向期待」與「現實」以及「過去依賴經驗」之間的衝突，這些衝突將使得諮商關係變得複雜，再加上害怕失去依賴的焦慮，交錯呈現出許多種基於焦慮的動力關係變化，當然這些關係變化也蘊藏了許多協助當事人自我覺察與改變的素材。

　　為了理解的方便，我們將分成「幻想的期待與現實的衝突與害怕失去依賴」（即底下的「階段三」）與「依賴的衝突經驗與害怕失去依賴」（即底下的「階段四」）兩種衝突，分開來談論。

▌第三節　階段三：來自幻想的期待與現實的衝突，以及害怕失去依賴之間的平衡

一、一廂情願的正向期待

　　基於幻想的正向期待（通常是不需要考慮到現實，往往只是「一廂情願」），通常當事人努力地照著心中維持正向期待的方式，拚命付出，以為只要自己的投注愈多，擁有或獲得幻想期待的滿足關係便會發生。由於這種強烈的滿足渴望，當事人可能扭曲部分現實來維持（保全）內在的幻想與期待，即使現實環境提供了許多不一致的訊息，當事人可能選擇忽略這些不一致的訊息或扭曲解釋（如：合理化）某些訊息，以維持內在期待與知覺結果的一致性，藉以繼續保全自己的正向期待；從下面案例中林小姐以及王先生的故事，可以看到當事人忽略某些訊息，來保全住一廂情願的正向期待。

● 例子：不願清晰看待家人對她傷害的林小姐

林小姐的媽媽極度重男輕女，為了她的寶貝兒子，犧牲林小姐是經常發生的事。林小姐聽從了母親的要求，放棄了升高中，最後，在婚後才上補校，後來又進入空中大學進修，靠著自己的堅持，圓了自己的求學夢。

可是自己的娘家，尤其是母親，一直都是自己心頭的痛，即使婚後，母親還是會經常地要求她，資助家裡或是幫助哥哥，如果不讓媽媽滿意，媽媽就會嚴厲地批評她，要不然就是不理林小姐，直到林小姐軟化，屈服於她的要求。儘管如此，心理諮商者在跟林小姐的談話過程中，她總是輕描淡寫地描述過去不愉快的事，而且談完之後，總會加一句：「那些事都已經過去了！」可是，談到母親曾經對她的好，她的敘述是如此的情緒強烈，似乎深深地感受到母親對她的疼愛。對過去母親對她的傷害與疼愛的清晰感受上的反差，心理諮商者帶著林小姐，一同探索這種對母親好與壞的反差感受。

「妳總是把母親曾經對妳的好，記得特別牢，是嗎？」林小姐並沒有口頭的回應，卻是專心傾聽。

「這麼多年來，妳母親對妳好不好，其實誰都看得出來！」林小姐皺緊眉頭。

「妳覺得母親可能會改變嗎？可能對妳跟哥哥一樣好嗎？」林小姐搖搖頭，眼淚快要掉下來。

林小姐的臉因為壓抑痛苦而扭曲。「其實母親是不可能對我好的，我這麼多年都不願意去相信……」接下來，情緒終於潰堤，眼淚簌簌地掉下來……

● 例子：老是說「不知道」的王先生

原先對情感態度保留，不願太認真的王先生，遇上了主動又活潑的林小姐。經不起可愛的林小姐一再主動的追求、相處與出遊，王先生開始對感情，甚至是未來有了期待。像生小孩、營造兩人的窩、假日全家去度假等，原先不在王先生人生規劃中的事，一一編織變成兩人的未來。

可是交往一段時間之後，林小姐的態度開始起了變化，行蹤開始有些成謎，可是兩人都迴避去談這件極其敏感，甚至會危及關係的事。感情的不確定讓王先生愈來愈痛苦，最後，在好友的建議下尋求諮商協助。

王先生從沒對交往過的女友這麼付出，也從沒對一位女性有這麼多的期待。強烈的期待與盡其所能的付出，自然而然也會提到過去家庭的生活經驗，王先生的成長經驗不愉快，家庭對他的照顧也讓他失望……

許多次當心理諮商者將現在對與林小姐關係的渴望與過去不愉快的家庭經驗作「連結」，「好像過去家庭生活的不愉快，也對你今天擔心失去林小姐有相當程度的影響？」心理諮商者提起，王先生總是停了一下，然後回答「不知道」，打斷了話題……

有些時候，王先生也會對林小姐的模稜兩可的態度產生疑惑，在心理諮商者回應王先生的疑惑之後，詢問王先生的看法，王先生的回答仍是「不知道」……

王先生只願不斷地為林小姐付出，繼續保全心中期待的關係，對於自己的過去經驗與林小姐的想法都不願多做停留，回答「不知道」之後，繼續付出，繼續維護自己的幻想與期待！

不過，「正向的期待」與「現實」之間的契合程度，將決定當事人心理需求受挫的程度。正向期待與現實之間的高度落差，將嚴重挫折當事人心理需求的滿足，引發當事人對心理諮商者的負面經驗。有些當事人內心期待心理諮商者是一位有效的問題解決協助者，只要有類似的問題

便能尋求他的幫助，而且也能接受諮商關係的現實限制（如：會談需要預約，無法隨到隨談；會談之外的時間是屬於心理諮商者自己的空間等等）。

然而，有些當事人則在感受到心理諮商者協助的同時，卻很可能會對心理諮商者有著過多的期待，例如：期待隨時都可以獲得心理諮商者的協助、覺得心理諮商者應該都能處理他（她）所遇到的各種問題、或幻想與心理諮商者在會談室之外的種種關係（互動方式）、假想只要靜靜地陪伴在心理諮商者的身旁，就可以感受到深情的交流，再不然就是以為，只要自己一個眼神，心理諮商者就能看見自己難以啟齒的需要⋯⋯。不同的期待會直接影響當事人對心理諮商者的觀感與會談過程的行為反應，造成諮商關係的變化。

二、期望落空的強烈情緒

當然，「抱持與現實高度落差的期待」將使當事人感受到期待落空的憤怒與失望，再將這些情緒投射在心理諮商者的身上。這時心理諮商者在當事人心目中的意象充滿了衝突與矛盾，失去原先期待中全然美好的形象，開始與挫折自己需要的傷害者形象混淆不清，此時，當事人感到心理諮商者帶來的模糊與不確定，孕育了高度的焦慮。

通常愈是缺乏好的依賴經驗，愈是渴求好的依賴關係；強烈的依賴需要，透過缺乏足夠真實經驗為基礎的幻想，形成對心理諮商者的期待，使得期待現實落空的結果在所難免。底下案例，敘說著當事人對心理諮商者全然的理想化，認為心理諮商者是自己內心需要的反射。

● 例子：你背叛了我

陳先生因為感情問題一路依賴著心理諮商者，會談的這段時間，陳先生總是不確定女友是不是願意跟他過一輩子，但陳先生不願勉強對方，也不願意跟女友問清楚，就在這種關係不確定的氣氛下，陳先生的

情緒愈來愈低落，情緒的控制力也愈來愈差。

　　諮商的過程，陳先生感受到心理諮商者的接納與理解，他認為心理諮商者是從小迄今，唯一不會勉強他，真正瞭解他，而且不會讓他失望的人。

　　就在一個天氣陰霾的夜晚，積壓的情緒終於爆發，情緒崩潰的陳先生，在電話中氣憤地指責女友，嘶喊著要斷絕兩人的關係。掛上電話的陳先生萬念俱灰，自覺一切都毀了！壓根地不知道怎麼去面對即將來臨的明天，似乎離開這世界是最好的解脫，在他打算結束自己生命之前，他撥了電話給心理諮商者，跟他說謝謝，衷心地感謝心理諮商者這段時間的幫助，他是唯一能信任的人，也拜託千萬千萬不要讓他的家人知道……

　　心理諮商者通知了他的家人，他的企圖被攔阻了。陳先生撥了電話來指責心理諮商者，電話的那一端傳來：「你為什麼要讓我的家人知道？」、「我還能相信你嗎？」

▎第四節　階段四：來自依賴的衝突經驗與害怕失去依賴之間的平衡

一、害怕過去依賴經驗的重現

　　一旦當事人依賴心理諮商者的程度持續增高，當事人過去內在相關人際依賴的經驗便會浮現，成為與心理諮商者繼續互動的重要參照。這些基於過去經驗的強烈害怕，卻未必符合現實的經驗，便開始影響、甚至是主宰當事人對心理諮商者行為的知覺、判斷與感受。

　　如果當事人對於人際依賴的需求向來就有滿足上的困難或挫折，這種基於有效協助而來的「正向期待」，同時也會與過去依賴的負面經驗產

生衝突，使得當事人在維持內在平衡上更加困難，這些平衡上的困難將反應在諮商關係的互動上，當事人對諮商關係的矛盾更加深化。

依賴的負面經驗通常來自於與重要他人互動的結果，特別是當感受焦慮不安的時候，當事人雖然會有想要獲得支持與安慰的強烈需求，但是這些強烈需求同時也聯結「被嫌棄」、「不被喜歡」等可能被拒絕的反應，這些反應聯結焦慮 (anxiety)、羞愧 (shame)、受辱 (humiliation) 等複雜的強烈情緒，甚至是「被拋棄」的恐懼；為了因應這些「需求—被拒絕」衝突的焦慮情緒，當事人將提高對自己需求覺察（如：隨時注意自己是不是對別人有好感，以及時杜絕好感的方式來因應；所以有些時候，你會覺得有些人的熱冷態度變化懸殊）與被拒絕（如：注意對方是否有不悅的表情，如果有立刻杜絕向對方抱持期待）的警戒程度，同時也發展適應這種衝突的人際互動模式（如：不斷討好對方）。

儘管當事人渴望依賴心理諮商者，但是「安全依賴」的人際關係對當事人而言卻是「陌生」或「不熟悉」；因此，當事人的依賴需求也會為他（她）帶來對諮商關係的不確定感；由於缺乏成功維繫依賴關係的自我效能感，此時當事人與心理諮商者互動，變得備加焦慮不安，擔心自己的需求會不會被心理諮商者認為是「不知節制」，是最常見的反應。

對於懷有過去不愉快依賴經驗的當事人，這時候已經無法客觀地知覺與解釋心理諮商者的行為，特別是心理諮商者對當事人的態度。當事人會敏感地注意心理諮商者對他的情緒反應，過度敏感與錯誤解釋產生的「假警報現象」會增加，錯誤的判斷增強了當事人被拒絕的焦慮。這時，當事人會發展出許多因應高度擔心被拒絕的焦慮的方法，例如：不斷地尋求保證（如：每次會談都詢問「打電話給您，會不會打擾您?」）、以保護自己的方式測試心理諮商者是否真的關心當事人（如：裝可憐來測試心理諮商者是不是關心他、惹毛對方來確定心理諮商者是不是討厭、不喜歡他）、會談遲到（亦反映出當事人的內心猶豫與測試）、過度的討好等方式。

採用這些行為雖然可以降低當時的焦慮，但是效果有限，例如：尋求保證且獲得保證的當下，焦慮雖然會下降，但是時間一長，對心理諮商者態度起變化的不確定性，又讓當事人焦慮，當事人又需要再度尋求保證來降低焦慮。但是，這些行為卻對諮商關係產生衝擊，一再使用這些減低焦慮的方法，帶給心理諮商者相當沈重的情緒負擔，也造成心理諮商者無法成功協助的挫折與引發的焦慮（自己不是一個有能力的助人者），於是心理諮商者也可能以減少涉入或熱心投入的程度來控制情緒；然而，這些為求自保、尋求平衡的行為，卻反倒被當事人當成「驗證被嫌棄、拒絕」的證據。所以，「穩定地對待當事人」是心理諮商者此時重要的態度。

二、當事人複雜衝突情緒的因應（維持平衡的選擇）

　　「複雜的內在衝突情緒」促使當事人發展各種維持內在平衡的方法，透過這些維持平衡的選擇，當事人得以進行內在的微調，保持對依賴矛盾情緒的內在平衡，減低內在的焦慮，得以繼續維持與心理諮商者的關係。不過，一旦無法維持依賴矛盾情緒的內在平衡，失衡的結果就是「逃離諮商關係」。在描述當事人因應內在複雜衝突情緒的方法之前，先呈現一個逃離諮商關係的例子：

● 例子：失衡的關係

　　覺得自己快要撐不住，情緒愈來愈低，根本都不想出門，甚至明天要怎麼過都有些迷惘，李小姐終於提起勇氣，再跟自己的心理諮商者聯絡，離上次會談結束已經快一年了。李小姐從四年前開始接受心理諮商，一旦自己遇上困難，真的渡不過去，最後才會透過迂迴方式，向心理諮商者求助，例如：寫信詢問心理諮商者「自己現在不好的情緒狀態，該怎麼辦？」總是要由心理諮商者主動建議，應該前來會談，從沒主動直接開口請心理諮商者安排時間給她。

　　這次是因為換了新工作，李小姐面臨了適應的困擾。她對於新公司同仁的工作態度很不能接受，總覺得他們態度不積極，經常互推責任，對於自己的頂頭上司也是抱怨連連，李小姐覺得上司似乎認為她很兇、很難溝通，所以總是迴避著她，不僅當面溝通不良，而且上司總是透過第三者讓她知道，跟她切身有關的重要公務，上司這種迴避的態度讓李小姐十分不舒服，一方面很生氣，覺得上司怎麼這麼怯弱，不敢直接跟她交代公事，另一方面，李小姐也覺得是不是自己，的確也有可議之處，所以，上司不喜歡跟她互動，老是透過第三者來溝通，總之，李小姐覺得待在新的工作中快要受不了，對新的工作環境充滿生氣、失望與焦慮，很想乾脆明天就辭職，一走了之。

　　會談的過程，李小姐愈談愈氣，彷彿覺得公司那些同事都是一堆爛人。心理諮商者除了讓李小姐有機會吐露心中積壓的情緒，也建議一些調適情緒的方法，李小姐與心理諮商者配合，情緒便逐漸在控制之下。接下來，心理諮商者便與李小姐討論如何處理眼前面臨的現實問題，自己是要繼續留在公司呢？還是乾脆辭職，另謀他就呢？

　　心理諮商者鼓勵李小姐先釐清自己在公司所能扮演的角色，然後，規劃出自己適合勝任的工作內容，再想辦法跟上司爭取這些工作內容，如果可以順利達成，李小姐一方面可以掌握自己工作的範疇，也可以減少不清楚工作內容情形下，與上司無可避免的接觸。心理諮商者表示願意跟李小姐一齊討論，自己期待的工作內容，以及如何達到成功地和上司溝通。儘管，李小姐十分認同心理諮商者的建議，不過，她卻感到有些疑惑，這幾次會談，心理諮商者的態度怎麼跟以前不一樣，以前都是跟她談一談，然後要她自己回去想辦法解決。

　　在下次會談的前三天，李小姐寫了封信，表示自己現在情緒很亂，需要時間整理，心理諮商者跟她聯絡，告訴李小姐「情緒愈是混亂的時候，不正是最需要會談的時候嗎？」鼓勵李小姐依約前來會談。會談的前一天，李小姐來信，依舊表示希望自己能整理一下自己的思緒，「暫時」

取消會談，還安慰心理諮商者，不要擔心她的狀況，應該要對她有信心。於是，會談取消，一週過去，兩週過去，一個月過去了，李小姐並沒有再跟心理諮商者聯絡。

其實這不是第一次李小姐主動要求暫停會談，前幾次都是因為談到與父母關係的話題，而結束會談。李小姐因為心理諮商者的主動，感受到自己依賴的焦慮，因此，藉著暫時結束心理諮商，逃離諮商關係，降低自己對心理諮商者依賴的焦慮。

從李小姐的角度，心理諮商者的改變（積極協助李小姐），讓李小姐面臨要不要再進一步依賴心理諮商者的抉擇。顯然，依賴所引發的焦慮（如：太依賴就會讓別人覺得麻煩，不知何時會惹得心理諮商者厭煩，而被討厭、拒絕，那是極其恐怖的一件事），讓李小姐在諮商關係中失衡，逃離了諮商關係。

為因應內在複雜衝突情緒，當事人會選擇各種維持內在平衡的方法，大致可以分為「積極作法」（如：扮演一位「稱職」的好當事人）與「消極作法」（如：形成「競爭的關係」）這兩類，用來延續會談，得以繼續維持與心理諮商者的關係。

㈠積極的作法

1.扮演一位「稱職」的好當事人

當事人一方面滿足這種被有效協助的依賴感，另一方面也會對依賴心理諮商者產生焦慮，擔心即將重演過去被拒絕的痛苦經驗。面對這種衝突，扮演一個稱職的當事人是常見的焦慮因應選擇。

面對心中複雜衝突的情緒，當事人採取扮演十分聽從心理諮商者建議與指導的角色，盡量滿足心理諮商者的期待與成就感的方式來因應；換言之，當事人「積極討好」心理諮商者。積極討好心理諮商者，讓當

事人得以提前消弭害怕的經驗重現，這種「主動性」讓當事人能在人際關係中，獲得避免害怕經驗出現的控制感 (controllability)；此外，也藉由「討好」的行為，能從心理諮商者那邊得到更多的關心與喜愛，來增加自己在諮商關係上的安全感，用以降低可能被拒絕的焦慮，暫時達到內心衝突的平衡。不過，就在這「賓主盡歡」的過程，表面上或許雙方互動輕鬆，其實當事人是小心謹慎地維持這種關係。所以，在重要或困難的時刻，當事人是不會找心理諮商者幫忙，或是在無法確定心理諮商者可能的反應之前，當事人永遠不會讓心理諮商者知道有關自己重要的事情，免得自己的內在再度失去平衡。

2. 「認同」心理諮商者

「認同」(identification) 也是當事人常用的方法，藉由停留在理想化心理諮商者的印象上，當事人仿效學習心理諮商者的內在價值與觀念，藉以短暫免除面對心理諮商者的內在複雜衝突。藉由認同的歷程，除了可以消除內在的情緒衝突，當事人同時也在內化新的價值觀念與複製心理諮商者的行為。

㈡消極的作法

1. 「迴避驗證」與投射理想化人物有關的資訊

儘管當事人將心理諮商者理想化，將心中期待的特質投射在心理諮商者身上，冀望日後能從心理諮商者身上內化成自己的特質。但是夾雜過去對依賴對象失望的經驗，同時也會在會談時滲入成為對心理諮商者形象的一部分，因此，當事人心目中的心理諮商者形象，其實是有一定程度的不一致，甚至是矛盾，結果，當事人與心理諮商者的互動總存在某種程度的「不確定性」。

這種形象上的不確定性，常會讓當事人害怕心理諮商者的依賴關係

產生變化，甚至是消失，因此，為了消弭這種不確定的形象帶來的焦慮，當事人會刻意迴避驗證心理諮商者形象的機會，技巧性地忽略有關心理諮商者能力、性情……等方面的資訊，藉以繼續維持對心理諮商者理想投射所得到的滿足。倘若當事人一段時間與心理諮商者未見面會談，對心理諮商者便有生疏或陌生的感受，這表示當事人對心理諮商者的形象，缺乏足夠的確定感，同時也表示當事人可能經常透過迴避驗證心理諮商者的方法來降低內在衝突。

2.「節制依賴需求」的行為來迴避被拒絕

由於缺乏安全依賴的經驗，使得當事人對依賴心理諮商者，感到高度的不確定，無法排除被嚴厲拒絕的可能性，因此，當事人會選擇盡量節制對心理諮商者的需要，避免因為自己的需要造成心理諮商者的負擔，引發心理諮商者的壓力過大或情緒失控，進而嚴厲地拒絕當事人。因此，當事人小心地維持與心理諮商者的關係，敏銳地覺察心理諮商者的不悅反應，而且也會不斷地以自我貶抑的方式（如：我的問題其實沒那麼嚴重、老師最近很忙，沒那麼多時間幫我、我的要求可能會讓老師覺得很煩等等）來壓制對心理諮商者的依賴，藉以迴避進一步依賴的焦慮，達到暫時的內在衝突感受的平衡。

3.社交被動 (interpersonal passivity)

相對於「積極討好」，「社交被動」是一種明顯對比的人際因應模式，是採用可以讓他人感到挫折的人際被動方式，讓可能傷害他的人因無力感而遠離，藉以豁免被傷害的機會。因為害怕被心理諮商者拒絕，當事人可能會利用挫折心理諮商者的被動方式，讓心理諮商者因感受到無力感而遠離，藉以豁免可能被傷害的機會，降低被拒絕的焦慮。進一步的詳細說明，歸諸於下面篇幅（當事人與心理諮商者競爭的關係）。在進行下面篇幅之前，筆者先舉一個當事人例：

> ● **例子：我不想讓你看見「我需要你」**
>
> 　　自從跟心理諮商者會談之後，李小姐覺得很有幫助，除了感謝原先介紹她去會談的同事，也跟親近的朋友表達自己在會談的收穫，覺得心理諮商者真的很棒，能力超好。
>
> 　　這段時間的會談中，李小姐談到自己對於好朋友的依賴，她總是扮演討好別人的角色，在極力吸引喜歡的人之後，接下來關係的維持，經常讓她感到十分吃力，總覺得自己會搞砸關係，喜歡的人不會再對她感到興趣。
>
> 　　儘管李小姐感受到心理諮商者的同理與支持，但是自己在會談的過程，卻變得愈來愈被動，愈來愈不會主動提及生活上讓她感到難過的事。李小姐覺得自己表達難過的時候，總會不自主地注意心理諮商者的表情，這讓她感到「很困窘」，所以，她就被動等著心理諮商者來詢問自己的近況，也不輕易地接受心理諮商者的關心，對於心理諮商者的看法也認為聽聽就算了……。

　　這種「很困窘」的感受是因為李小姐感受到依賴（需要）心理諮商者的焦慮，她抗拒這種感受，不願讓心理諮商者知道自己對他的依賴，所以，就以被動與消極的態度，不讓心理諮商者看到自己對他的需要！

(三)形成競爭的關係來延續會談（吸收與不吸收之間衝突的平衡）

1.另一種具有「角力」性質的諮商關係

　　因信任而逐漸形成的依賴關係，使得當事人過去的早期重要人際模式重現。過去不安全的依賴經驗會逐漸活化，成為當時與心理諮商者互動關係的焦點。

　　在享受維持關係、獲得依賴滿足的動力與減低重現過去痛苦依賴經

驗的焦慮的平衡過程，當事人會與心理諮商者之間形成「競爭」的關係。當事人開始「質疑」心理諮商者的見解與協助，這種「質疑」並非完全不接受心理諮商者的想法與建議，而往往是針對心理諮商者的部分言談，表達疑問或不贊同的看法，甚至是挑戰心理諮商者的說法，因而引起心理諮商者對被「質疑」的話題，做進一步的澄清與說明，甚至是「辯護」被質疑的部分。

　　結果，會談的時間可能消耗在這種看似理性的辯證過程，但實際上是當事人對心理諮商者已經形成一種「保留」的態度，不願再像之前一般，完全相信心理諮商者表達的看法與信念，而心理諮商者面對當事人以「質疑」表現的內在態度變化，可能產生「被質疑」的焦慮，繼而辯護自己的想法，心理諮商者為自己想法辯護的行為，其實是增強當事人的「保留」態度，因此，當事人與心理諮商者可能共謀將諮商會談淪為「雙方意見的角力場」。

2.「競爭」關係的意義與價值

　　對當事人而言，這樣「競爭」的互動方式，既可以迴避覺察「依賴心理諮商者」帶來的焦慮（我不想依賴你，免得有機會被你拒絕或拋棄），也可以藉由習慣與心理諮商者競爭的過程（我逐漸能對抗心理諮商者的期待與要求），練習與心理諮商者對立，增加對人際緊張的焦慮耐受力，藉以增加自我效能（我覺得我不再是個唯唯諾諾、只知討好別人的人）、獲得獨立自主感（我可以獨力靠自己，所以不怕被你拋棄）與價值感（我之於你不是一文不值，你無法因我毫無價值而拋棄我）。

　　換言之，「競爭」也是對抗依賴焦慮的方式，同時也讓諮商關係以另一種與之前會談不同的形式繼續維持。「競爭」的出現使得此時的諮商關係變得相當特別，儘管當事人持續地前來會談，卻不斷在會談中質疑、輕忽或挑戰心理諮商者的指導與協助。除了對依賴的焦慮尚未明顯下降之外，當事人的「自我強度」其實一直在增強，卻故意輕忽或貶低諮商

帶來的效果。

在這種關係下，心理諮商者免不了要成為當事人透過「競爭」，練習獨立的對象。儘管當事人意圖與心理諮商者競爭，但是競爭的行為會替當事人增添內在壓力。所以，心理諮商者除了要節制與當事人競爭的衝動外，協助當事人由與心理諮商者競爭的行為中，覺察「競爭」行為背後的依賴焦慮，是此階段心理諮商者重要的使命。

接著，我們從心理諮商者的角度來看這種「競爭」關係。「競爭關係」將帶給心理諮商者或多或少的挫折感，這些挫折感必然會造成心理諮商者的焦慮，心理諮商者可能感受到「沒能力的助人者」、「遭拒絕、否定的建議者」等自我質疑的焦慮。儘管「競爭」行為帶給心理諮商者相當的壓力挑戰，但是「競爭」行為的本質，仍然是來自依賴心理諮商者帶來的焦慮不安，「競爭」依舊是因應內在衝突感受，企圖達到內在平衡的方法。

對心理諮商者而言，能在面對當事人「競爭」的過程，繼續保有對當事人「競爭」行為的理解是很重要的，不然便會受到當事人「競爭」行為的挑戰，威脅到心理諮商者的自我的評價與形象。心理諮商者焦慮的本質與強度直接影響心理諮商者會談中展現的行為，這可能引發心理諮商者開始與當事人競爭，以維持自己的尊嚴與價值，結果，會談雙方原來的角色（助人者與求助者）開始模糊，變成兩個想要挫折對方、保護自己的一般人，此時原先諮商關係形成之前的約定早已蕩然無存，諮商的結果對雙方帶來的可能是「傷害」。受威脅而持續焦慮不安的心理諮商者，面對接下來的諮商會談，恐怕無法勝任「助人者」的角色，這時候便需要督導角色的專業人員，給予必要的協助。

第五節　階段五：追求正向自我與穩定的負向自我衝突的平衡

一、混亂複雜的諮商關係與創造好的人際互動經驗

經過前面幾個階段諮商關係的動力變化，這時候的當事人心中的諮商關係變得十分複雜與混亂。當事人內在對諮商關係的混亂情緒，透過各種不同的平衡內在衝突方式，成為與心理諮商者互動的素材，直接影響與心理諮商者的互動，無可避免地，也會影響心理諮商者的情緒變化。這時候，心理諮商者不僅要繼續協助當事人調適情緒獲得改變，如何調適自己的情緒也成了重要的課題。

如果心理諮商者成功地調適自己的情緒，面對諮商關係帶來的各種情緒衝擊（特別是焦慮的情緒），除了自我保護的反射性選擇外，心理諮商者其實還有許多的選擇來幫助自己，調適內在的情緒，包括：經常性的自我覺察與分析、獲得同僚的建議、尋求督導的意見，甚至考慮妥善地轉介當事人等等，而不是把減低內在焦慮的希望寄託在當事人的屈服與討好（反射性自我保護選擇期待的結果）。

一旦成功因應諮商關係帶來的各種挑戰，心理諮商者便有機會協助當事人覺察內在的焦慮與引發挫敗的人際模式，甚至是創造有利於人際適應性的「新經驗」。因此，當事人針對心理諮商者表現出的混亂情緒與矛盾人際模式的出現，對諮商關係而言，不啻是關鍵性的考驗階段，它可能是心理諮商者自我遭受挫敗的來源，但也可以是協助當事人改變的重要契機。

二、「畏懼的人際經驗重現」的面對與「新經驗」的獲得

(一)「詮釋」與獲得新經驗

　　這時候當事人對心理諮商者的感受也是變動的。心理諮商者的關心是穩定還是短暫？心理諮商者的話是可信任的嗎？心理諮商者是真的善意的嗎？一大堆關於心理諮商者的問題，讓當事人無法用原先習慣的模式與心理諮商者互動。這對當事人而言，是極容易陷入混亂的情緒狀態。這時候，當事人的「自我強度」是幫助當事人承受混亂，獲得改變的重要基礎。心理諮商者需要隨時注意當事人面對不同情緒衝擊時自我強度的承受力，藉由選擇諮商話題、控制諮商深度、選擇詮釋方式、提供因應情緒知識、直接表露關懷等方式，協助維持當事人面對改變所需要的自我強度，也藉以逐漸增強當事人面對人際緊張的自我強度。

　　「詮釋」(interpretation) 是幫助當事人在獲得安全依賴的衝突平衡過程，獲致頓悟 (insight)，產生改變的重要方法。「詮釋」也是諮商過程中，協助當事人獲得新的人際經驗，經常使用的方法。透過詮釋當事人採用的內在衝突平衡方法，與內在依賴的需求，當事人得以獲得理智與情緒層面的自我瞭解，進而擺脫原先不適應行為模式的窠臼，再行選擇有利自己的因應技巧、信念與經驗，獲致痛苦的下降與滿意的人際關係。

　　對於諮商關係的詮釋，是協助當事人解決依賴衝突的重要技巧。然而，有效詮釋諮商關係是需要一定的條件，其中選擇進行詮釋最重要的前提是：在會談的情境裡，當事人能夠「清晰」（不模糊）地對諮商關係表達心中的各種情緒感受，特別是對心理諮商者的情緒與感受；最常見的例子如：擔心心理諮商者不滿意他的表現而嫌棄、害怕向心理諮商者表達對心理諮商者的需要，卻遭到心理諮商者的冷淡拒絕。

　　向心理諮商者表達各種感受，對當事人而言，是一件高度焦慮的事；除了害怕自己會再度遭受到如同過去的傷害，心中也都會充滿與心理諮

商者關係的變動、緊張甚至決裂的畏懼害怕與不確定性。簡言之，「聚焦自我的焦慮」是改變自我時，最常遇到的焦慮之一。

● 例子：聚焦在自我的焦慮與迴避……

　　李小姐在會談的過程，十分容易緊張，心理諮商者常看見她不知所措的反應，眼睛瞪得大大，有點遲疑地回應心理諮商者的問題。見到李小姐的緊張，心理諮商者主動關心她的情緒，而她總會下意識自動反應：「還好啦！」可是心理諮商者察覺李小姐實際上並沒有比較放鬆。

　　有一回李小姐發現自己在會談過程的焦慮，主動跟心理諮商者提起。經過一番討論，李小姐發現其實在回答心理諮商者「還好啦！」的當時，其實自己還是很緊張。

　　心理諮商者問起李小姐，怎麼心理諮商者的關心還是讓她感到焦慮呢？李小姐表示，大概是因為，怕增加別人的麻煩，製造別人的負擔。別人的關心卻引起害怕製造別人麻煩的擔心，成為接下來會談的重點。剛開始李小姐覺得這似乎是一件很有意義的事，不過這個話題談得愈久，李小姐覺得自己怕麻煩別人的習慣，似乎也還好，她舉出與其他人相處的例子，表示其實跟某些人相處並不會那麼擔心麻煩別人，於是這個話題的重要性便下降，「其實也還好」成為李小姐對於自己擔心麻煩別人現象的最後結論，於是話題便趨向結束，新的話題似乎即將取代……

● 例子：怕得罪心理諮商者的陳先生

　　陳先生正在會談室中，表達自己最近閱讀新書的感想，心理諮商者專心傾聽，同時也將內容記下。逐漸地，談到一半的陳先生講話的速度開始變慢，而且注意力緊盯著心理諮商者的動作，陳先生的眼光隨著心理諮商者的筆移動，顯然陳先生的焦慮竄升。心理諮商者停下來詢問陳先生現在有什麼感受，陳先生說心跳很快，呼吸有點急促，焦慮不安！

「你在擔心什麼?」心理諮商者問道。

「我擔心你會不高興!」陳先生回答。

「怎麼說?」

「我覺得你會不高興我有自己的想法和意見。」

「所以呢?」

「你會處罰我。」

「喔!我會怎麼處罰你?」

「要我明天起就不用來會談了。」

「你是說我會跟你斷絕關係,再也不幫你了?」

「對!就是這意思。」

「現在有什麼感受嗎?」

「嗯!腦子一片空白,聽不太進去你現在說些什麼!」

以上述陳先生的例子而言,陳先生其實一直在警戒狀態,不斷地偵測心理諮商者的態度,避免與心理諮商者的關係起了不好的變化、心理諮商者會對他不滿(關係緊張),進而以中斷會談(關係破裂)來處罰控制他,或者早些發現心理諮商者態度的變化,盡快採取一些保護自己的作法。

此時,心理諮商者需要採用「逐步暴露」的原則,提升當事人的焦慮承受力,增加當事人的自我強度,幫助當事人逐漸適應這種焦慮,避免無法承受高度焦慮而採取逃離來因應,也免得當事人堅持迴避重要的話題,影響諮商的進展。例如:回顧過去與父母互動的負面經驗,起初當事人可能只是情緒抽離地談論過去受傷害的事,更進一步,逐漸清晰的情緒覺察,讓當事人幾近情緒失控地怨恨他的父母,進入更深的負面情緒,談到過去與父母相處的記憶,高度的焦慮讓當事人不知不覺感到疲倦困頓,最後在治療椅上睡著。

如果,這種面對心理諮商者的焦慮無法被掌控,將干擾自己對詮釋

內容的理解，特別是情緒面的理解 (emotional understanding)，屆時「詮釋」將無法達到預期的效果，當事人便無法從中自我覺察或獲得頓悟。

　　主要詮釋的內容與次序，包括：人際行為的目的（如：你想我跟你發展哪種關係）、人際互動方式、合理的人際互動結果、內在的渴望與需要、合理的人際互動模式（延伸至真實生活）。

㈡理想的帶領關係

　　諮商關係發展至這個階段，心理諮商者與當事人的關係將是接下來會談的焦點，涉及心理諮商者與當事人對各自的感受與想法，是必然的話題。心理諮商者與當事人坐了下來，面對對方，表達對方帶給各自的感受，甚至澄清那些感受與再詢問。

　　儘管此時的當事人對你（妳）抱持著複雜甚至是混亂的情緒，但是心理諮商者仍舊繼續扮演帶領者的角色，心理諮商者繼續掌舵會談的方向與目標，引領著當事人探索最幽微的內在世界，這種探索有別於單獨的自我覺察與改變，受益於帶領關係的當事人，正是安全的人際信賴最好的印證。

　　心理諮商者透過當事人對他（她）矛盾衝突的感受與反應，提供可以討論與驗證的素材，協助當事人看見自己內在的害怕，並且克服害怕，重新改變對心理諮商者的觀感與信念，讓當事人覺得心理諮商者是「可靠的」，不會輕易變動或難以捉摸，更不會對當事人的態度起伏不定、前後不一，也讓當事人相信心理諮商者對自己的需求會有「好的回應」，不會冷血旁觀，也願意在合乎現實的條件下，為當事人調整自己。

　　此外，讓當事人理解，心理諮商者會「對自己的情緒負責」；這樣的過程，不僅協助當事人看見，過去自己長期急躁不安地扮演「主動撫平權威者情緒反應」的角色，也進一步相信，用不著高度警戒心理諮商者的負向情緒，因為心理諮商者不會選擇依賴當事人的方式來改變不悅的情緒，心理諮商者將負起調適自己情緒的主動角色，不會輕易地對當事

人生氣、不滿或抱怨為什麼當事人總是惹毛心理諮商者。

　　一旦當事人改變了對心理諮商者的建構，會談的氣氛與兩人的關係，自然會碰觸當事人原有不利的內在自我參照架構，最後得以「重新建構」(reframing) 自己。然而，一旦涉及改變當事人的自我概念，心理諮商者便需要幫助當事人面對「內化被嫌棄的自我」與「擁有被喜愛特質」之間的衝突，被嫌棄的痛苦情緒常迫使當事人迴避自我覺察，或偏失 (biased) 地注意與自我有關 (self-referent) 的訊息，不僅繼續維持原先負向的自我概念，當然也更無法理解與感受「被喜愛」的經驗。經由心理諮商者真誠的喜愛，當事人才能內化這些從心理諮商者眼中看到的自我價值。

　　如果，當事人從心理諮商者身上獲致：權威人物對待他的方式是「穩定」且「自我情緒負責」的經驗，而且對自我的印象也隨之趨向正面，可以肯定地認為自己具有可被愛的特質，那麼當事人會堅定地要求權威者應扮演的角色、堅持自己的期待，不但合理地期待外界的人與事，也會這樣地自我期許，扮演好他人權威者的角色。如此，內在的混亂不安消失了，也能與外在世界形成良好的人際互動模式，獲致心理需求的滿足，於是正向的情緒成為生活的基調，有能力成為快樂的人。

　　緊接著要討論的是，如何協助當事人透過覺察對心理諮商者複雜的衝突情緒與因應衝突情緒的選擇，逐步改變對心理諮商者的內在印象：由不穩定趨向穩定（穩定與不穩定），由缺乏反應成為善意回應（有反應與沒反應），以及由要求當事人負責情緒轉向心理諮商者自我情緒負責。

㈢與心理諮商者互動經驗的改變

　　基本上，由於過去與權威者互動的高度焦慮經驗，使得當事人不斷以偵測、迴避的方式來與權威者互動，藉以在不安的依賴關係下自我保護，而且這樣的互動模式也會類化到其他人，特別是讓當事人感到依賴需求的對象。不過，也由於這種與權威人物互動的模式，讓當事人不斷

維持原先對權威人物的知覺與形象，這些基於早年經驗的注意偏失，使得當事人失去發現多樣化的機會，缺乏「分化」的權威者形象（如同沒見過幾次雞，所以下次遇見雞的時候，就覺得每隻雞都長得差不多）。愈是簡化的權威者形象，對當事人而言愈是難以獲得新的掌控感，例如：只要權威者（如媽媽）生氣，她一定會攻擊處罰我，除了討好或逃離，沒有別的可能性，我不認為還有什麼更好的選擇。維持對權威者「簡化」的負面印象，至少可以獲得減少被傷害的控制感，倘若輕易相信心理諮商者具有原先簡化印象之外「好」的特質，不僅害怕最後還是被傷害，而且也難以理解被幫忙（來自好的特質）的經驗。然而，形成對權威人物正向的形象，卻是處理依賴衝突的重要環節。

「穩定」、「有反應」與「情緒自我負責」這三個有關權威人物的正向形象，是經常被討論的。

1. 正向的權威者形象之一：「穩定、可靠（信守承諾）」

「穩定」是指：權威者的言行的「前後一致性」；運用在諮商關係的意義，乃指對待當事人的態度不會突然改變，而轉向攻擊、拒絕當事人。從另一個角度來看，當事人對心理諮商者的形象通常是不穩定的、是極端對立的（對當事人採安撫照顧與嫌棄拒絕）。因此，對當事人而言，偵測心理諮商者是否「穩定」，是依賴心理諮商者且免於被傷害的自我保護措施；當事人愈是擔心心理諮商者的攻擊與拒絕，對心理諮商者是否穩定的偵測愈是敏感。

現實生活中，父母對孩子的指導與本身行為，有時候是不一致的，例如：要求小朋友不可以攻擊學校的同學，但是卻因自己的挫折情緒而體罰孩子；或是，希望孩子能獨立自主，卻又責備孩子過度重視與同儕的關係，而不把心思放在家裡。這種不一致，在一般生活中雖然常見，也不一定會造成孩子很大的困擾，但是對於需要高度依賴父母，卻又害怕被拒絕的孩子而言，卻是極大的困擾。他們沒有能力處理需要父母與

被拒絕之間的趨避衝突 (approach-avoidance conflict)。請看下面這個例子。

> ● 例子：自述「觀念混淆」的李同學
>
> 　　就讀大學三年級的李同學，自行前來諮商中心，她表示自己經常身體緊繃、疼痛，又覺得最近讀不下書，總是掛心功課，心情實在很煩。
>
> 　　有趣的是，李同學每次都會先設定好會談的主題。幾次會談之後，她提到了「觀念混淆」的困擾。母親覺得家裡氣氛不好，擔心影響她的心理，所以鼓勵她盡量住在外面，回家就當是短暫的度假，瞭解母親苦心的她，也照著母親的話去做。可是有一回母親要她馬上回家幫忙，因為考慮到重要的作業未完成，李同學對母親的要求有些猶豫，遲疑的反應卻遭到母親嚴厲的責罵，認為她怎麼一點向心力都沒有，心中到底還有沒有這個家啊，堅持她立刻回家！這讓她覺得到底該聽母親什麼時候的說法，自己都被搞得有些混淆！有些時候，自己都都不太敢確定，母親現在的意思是不是真的？過一段時間，會不會又變了？這種矛盾讓她不知道，遇到困難的時候，該不該找母親談，雖然母親一再地表示，有困難的時候，一定要跟她說，不然她會很擔心。

(1)洋娃娃效果

　　由義大利著名導演羅貝多‧貝尼尼 (Roberto Benigni) 主演的電影「美麗人生」(*Life is Beautiful*)，電影中描述一個父親，為了穩定孩子的情緒，避免集中營的恐懼影響了孩子的心理，片中的父親以戰爭遊戲的方式，讓孩子能安定地待在集中營。由於父親冷靜與幽默的表現，孩子才能相信父親營造的遊戲世界，如果，父親因為進入集中營極度的焦慮，掩蓋不了的不安自然會影響了孩子，不安的父親當然會讓孩子置身於不安的情緒中，進而影響孩子的心理狀態。對孩子而言，另一種形式的趨避衝突（需要父母與害怕被拒絕）來自本身便是極度不安的父母，讓孩

子覺得隨時都會發現瀕臨情緒崩潰的父母。

　　有些隨時瀕臨情緒崩潰邊緣的父母，困在自己的情緒漩渦，一時無法自拔，把自己的孩子當成自己的大洋娃娃，盡情地將心中「混亂」的情緒，向孩子（大洋娃娃）傾吐或宣洩（甚至是施虐），以為年幼、聽話的孩子是沒有感受。其實孩子的認知功能雖然未臻成熟，但是卻能完全感受甚至吸收了父母「混亂」與「沈重」（相對於他的年齡）的情緒；結果，一方面孩子必須去扮演「倒錯」的角色，即反過頭來，去承擔超過本身能力的角色，努力地去安定父母，因此，壓抑自己的需要也是必然的結果。另一方面，父母的焦慮不安讓孩子跟著焦慮不安，焦慮不安的孩子對父母的依賴愈是重要，但矛盾的是，他們卻只能依賴已經依賴他們的無助父母，這種關係讓孩子感到極度的衝突與不安。具有早期最重要依賴關係不安、不穩定經驗的當事人，當然也會將這樣的經驗，類化到曾經成功協助他們，如今他們想要依賴的心理諮商者身上。

● 例子：考完試，擔心心理諮商者不再關心的姑娘

　　當重要的考試一結束，這位年輕的女性當事人卻反倒是開始對心理諮商者的言談反應變得十分敏感，特別地注意自己在會談中表達的需求，心理諮商者是不是有回應，還是加以輕忽？也會十分關心自己向心理諮商者請教問題的電子信件，到底多快可以收到回音？

　　原來年輕的當事人心中充滿了強烈的不確定，擔心心理諮商者會不會因為自己已經結束了困難的考試，度過了難關，就會有所改變，不再那麼關心她？儘管充滿疑惑，可是怎麼想也想不清楚，也無法確定，因此就不斷地透過簡訊或電子信件，來「測試」到底心理諮商者的態度是不是有所改變。她擔心心理諮商者不再像之前那般關注她，她將可能被忽略，那是一種令人十分害怕的感受。所以，還是認真小心地注意心理諮商者對她的態度變化，避免萬一擔心的事情發生，自己會不知所措！

⑵讓「不信任」成為可以談論的話題

接受當事人不斷的「考驗」或「測試」，是協助當事人解決「不穩定」的必然歷程。心理諮商者除了要不會被當事人不斷的「考驗」或「測試」所挫敗，更重要的是，如何讓當事人對心理諮商者的不信任（來自對心理諮商者不穩定的形象）變成會談的話題，讓對於心理諮商者形象的「不穩定」議題可以容易地被發現與討論。再者，心理諮商者不用急著去澄清與證明自己的「被誤解」，除非當事人主動要求澄清與證明。如果，當事人尚未準備好去面對對心理諮商者的不確定感，心理諮商者的主動澄清是無法達到預期的效果。

在這段長時間討論「不被信任」議題的過程中，心理諮商者協助當事人進行信任的「預期結果」與「現實結果」之間的比較；換言之，心理諮商者協助當事人清楚地覺察對心理諮商者的不信任，並評估當信任心理諮商者時，害怕的結果符合現實的程度，從中動搖「預期結果」的必然性，同時也增加「條件式信任」(conditional trust) 的廣度與安全感，例如：讓當事人學習到：雖然不能完全相信心理諮商者，但有些時候的信任是安全的，即使有傷害也是有限，或是承受得起的。

重要的改變來自於當事人對心理諮商者信任的焦慮降低，開始接納心理諮商者的想法與作法，將之實際運用之後，獲致良好的結果。這是一個漸進的過程，不是一個驟然改變的過程，心理諮商者本身也要有符合現實的期待。

2.正向的權威者形象之二：「有反應」(responsive)

「有反應」是指心理諮商者因為覺察當事人的需求，做出滿足當事人需求的反應或行為。例如：心理諮商者因為覺察到當事人的痛苦，便表現降低或解除當事人痛苦的反應，或是，因為感受當事人的需求，對當事人的需求做出滿足的回應行為。換句話說，「有反應」指的是：當事人認為，他（她）發出的需求訊號 (emotion signal) 對心理諮商者的行為

是具有影響力的，而且心理諮商者將會帶來期待的結果。簡言之，當事人認為，一旦心理諮商者覺察他（她）的需求之後，心理諮商者會予協助的預測感是高的。

如果，當事人不認為心理諮商者會對他（她）的需求有反應，自然就不會想到在陷入困境時，選擇獲得心理諮商者的幫忙。對某些當事人而言，面對權威者的期待，他們的選擇只有盡力滿足對方的需求，一旦無法確定可以滿足對方、讓對方滿意，就會出現極高的焦慮，如果真的受不了焦慮的煎熬，就採取逃離的方式來因應。這些當事人沒想到或不認為權威者會發現他們的困難與需求，因此而伸出援手，甚至是調整自己來幫助當事人（如：因為看見當事人最近過得比平常痛苦，所以願意同意當事人提早下一次會談的時間）。因此，他們不斷地取悅、聽從心理諮商者，沒想過或不認為自己對心理諮商者是有影響力，沒想過心理諮商者會在乎他們的不舒服與感受，認為一切只能靠自己處理，遇到再大的困難也是一樣。有時候，因為達到心理諮商者期待的現實困難度太高，或是因為焦慮情緒的干擾造成挫折或失敗，當事人只會選擇懷抱愧欠(guilty)，利用自責或自我處罰來因應愧疚感，來獲得維持諮商關係的平衡，一旦失去獲得維持諮商關係的平衡，當事人可能選擇逃離諮商關係，逃離的反應免不了會出現接下來是否迴避諮商關係的問題。

然而，一旦當事人對心理諮商者抱著期待，希望能獲得一些幫忙，其實是增強對心理諮商者依賴的焦慮，高度擔心對心理諮商者「有反應」的期待，將帶來被嚴峻拒絕的恐怖後果。長時間迴避對心理諮商者「有反應」的期待，便可能讓當事人覺得不知道可以向心理諮商者求助。

將這種迴避對依賴對象抱持「有反應」的現象放在夫妻的關係，便能理解對某些人而言，情緒痛苦會不斷地增強對配偶「有反應」的期待，但是對配偶抱持期待也會引發焦慮，經過衝突情緒的折衝與平衡，最後卻演變成以對配偶表達不滿與責備的方式，避開「有反應」期待帶來的依賴焦慮，只是被動等待配偶表現「有反應」的善意反應。然而，就現

實而言，對配偶的不滿與責備，反而增強了雙方相互表達不滿或迴避面對的行為，結果，夫妻關係反而逐漸僵化與惡化。

● 例子：不曉得可以表達困難的李先生

　　李先生遇到交往女友上的問題，心理諮商者想要清楚地讓李先生覺察自己面對女性的焦慮，因此逐步地澄清持續交往的困難，只是每回李先生都會不知不覺地轉換話題，因此會談容易出現失焦。心理諮商者針對這個現象跟李先生討論，李先生也發現自己常轉移話題的現象。

　　當談到交女友的過程，李先生雖然發現自己的擔心與困難，但是他的反應不是停在自己的困難，而是跟心理諮商者討論其他的問題，原因是他認為既然那個困難自己做不到、無法改變，所以只好換到另一個有關的話題。心理諮商者詢問李先生，遇到困難可以跟心理諮商者一齊討論、解決，李先生有些困惑地表示，他不曉得有困難可以跟心理諮商者討論，這讓他聯想到他的父母，他的爸爸很嚴肅，讓他不敢親近，母親則很容易擔心，自己如果有事跟媽媽說，反而受母親的影響，使自己的情緒更糟，久了遇到什麼事都只想到要自己處理，也沒期待過別人的協助，當然也不曉得心理諮商者知道他的困難，也願意跟他一起解決問題。

● 例子：你不是不會，只是要不要做而已

　　每次母親要求江先生做什麼事，一旦江先生面露疑惑或困難，母親總是會說：「我覺得你是不想做，事情就看你做不做而已！」敵不過母親的要求，江先生最後還是照母親的說法去做，如果做不好，母親的指責，讓他自責都是自己的問題，所以沒把事情做好。有些時候，江先生發現照著母親的期待去做，事情可能愈來愈糟，可能會搞砸，他便會半途而廢，雖然事情做不好，但是至少不用去承擔最後不愉快的感受與自責。

　　江先生一直沒辦法持續地工作，經常地更換工作，讓他感到困擾，

尤其年紀漸增，年齡過大失去就業競爭力的擔心，更是讓他感到害怕！

　　江先生覺得在母親的思維裡，從不考慮自己的能力、困難，以及做事情當時的情緒感受，換句話說，在母親的眼中，不需要考慮自己的能力是不是能做得到，也不用預想做事過程可能的困難，而且自己現在的壓力狀態高或低，根本不用考慮，就看有沒有意願與決心去完成該做的事，這種忽略現實的意志，儼然是一種高傲血統的行徑。在心理層面上，江先生認同母親這種罔顧現實的自傲，藉以獲得自我價值感，但現實上，江先生是一再地忽略反應自己真實狀態的情緒反應，一味蠻幹地想要完成該做的事，既不調適自己在完成事情過程中的情緒，讓惡化的情緒不斷地干擾表現，也不事先對可能的困難進行準備，尋求必要的解決方法或資源協助，使得完成的過程，增添困難，一旦努力的結果是挫敗，他便不斷地自責與自貶，讓自己繼續陷入持續削弱自己的信心（失敗的結果會讓自己更加沒信心面對挑戰）與鞏固認同母親「只是要不要做」信念的自我價值基礎（我就是決心不夠才會失敗，如果決心夠，我就會擁有高傲的靈魂）的矛盾處境。

　　江先生實在無法理解，心理諮商者為何一再地關注他的情緒，在乎他的感受，因為在他的世界裡，那是不需要的事，更別說是感受到心理諮商者的同理與關心。他其實無法理解，為什麼別人需要站在他的立場思考，別人對他的關心只讓他覺得奇怪與納悶。於是，認同母親不關注情緒的江先生，既沒有辦法透過關注情緒，來獲得解決問題的助益，也阻斷了理解他人關心同理的經驗。這種經驗與會談求助呈現強烈矛盾，心理諮商會談就是一種獲得協助的行為，可是江先生卻認為不需要跟別人求助，也不認為心理諮商者需要關心他的感受，或為他做些什麼。

3.正向的權威者形象之三：「自我情緒負責」

　　在諮商關係中，所謂「自我情緒負責」指的是，心理諮商者不會依

賴攻擊、威脅當事人，作為主要調適本身負面情緒的方法。權威人物表露強烈情緒時，權威者與當事人的互動方式，不僅影響當事人日後面對權威人物情緒變化的反應方式，同時也是塑造當事人自我形象與對權威者形象的關鍵時刻。

對許多當事人而言，面對權威人物的情緒不悅，當事人經常將權威人物不悅歸因於自己的因素，認為是自己不好才會造成權威人物的不悅；因此，在罪惡感的驅使下，主動肩負安撫權威者情緒的角色。結果，權威人物透過對當事人的指責與冷落，達到調節本身情緒的行為受到「增強」，同時也增強當事人面對權威人物心情不悅的罪惡感，繼續維持當事人主動安撫權威人物情緒的角色。這種對依賴對象的罪惡感，經常會讓當事人對權威人物的內在形象產生混淆，衍生另一種的內心衝突的來源，依賴（需要）權威人物又會引發強烈的罪惡感，這種矛盾令人痛苦，耗竭精力。

這種行為模式的存在，妨礙了當事人「相信」心理諮商者會是一個自己負起調適自我情緒的人，當事人其實是可以選擇輕鬆地看待心理諮商者本身的情緒，不用不安焦躁地想要安撫心理諮商者，因為心理諮商者可以不選擇抱怨、攻擊（讓當事人感到焦慮不安）或乞求（讓當事人感到罪惡虧欠）當事人的方式來調節自己的情緒。如果當事人可以相信這一點，就可以跟心理諮商者輕鬆相處，不用警戒心理諮商者的情緒，戰戰兢兢地隨時準備安撫心理諮商者的情緒。

● **例子：如果我不高興，我會告訴你，不用對你發脾氣**

　　心理諮商者已經跟出現恐慌的李先生約定過，如果恐慌一旦發作無法控制下來，就可以撥電話向心理諮商者求助。儘管與心理諮商者有了約定，李先生總是在求助之前猶豫起來，再三考慮是否現在就要撥電話？不確定現在打去是不是恰當的時機？不曉得心理諮商者是不是正在忙？自己會不會是無病呻吟？現在是可以求助的時機嗎？自己是不是努力還

沒做夠？這種殷切需要被幫助，以及求助時的諸多考慮，常使李先生猶豫不決！

　　直到有一天，李先生在心理諮商者公開演講的前五分鐘來電，心理諮商者告知當事人只能交談五分鐘，做完當時必要的處理，約定演講之後，請當事人再來電。當事人依約定時間晚了些才來電。之後的會談時間，心理諮商者詢問當事人，對於之前有限時間處理的看法。

　　當事人高興地表達，從心理諮商者的處理，讓他相信心理諮商者是會提出拒絕的！進一步澄清，當事人認為心理諮商者主動說明，當時的談話時間有限僅有五分鐘，這種反應表示心理諮商者不是一個只會忍耐不悅，等待他把話講完的人，真的時間不行，心理諮商者就會讓他知道，所以，他便不用一直擔心，打電話求救可能會惱怒心理諮商者的問題。

　　當事人之前一直不認為心理諮商者會負起自己處理情緒的責任，只會一味地忍耐，等待別人需索的暫停來處理情緒。由於自己真的需要心理諮商者的幫助，所以當事人常常擔心不知什麼時候，自己的求助會讓心理諮商者火山爆發，向他發飆，然後關係就瀕臨破裂！

　　家庭系統裡，年幼的孩子為權威人物（通常是父母）安撫情緒的行為模式，泯滅家庭成員之間的合理人際界線 (boundary)，剝奪了孩子學習建立合理人際界線的機會。然而，無法自己調適內在衝突與混亂情緒的父母，利用讓孩子焦慮或罪惡感的方法控制孩子，驅使孩子幫助他們調適情緒，甚至依賴這種方式，迴避了應該自己面對與處理自己情緒的合理人際界線。此外，亦會造成孩子「繼承」這種泯滅合理人際界線的行為，日後「複製」父母被動等待別人關心與不斷埋怨別人不關心的行為，下面的例子可以作為參考。

● 例子：我有一個要我替她老公做事的媽媽

　　許同學最近愈來愈覺得媽媽很煩，總想避開她，現在每次想到媽媽的臉就想趕快關掉腦海中的影像……

　　「怎麼談到媽媽，妳就煩起來!?」心理諮商者問了許同學。

　　許同學心浮氣躁地談著她的母親。她說自從爸爸長期到南部出差之後，經常看見母親拖著疲憊的身影從她眼前經過，然後一個人坐在客廳發呆，不然就是緊抓著選臺器，不斷地切換電視節目。心疼媽媽的許同學看到這一幕，就會主動趨前關心媽媽，但是剛開始媽媽都會說沒事，然後繼續呆坐在客廳，總是要許同學多次的關心詢問，媽媽才會跟她講話，這時候媽媽臉上才會漸漸出現笑容，覺得安心的許同學才放心的去做自己的事。可是忙完自己的事之後，又發現媽媽還是繼續呆坐在客廳。

　　經過半年，媽媽依舊是有氣無力的樣子，看到母親的身影，許同學的心情是愈來愈矛盾，如果心疼媽媽，又要花上一番功夫去安慰她，要是自己心情也不好時，更是覺得煩，可是不理媽媽，又覺得心裡難受得很，放不下她一個人，這種心理的衝突，讓許同學覺得更煩，心想爸爸到底什麼時候才會回來？關心媽媽的事應該讓爸爸來做才對！

　　當然，當事人也可能從中繼承（學會）這種模式，把自己情緒的平復，寄望在他人身上，認為別人應該要瞭解他的需要並且伸出必要的援手，否則便會對他人生氣，覺得別人對不起他，如同權威人物的不悅那般「輕易」地引起他的自責。只是這樣的行為模式反而衍生更多的人際問題，這種學來的人際模式，常會讓別人覺得不舒服而選擇遠離當事人的方式，來減低相處時的不舒服，結果當事人的處境益形孤單。

　　家庭成員之間相互的罪惡感是維持不合理的人際界線的基石，也是維繫家庭緊密的力量，這種過於緊密的家人關係，有時反而會妨礙成員與外界建立關係，形成孤立的家庭、心靈孤立的當事人。

三、對自我概念與評價的正向化

㈠正向自我參照架構的重要

　　所謂的「正向自我參照架構」，指的是形成一個能注意、解釋有關正向自我訊息的內在架構。心理諮商者的期待是協助當事人獲致這種內在架構，然後再經過內化心理諮商者給予其的正向評價，以及參照正向自我的內在架構之後，正向結果的再增強，使「正向自我參照架構」成為處理與自我有關訊息的強勢（慣性強的）參照架構。內在參照架構的改變，將使得個體對自己的看法改觀，也連帶影響當事人的人際模式。透過正向的自我參考架構，當事人得以獲得正向的自我形象（提取熟習的自我特質描述）與正向的自我評價感 (self-evaluation)。

　　想要擁有正向的自我形象與自我評價，有賴於內化(鏡化，mirroring)權威者對他（她）的正向評價與態度。然而，對當事人而言，成功與穩固的內化，卻是依賴對權威者印象的轉變；沒有人會「肯定」地相信，你（妳）不信任的人對你的稱讚與欣賞，這些稱讚與欣賞總是夾雜著許多的不確定性，有些時候，反而是一種負擔。透過安心依賴與信任權威者，當事人才能從權威者對待他（她）的態度中，發現自己渴望的特質，內化成為正向的自我形象，透過聚焦在正向的自我形象，當事人得以獲得正向的自我評價。正向的自我評價感影響當事人處理跟自我有關的訊息；進一步來說，正向的自我評價感增強當事人注意與自我有關的正向訊息，並且對與自我有關訊息做出與正向自我評價一致的解釋，最後得以繼續維持正向的自我形象與自我評價感。下面的例子，提供了自我形象與自我評價如何影響當事人與同學的互動。

> ● **例子：不喜歡自己的大雄**
>
> 　　大雄雖然是長子，但他總覺得被這個家遺忘、忽略。爸爸的個性嚴

肅，老是跟他談不上幾句話，卻自然地跟愛撒嬌的妹妹嬉鬧在一起，媽媽因為父親的收入微薄，所以在工廠上小夜班貼補家用，除了假日，其實也聊不上幾句。進了高中，大雄總覺得跟同學無法打成一片，下課常常形隻影單地一個人待在座位上，班上的分組活動，他總是落單的那一位。捱到假日，還好國中還有幾位死黨，可以一起打球、聊天。

大雄表示雖然想跟同學聊天，但是很擔心別人會拒絕他，不想跟他多說，他自覺是個「無趣」的人，跟他聊天，別人一定會感到乏味，這些擔心（焦慮）讓大雄不敢跟同學互動，甚至避著同學，要是一定要跟同學互動，自己總是不自主地注意同學的反應，警戒著他們是不是變得不耐煩或是沒興致談話（注意力的焦點），只要對方的表情變得不再輕鬆，或是談話有些心不在焉，他就覺得對方一定是發現他是個無趣乏味的人，不想再跟他交談（互動結果的解釋）。在那一剎那，大雄的心情就像跌到谷底，麻木被動地撐完當時的談話，他再一次印證自己果然是個不討人喜歡，無趣乏味的人，除了自己不討人喜歡的特質（無趣乏味）之外，他無法想到還有什麼可能性。

㈡追求正向的自我與維持內在穩定的衝突

儘管當事人企盼提升對自我的評價，但是「正向的自我」對當事人而言，通常是模糊而不清晰的，是缺乏真實經驗基礎的，但對於「負向的自我」卻是相當熟悉，這種矛盾常讓當事人迷失在追求正向的自我與維持負向的自我的十字路口。

當心理諮商者稱讚當事人，當事人回饋心理諮商者的稱讚帶給他（她）的愉快與相信，往往僅是短時間的存在，接下來出現的是逐漸淹沒的「自我懷疑」，不確定自己是否真有那麼好，心理諮商者會不會只是口頭說說罷了，或是其實是心理諮商者並不瞭解自己的真面目。這種「自我懷疑」，便表示這種迷失在十字路口、不知該何去何從的感受正在醞釀

與發酵。此時，「削弱負向自我的維持力量」是朝向正向自我的先決步驟。

　　如何削弱當事人的「負向自我」的維持力量？如何讓當事人成功地內化心理諮商者對他的正向內在評價？首先要應對的是，克服當事人面對負向自我形象時的高度焦慮。看見自己不好的一面，尤其是面對、談論自覺一文不值的地方，是一件極其不舒服的事，逃離或迴避再度經驗是最常採用的因應方法。只是這種因應的方式，其實是不斷地維持負向自我評價的「習慣」，長期的逃離或迴避讓當事人妨礙了自我覺察，甚至發展其他自我挫敗的因應方法。底下是一位藉由竊取帶來的「擁有感」來迴避負向的自我形象的例子。

> ● **例子：去偷東西來消弭感受一無所有、一無是處的自己**
>
> 　　「我現在才看清楚，當我看見自己一無所有的時候，一片茫然的我，就不知不覺走向習慣的路……」這裡的習慣的路是指，騎著機車，前往遠地竊取東西的熟悉路線。
>
> 　　每當下課，面無表情的丁同學便會前往習慣的地方竊取需要的東西，這樣的日子已經好幾年了，偷來的東西已經塞滿房間，可是丁同學總覺得拿的東西「不夠」，每當想到自己生命中曾經失去的東西、落後同學的一切（如：功課、男女感情、交友出遊，甚至是他們之間的嬉笑怒罵……），那種拿的還不夠的感覺就變得非常強烈，憤恨冷酷的感覺驅使他再度踏上習慣之路。漸漸地，他發現自己心中那種一無所有，自己一無是處的感受，正是驅使他去得到些什麼的力量。彷彿，藉由短暫拿東西的感覺，才能消弭「一無所有、一無是處」帶來的巨大痛苦。
>
> 　　而今，丁同學不願再藉著拿東西來逃避「一無所有、一無是處」的痛苦感受，卻清楚地感受到那種痛苦的巨大力量，壓得自己心慌意亂，腦子一片混亂，頓時變成一個狂暴的人，怒不可遏地想要攻擊讓他這麼痛苦的人，當然父母就是他主要的攻擊對象，丁同學怨恨地說著，為什麼過去當他痛苦的時候，求助的結果卻是狠狠的一巴掌……

(三)學會自我疼惜

　　由於每位當事人面對「不好的自己」(負向的自我形象)的困難程度並不相同，所以協助的方法也不盡相同。協助「面對」負向自我形象的作法，不能僅流於抽象概念的談論，是需要以過去生活事件與經驗作為素材，這些回顧的素材無非是跟父母互動的過程，以及曾經感受到焦慮或失落的生活經驗。

　　心理諮商者帶領當事人覺察原有的人際互動模式與相關的內在需要與情緒的過程，除了將焦點聚焦在人際互動的過程，心理諮商者同時也要帶領當事人去關照自己的情緒。心理諮商者細心地詢問，透過情緒的反映 (reflection)，帶領當事人看見自己的焦慮、不安與失望時的感受與想法，就像關心他人一般地關心自己，用心同理自己，這種「自我疼惜」，可以讓當事人學會允許自己的情緒獲得尊重，甚至藉以發展自我尊重。就如同看見自己對別人怨恨的時候，用不著驚慌失措地責備自己心胸狹小、愛計較，而是從對別人的怨恨中，看見自己原來是多麼的受傷，怨恨愈深代表自己受傷愈重，其實這種自我疼惜並不會增強對於別人的怨恨，反倒是受傷的心因為自我疼惜而受到慰藉，怨恨更容易消散。

　　帶領當事人「自我疼惜」的過程，除了可以改變這些事件聯結的情緒經驗之外，也使這些往事不再讓當事人感到強烈的不舒服，並提供了一個機會，讓當事人清楚地看見自己過去生活裡的失望、畏懼、難過，瞭解自己其實是過去生命經驗的受害者，這種「受害者」的體驗不同於會談初期的「受害者」體驗，初期的受害者的形象存在的價值，在於自我保護，藉由塑造自己成為被加害的角色，得以對自己無力面對的痛苦，獲得另一種代理性的「控制感」(vicarious control)，並且停止自貶。從看見自己遭受的痛苦，懂得開始體諒與疼惜自己，學習抗拒負向的自我形象下的自我譴責，對之前形成的負向自我形象，態度轉趨排斥，努力轉變對自己不滿意的自我形象。

當然，這種學習自我疼惜的過程，免不了也會與目前的人際互動模式聯結，看到自己是怎樣不安與委屈地與周遭的人維持著關係。

此外，如果當事人本身原先就具有一定程度的正向自我參照架構，透過自我疼惜歷程，便將大幅提升「正向自我」對當事人的主宰。

● 例子： 遭媽媽嫌棄（肌膚接觸）而頻頻拭淚的女孩

經過一段時間的會談，原先缺乏感受的李小姐，開始變得容易受到生活事物的感動，看到令人感傷的電視劇情，總是控制不住淚水，常見她跑到洗手間，需要一點時間才能平復。

有一回，她談到小時候夏天夜幕低垂的一幕……

天氣炎熱，跟媽媽睡在一起的李小姐，總是被媽媽不悅地提醒，要李小姐不要靠近她，媽媽抱怨天氣熱，身體靠太近會感到很不舒服。於是，李小姐整夜的心情，隨著翻來覆去的媽媽而上下起伏，因為她要小心地不要碰觸到媽媽，免得媽媽不高興。

心理諮商者請李小姐回想當時媽媽的表情，李小姐說是不喜歡、煩躁的表情，心理諮商者說：「那算是嫌棄的表情嗎？」李小姐悶著一直落淚，不斷地點頭。她清楚地知道媽媽迴避肌膚接觸的動作，像是在嫌棄她，讓她心好痛，她才知道自己當時是多麼的難過與可憐，她從來沒有這樣關心過自己，瞭解自己，平常注意力只放在，怎麼樣做媽媽才不會不高興，從未想過擔心媽媽不悅的自己，是多麼的委屈與畏懼……

● 例子： 對自己的困境不知道疼惜的徐小姐

徐小姐換了新工作，進入金融機構擔任研究員。這份工作替徐小姐帶來許多的壓力，因為她必須在公開的場合，表達自己的意見與專業判斷。徐小姐總覺得自己的表現不好，向資深的主管求助，雖然主管很熱心給她意見，但是徐小姐對自己的表現還是不滿意，經常會擔心自己的

表現。最後，徐小姐尋求心理諮商者的協助。在會談過程，徐小姐清楚地表達自己的困境與想法，而且努力地跟心理諮商者討論，如何改變自己的沒信心。

　　雖然，心理諮商者應徐小姐的期待，想要找出徐小姐可調整或改變的想法或觀點，徐小姐也很樂意配合；但是，心理諮商者發現，徐小姐雖然看見自己的擔心與處境，卻沒有明顯的情緒，彷彿是個努力認真上課的學生，很少談論自己的情緒。其實，徐小姐即使在會談的時候，心理的緊繃度還是很高，但徐小姐並未覺察，只是認真地聽取心理諮商者的指正，除非徐小姐能先讓自己放鬆，不然她總是緊繃地聆聽心理諮商者的指正。從徐小姐對自己的情緒狀態的忽略，讓徐小姐瞭解到，由於自己從小，總是緊張過日子，而且爸媽也未曾關心過她的情緒，因此，她也從不關心自己的情緒。不管自己現在的情緒狀態，適不適合費力思考，她總是奮力而為，當然在高度焦慮的狀態，理解事情的效率變差，而且情緒的感受性也低，因此，無法獲得改變。

㈣從心理諮商者的眼裡看見自己的價值

　　有了上述的成功經驗之後，接著要幫助當事人內化心理諮商者對他（她）的正向評價；如果，當事人其實已經有了一些不錯的人際關係，這些人際關係亦可以提供內化正向自我形象的機會。心理諮商者其實可以扮演輔助的角色，讓當事人能穩固地獲得清晰的自我概念與正向的自我評價感。只是，這種可幫助內化正向自我的人際關係是不確定的；而且，愈是需要內化這些正向的自我評價的當事人，其匱乏程度愈是高的。因此，最有把握的反而是諮商關係，因此，心理諮商者盱衡當事人的現實人際資源之後，再來決定自己扮演的主動性。

　　覺得自己具有被喜愛特質，並不完全是一個「理性」的問題，是一種相信，也是一種經驗。相信自己具有被喜愛的特質，並不一定表示當

事人可以將這些特質說得很清晰，即使可以把自己被喜愛的特質說得清楚的人，也未必會相信自己真的具有被喜愛的特質。

　　現實而言，每個人都可以找到某些優點來支撐正向的自我架構，所以，重點不在於幫助當事人，經過客觀、合乎現實的方式，找出有哪些好的特質，而是如何幫助當事人「內化」這些好的特質，成為正向的自我架構。心理諮商者幫助當事人內化正向的特質，形成正向的自我架構的前提是：「心理諮商者真心感受、看到當事人擁有的優點或特質」，換句話說，心理諮商者的確是喜愛或欣賞當事人某些特質。如果，心理諮商者無法清楚這點，就必須考慮要不要進行下面的協助歷程，無法真心欣賞或喜愛當事人特質的心理諮商者，帶領當事人獲致正向的自我參照架構是十分困難的事，如果心理諮商者不加思索地勉強去做，終究會傷了諮商關係的真誠性，危害好不容易建立起來的信任，對心理諮商者與當事人雙方，都是極大的傷害。

　　在進行協助當事人內化正向特質，形成正向的自我參照結構之前，心理諮商者要問一問自己，什麼原因讓你（妳）跟當事人一直維持這樣的關係？不可諱言的，經濟（當事人支付的費用以維持生活所需）當然是重要的因素之一，除此之外呢？一旦當事人詢問心理諮商者，他是不是有令心理諮商者欣賞的地方，心理諮商者會怎麼回答呢？心理諮商者當然要清楚地想過這個問題，才能回答自己應該回答的問題，也才能發自內心真誠地跟當事人討論這樣的話題。無法真心欣賞當事人的心理諮商者，無論原因來自心理諮商者本身的自貶或自戀，都將面臨諮商工作的大挑戰。

　　「不再繼承原先父母的加害模式」是某些當事人最令人喜歡與欣賞的善良個性，例如：「遭受嚴重情緒失控的母親傷害的當事人，卻是待人溫柔自制」、「飽受被母親拋棄恐懼的當事人，卻能細心包容地照顧身邊的幼兒」、「儘管在惡劣的環境中長大，卻讓自己具備超越環境預期的良好特質或個性」等等，都是心理諮商者應該帶領當事人看到的部分，也

要讓當事人從你（妳）對這些特質或行為的喜愛與欣賞中內化（鏡化）成為正向的自我參照架構。許多當事人痛苦的來源，便是不願認同原先父母讓人失望的價值與行為，於是自己成為家中「生病」的人，其實，這些當事人才是對人生或對家人有著最美好期待的人。

如何帶領當事人面對心理諮商者的評價是此階段的重要步驟，心理諮商者的帶領愈深，其在當事人心中的重要性愈高，但當事人害怕失去心理諮商者喜愛的程度也愈高。所以，需要對帶領當事人的階段有些準備，例如：「邀請」當事人主動詢問心理諮商者對他的看法，而不是主動、熱心地「勸導」當事人、告訴當事人，其實他（她）是個好人，這種外行人或一般朋友的作法，其實是會讓當事人失望的。協助當事人能「正視」心理諮商者是「專心傾聽」他的問題、「努力思考」他的問題、聽到他的感受也會「心有同感」，不斷地強調這些點，是希望當事人減少採用「忽略」心理諮商者的方式來因應心中的焦慮，避免重陷之前被重要他人「嫌棄」的痛苦處境。

四、滿足內在需求的個人化人際模式（練習「安心地依賴」）

基本上，由於過去與權威者互動的高度焦慮經驗，使得當事人不斷以偵測、迴避的方式來與權威者互動，藉以在不安的依賴關係下自我保護，而且這樣的互動模式也會類化到其他人，特別是讓當事人感到依賴需求的對象。

㈠「依賴」的焦慮

不僅「依賴」會引發來自內在衝突的焦慮，對於依賴的「陌生」，也會引發當事人對依賴的焦慮，與內在衝突的焦慮交互作用，影響當事人依賴焦慮的呈現風貌。

儘管當事人渴望依賴心理諮商者，但是依賴的關係對當事人而言卻是「模糊」、「陌生」或「不熟悉」，當事人以依賴的方式與心理諮商者互

動，對當事人而言，是陌生的經驗。內心的渴望與陌生的經驗，讓當事人出現不知如何因應的焦慮，當事人不確定自己如何與心理諮商者互動，才能贏得心理諮商者的喜愛與維持關係，當事人可能缺乏在互動情境下選擇適當反應的判斷能力，其行為庫中也可能缺乏適當反應的行為。

㈡陌生的經驗

因此，在互動過程中，一方面當事人因為在依賴關係中的「不知所措」，內在出現害怕心理諮商者認為他（她）「不知節制」的焦慮，擔心自己對心理諮商者的期待與需要將引發心理諮商者的拒絕，想像著心理諮商者即將不悅地提醒他，兩人只不過是諮商關係（醫病關係），怎麼會「不知節制」地「要求過多」的關心呢？這種「無法節制」的焦慮，使得當事人對心理諮商者的非正向行為（包括心理諮商者中性或模糊的反應或態度）產生高度敏感，增加錯誤判斷的可能性。另外，在真實的互動過程中，當事人也可能因為缺乏適當經驗，呈現「不適當」的互動反應，而引來心理諮商者的不悅，當事人敏感地覺察到心理諮商者的不悅，增強了「不知節制」的焦慮，當事人強烈地感受到：因為自己不知節制的需要或要求，導致心理諮商者的不悅，演變成遭心理諮商者嫌棄、拒絕的威脅，彷彿即將發生。

㈢「無條件」的質疑

除了「不知節制」的焦慮外，依賴的焦慮也會以「質疑『無條件』人際關係存在」的問題呈現。當事人會不斷地質疑：人跟人之間是否有「無條件的關懷」，來幫助自己免於輕易陷入被拋棄或嫌棄的恐懼，當事人會透過對他人嚴苛的要求與「考驗」，避免身陷上述的恐懼。如果，當事人依賴焦慮增高時，便會對周遭的人際關係進行考驗，以迴避被拋棄或嫌棄的害怕結果；有時「考驗」的嚴苛程度可能會挫折對方，使對方因挫折而疏遠當事人。此外，當事人也會增高對他人的戒心與要求，嚴

格地選擇是否相信對方，其實就是「質疑」對方。

因此，當事人可能對心理諮商者不斷地提出「不知節制」與「人是有條件關懷」的疑問（焦慮），目的是藉由透露其內在焦慮，向心理諮商者發出求助訊號，也藉此迴避被拋棄或嫌棄的害怕結果，平衡其內在焦慮。只是，「不知節制」的焦慮將使當事人增加拒絕他人關心的機會，壓抑自己對別人關心的需求，而「人是有條件關懷」的焦慮，造成當事人對周遭他人的「過高期待」與「嚴格考驗」，現實無法支持其過高的期待，將因此帶來挫折，而嚴格考驗也將造成挫折他人，選擇遠離當事人，於是，最後的結果再次印證當事人「不知節制」與「人是有條件關懷」的焦慮，增強了「不知節制」與「人是有條件關懷」的焦慮，當然也就繼續維持了原來的問題行為模式。

● 例子：心理諮商者關心的簡訊引起的焦慮

李先生是一位已經結束心理諮商多年的當事人，幾天前打了電話來預約心理諮商時間，因為遇到了感情挫折。鼓足勇氣並苦心經營的感情破裂了，讓他痛不欲生。會談的時候，李先生不禁潸然淚下，一下子抱怨前女友，一下子自貶起來，覺得自己就是不好，所以人家當然會離他而去。

擔心他陷入危機的心理諮商者，在下週見面前幾天，發了個簡訊給李先生，鼓勵李先生。下週來的時候，李先生對心理諮商者的關心簡訊既感謝又訝異，沒想到心理諮商者會寫簡訊關心他。在李先生情緒逐漸穩定之後，李先生便覺得自己的狀況比較好，不知是否應該減少會談次數，認為不應該這麼占用心理諮商者的時間，心理諮商者提到之前當事人對心理諮商者關心簡訊的反應，當事人巧妙地迴避停駐在這個話題。

最後，當事人漸漸地將內心的焦慮表達出來，他其實很感動心理諮商者的關心，沒想到不是會談的時間，心理諮商者還會關心他，因為不確定這會不會只是「偶發」的事情，他不敢多想或多一點期待，因為擔

心心理諮商者會認為他不知節制，於是迴避多談這件事。

● 例子：別再依賴……

　　李先生一直覺得還是不要依賴他人，跟他人有太深入的關係，意思是不要再想交女友，也不要有好朋友。心理諮商者回應李先生：「也許是之前的感情挫折讓你有這種想法，可是這並不表示你不需要依賴的關係。」

　　李先生抱怨說：「那能怎麼樣？萬一依賴又被甩了，那日子怎麼過？」……「別人對你的關心都是有條件的。」……「你能告訴我，人是無條件可以依賴的嗎？」

　　接下來幾次會談，每當心理諮商者反應他在言談中流露對別人的在意，李先生總還會問同樣的問題：「別人是無條件可以依賴的嗎？」然後自問自答地說：「我看還是算了！別去想依賴別人！」

　　自從感情受挫之後，李先生拒絕與幾位多年的好友見面，連電話也不接，對方殷勤聯絡的時候，李先生覺得還是算了，別去麻煩人家。一旦久經挫折的朋友漸漸遠離，李先生便忿忿地表示：「早就知道他們是這樣的人，幾次不理他們，就堅持不下去，其實是沒心啦！」

● 例子：令人懷念的工廠阿姨

　　因為學校課程實習安排，大強在實習的工廠認識了員工阿姨，在實習的過程，熱心爽朗的阿姨，幫了大強很多，大強跟阿姨成為忘年之交。實習結束前，依依不捨的阿姨，交代大強回去學校後，要記得跟她聯絡，大家約個時間聚一聚。大強一直記得這件事，可是卻一直拖延打電話給工廠阿姨，最後鼓起勇氣撥了電話給工廠阿姨，撥完電話之後，大強覺得無比的輕鬆，除了完成該做的事之外，大強再度在電話中感受到工廠阿姨的熱情與關心！

　　心理諮商者問大強，工廠阿姨怎麼會讓你這麼喜歡呢？大強表示，在工廠實習的過程，有一次工廠其他員工莫名其妙對他生氣，工廠阿姨發現，就主動趨前去關心受到委屈的大強，而且還說了一些挺他的話（對大強的情緒訊號有好的反應，並且做了有效平復大強焦慮情緒的反應）。他最欣賞工廠阿姨的情緒，每次看到她都是笑容滿面，從沒看過她大聲跟別人講話（阿姨給大強的強烈印象：情緒穩定），即使其他同仁用不客氣的態度對她，她也不會輕易動怒，更不會把情緒轉嫁到別人身上（情緒自我負責）。跟她相處覺得輕鬆愉快，而且工廠阿姨超會聊天的，就算不熟的人，一會兒阿姨就跟他們聊得很起勁。此外，大強還提到，由於阿姨太相信別人，有一回阿姨要大強幫她用提款卡領錢，大強就很擔心地跟阿姨提醒，提款卡是很重要的東西，千萬不要輕易地交給別人，提款卡的密碼更是不能隨便讓別人知道，工廠阿姨聽了以後，覺得大強講得很有道理，便改掉請別人領錢的習慣。（大強對工廠阿姨具有影響力，反映大強在阿姨心中的價值是高的，是有價值的）不過，大強也提到，阿姨可能對外人才會這麼好，如果是她的兒子可就不一定了！

　　從大強滔滔不絕，描述對工廠阿姨的喜愛的內容，可以得知，在大強的心目中，阿姨是一個情緒穩定，對大強情緒有反應（包括注意到大強的情緒與必要的行動）且情緒自我負責的長輩。在這樣理想化的人物身上，大強試圖從工廠阿姨身上，獲得自我有價值的感受，大強的確從提款卡領錢一事，得到自我價值感，但是，大強把這種價值感設定為特定情境的產物（阿姨對外人才這麼好，對自己的孩子就不一樣了），因此，無法內化成穩定的自我概念的一部分。

　　能夠安心的依賴別人是一件很幸福的事情，幫助當事人練習安心地依賴心理諮商者，進而能夠安心地依賴身邊的重要他人，才能讓當事人建立理想的人際關係，這是心理諮商的重要目標之一。

　　人遇到挫折，心情就跟著變差，然而此時若無法找到安心依賴的對

象，依藉「幻想」，心情還是會跟著轉好。我想愈是孤單、無助的人，就會愈依賴幻想來粉飾自己的情緒，因為處在現實劣勢的他們，很難透過當下的努力，來改變外界、扭轉困境。「幻想」似乎是上帝賜與自己，唯一可以完全擁有的坦途，通往全然美好的烏托邦世界，那兒只有滿足沒有匱乏。

還記得以前一位當事人──瓊霖，筆者對他的印象是這樣的……

那一天瓊霖說好要來找我，門一打開，卻看到這老兄一臉的鬱卒。我心裡立刻納悶起來，半個小時前，講電話的時候還有說有笑、可樂得很！怎麼一眨眼的功夫就變了個樣呢？進了門的瓊霖一言不發，有氣無力地應了我一聲，逕自一屁股栽進沙發，帶著哀戚的眼神望著遠方，陪襯的是一身的慵懶與無力。

他終於開始告訴我怎麼回事。「我在來你家的路上，剛好聽到鳳飛飛的歌：雁兒在林梢。」

「雁兒在林梢」是瓊瑤電影的主題曲，詞曲相當優美動人：「雁兒在林梢，眼前白雲飄……」一想起這首歌，我的情緒也跟著波動起來，因為我記起了瓊霖放著「雁兒在林梢」，跟我訴說心事的神情！

「這首歌讓我想起高中時候的生活，那種感覺一剎那就全冒了出來，嘿！真有些措手不及！」我看到瓊霖那熟悉的苦笑。他接著說，那些年做的夢，頃刻之間全浮上心頭，由不得自己。

瓊霖那段高中的歲月，我倒是很清楚，因為每回他在敘述的時候，情緒就變得很複雜，期待與失落全絞在一塊，很難不留下深刻的印象。他跟一般年輕人一樣做了許多的瓊瑤夢，只是他做得比別人認真，而且到現在也還沒全醒！瓊霖一直幻想著跟心愛的女人在一起，兩人如影隨形、無所不談，愉快牽著手在林間漫步，和風徐徐吹來，心愛女人的秀髮也跟著飄呀飄，而心滿意足的他轉頭看著她，四目交會在窩心的微笑裡……每回聽著「雁兒在林梢」就給他這種感覺。不過，畢竟充斥著

太多偏離現實的幻想，一旦拿來當成對人的期待，免不了會有失望、難過，瓊霖的感情生活就是這麼一回事。儘管如此，這些夾帶期待的幻想，到現在還在左右著瓊霖的心情，也依然主宰了他的苦樂。

「幹嘛要對幻想這麼認真？怎麼到現在還沒醒啊？」這真的是一句契合現實卻有些冷酷的話，很真實但不怎麼受用！

瓊霖從小就過得孤單，我想大概就是沒有幾個人關心到他的感受。那種孤單感挺不好受的，所以他就依靠「幻想」，寄望著未來能跟心愛的人，過自己想要的日子，不再孤單下去。可是這種沈浸於幻想的期待，往往與現實難以契合，所以期待很容易變成失望，期待粉碎的苦楚又深深傷了瓊霖。就是這種情感上期待與失落的糾葛，「雁兒在林梢」才讓瓊霖心情鬱卒。

由上述例子可知，「幻想」往往是當事人自我依賴的方式之一，不過，「幻想」雖然能夠暫時幫助當事人滿足心理需求，卻無法長期給予當事人支持的力量，獲致滿意的人生最終仍須依賴現實的人際互動。

第七章
心理諮商的倫理議題

　　「倫理」係指特定個人或團體在從事特定工作所採行的道德原則，這些道德原則能夠提供正確行為 (right conduct) 的規則。因此，「心理諮商倫理守則」為從事心理諮商工作者必須遵從的規則與規範，其目的在於保護心理諮商的品質、接受心理諮商的當事人之權益，以及心理諮商者本身的安全。在國外，許多專業輔導或心理諮商機構均已建立一套屬於自己從業人員的倫理工作守則 (Corey, Corey & Callanan, 2003)，例如：美國心理諮商協會 (The American Counseling Association)、美國心理協會 (The American Psychological Association)、美國國家社工協會 (The National Association of Social Workers)、美國婚姻與家族治療協會 (The American Association for Marriage and Family Therapy)、美國精神醫學協會 (The American Psychiatric Association) 等；在國內，中國輔導學會亦已推行中國輔導學會諮商專業倫理守則，此為輔導、心理諮商以及助人工作者從事心理諮商工作時的準則。

第一節　心理諮商倫理的基本概念

一、心理諮商倫理的道德準則

　　心理諮商倫理最基本的原則就是：心理諮商者在執行心理諮商工作

的過程中，必須以「當事人的權益」為第一優先考量的原則。至於，如何維護並增進當事人的權益，Kitchener (1984)、Meara 等人 (1996) 提出下列六項基本的道德判準，心理諮商者在幫助當事人時，要檢視自己是否符合這些準則。

1.自主性 (autonomy)。心理諮商者要幫助當事人建立自我決定的能力，並且能夠尊重當事人的自主權，讓當事人擁有為自己做出最後決定的權利和能力，學習成為一位獨立、自主、成熟、負責的個體。因此，心理諮商者在提供協助時要特別留意，不可讓當事人養成依賴心理諮商者做決定的習慣，或是凡事都要獲得心理諮商者的認可或贊同，才能達到增進當事人自主性的準則。

2.無害性 (nonmaleficence)。心理諮商者給予的建議或幫助的策略不能對當事人造成任何的傷害。心理諮商工作必須以最保守的方式進行，亦即：即使無法提供當事人有效的協助，也不能夠對當事人造成任何的傷害。舉個例子而言，倘若心理諮商者有兩種幫助當事人的策略：A 策略可能會幫助當事人有 10 分的成長，但亦可能造成當事人 2 分的傷害；B 策略則可能會幫助當事人僅有 3 分的成長，但不會造成當事人的傷害，雖然以損益分析來看，A 策略似乎比 B 策略更有效，但是為了遵守無害性的原則，心理諮商者在協助當事人時，要捨棄 A 策略，而選擇 B 策略，寧可讓當事人的進步較為緩慢，也不可貿然地下猛藥，造成當事人可能的危害。

3.有益性 (beneficence)。心理諮商者必須盡心盡力增進當事人的福祉，讓當事人能夠獲得自我滿意的生活方式。由積極的層面而言，包括：增加當事人的自我探索與自我覺察、促進當事人的心理衛生與健康，以及培養當事人健全的人格與心理發展等；由消極的層面而言，包括：避免當事人做出自我傷害的行為或決定，以及減輕當事人心理或情緒的困擾等。

4.公平性 (justice)。心理諮商者必須提供所有當事人相同、公平、一

視同仁的幫助，不能因為當事人的性別、年齡、宗教、種族或社會經濟地位等背景的不同，而在對待當事人的方式上有所差異。

5.忠誠性 (fidelity)。心理諮商者必須給予當事人誠實的承諾，並且能夠堅守自己的諾言。因此，心理諮商者必須告知當事人心理諮商的目標、方式、程序，以及心理諮商可能提供的幫助與限制，讓當事人能夠清楚地瞭解並判斷心理諮商是否符合自己的期望。

6.真實性 (veracity)。任何與心理諮商相關的事項，例如：心理諮商費用、當事人的診斷、測驗的使用等，心理諮商者均必須坦承地告知當事人，才能夠與當事人建立信任的心理諮商關係。

上述六個準則均為心理諮商者在進行心理諮商時必須隨時檢視的，然而，在某些特殊的心理諮商情境中，心理諮商者無論怎麼做，可能都無法完全符合六項道德條件。舉個例子來說，心理諮商者在協助未成年的當事人時，若是當事人的自主決定（如：當事人決定要未婚生子），可能會造成自身重大的損害，此時，心理諮商者無法兼顧當事人的自主性與無害性，必須要依照不同的情境，評估何項道德原則應優先考量。亦即，每一項準則的重要性將隨著心理諮商不同的情境而有所改變，心理諮商者要學習正確的判斷力。

二、心理諮商者的人格特質與個人需求

心理諮商工作是由心理諮商者透過與當事人的特殊人際互動，協助當事人成長的歷程；心理諮商者本身獨特的人格特質與個人需求，必然會影響到心理諮商中所形成的人際互動方式；也就是說，每位心理諮商者都會發展出一套屬於自己的心理諮商風格。我們關注的是：心理諮商者的人格特質與個人需求，是否會牽涉倫理方面的議題，以及心理諮商者在心理諮商過程中，如何避免因為自身的因素，而做出違反倫理的事情。

心理諮商者除了是一個從事心理諮商的專業工作者，也是一個活生

生的人。不同的人格特質與個人的內在需求的心理諮商者勢必會影響到
心理諮商關係，例如：一個權力慾望較強的心理諮商者可能會不知不覺
地鼓勵當事人表現出順從、依賴的行為；而一個對自己缺乏信心的心理
諮商者可能會害怕給予當事人任何的建議等等。無論是上述情況的任一
種，均可能或多或少損害當事人的權益，不過，再次強調的是，心理諮
商者是個「人」而非「神」，不可能期待自己像機器一樣的從事心理諮商
工作，而不會出現任何的情緒或需求，倘若要求自己要做到上述的境界，
僅會造成心理諮商者過大的壓力，而且那是不合乎現實的。比較可行且
合理的作法是：心理諮商者要能夠認真地覺察自己的人格特質或個人需
求，究竟在心理諮商中扮演著哪些重要的關鍵角色、可能對當事人造成
哪些影響，然後試著做出必要的自我調整。因此，心理諮商者可以隨時
由以下各個方向來提醒自己 (Corey, Corey & Callanan, 2003)。

㈠想要成為一位心理諮商者的動機為何？

每一位心理諮商者都應該誠實地詢問自己，想要成為心理諮商者的
動機為何？何以會在眾多的職業中選擇了此項工作？一般而言，想要成
為心理諮商者的主要動機包括下列幾點：

1. 喜歡觀察人群，並且對於探索不同的生命經驗與歷程感到興趣。
2. 能夠陪伴別人走過生命中困頓的歷程，對於許多心理諮商者而
   言，都是很有意義的一件事情。
3. 心理諮商者透過幫助別人，感受到自己對別人是有貢獻的，藉此
   能夠肯定自己是一個在社會上重要的人。
4. 喜歡接觸人群，並且希望能夠從與他人的深入互動中，看到自己
   的生命、找出更豐富的生命價值。

無論成為心理諮商者的主要原因是哪一點或哪幾點，最重要的是：
心理諮商者在工作中不能過度重視自己的動機，而未將當事人的利益與

成長放在第一優先考量的位置。

(二)心理諮商者個人未滿足的需求

　　每個人在自己的生命中或多或少都會有尚未解決的心理衝突，或是尚未滿足的心理需求，也就是所謂的「未竟之事」(unfinished business)，心理諮商者也絕不例外。心理諮商者個人未滿足的心理需求或未處理好的心理衝突，在心理諮商的過程中，會被某些特殊的當事人或心理諮商情境誘發出來，使得心理諮商者用不同的方式對待當事人。心理諮商者願意以坦承、開放的態度，解決關於自己的心理困境和衝突，是一個比較正確的態度；否則，如果未察覺自己的衝突，或只想一味地壓抑自己的需求，那麼自己的私人生活反而更可能會影響到專業的工作。另外，透過心理諮商關係中心理諮商者對當事人的反移情，最容易察覺出心理諮商者個人未滿足的需求，反移情大致上可分為以下幾種情況：

　　1.過度保護當事人。心理諮商者會不自覺特別關心或照顧某些當事人，此時，心理諮商者可能已經將自己過去曾經出現的害怕與恐懼投射在當事人身上，因此竭盡心力地努力保護當事人遠離可能的威脅，彷彿是在保護自己一樣。

　　2.以過度溫和的方式對待當事人。心理諮商者不敢對當事人進行任何比較具有挑戰性的面質，或是直接和當事人討論其非理性的想法、觀念。這時候代表心理諮商者可能害怕與當事人發生衝突，或是當事人的某些特質讓心理諮商者聯想到對自己重要的權威人物，害怕當事人可能對自己生氣。

　　3.過度拒絕當事人的任何請求。心理諮商者將當事人的任何請求，均視為過度依賴與需索無度的表現，心理諮商者本身害怕被依賴，而且也擔心當事人的依賴會給自己帶來過高的壓力。因此，心理諮商者採用冷漠的方式在心理層面上遠離當事人，也拒絕當事人太靠近自己。

　　4.需要當事人持續的鼓勵與讚美。心理諮商者可能對於自己的能力

或是對於心理諮商的效果，出現強烈的自我懷疑，因此若是沒有感受到當事人明顯的進步，會造成心理諮商者的焦慮情緒。於是，心理諮商者需要當事人不斷地感謝自己，才能相信心理諮商的成效。

5.強烈地在當事人身上看到自己的影子。當心理諮商者不斷地感受到當事人的議題均與自己有關時，除非的確遇到非常難得的巧合，否則若是用心去體會每個人的生命際遇與心理觀點，仍會發現有很大的差異。因此，心理諮商者若強烈地在當事人身上看到自己的影子，其實代表心理諮商者不自覺地一直會將焦點轉移到自己的經驗，並且把自己的經驗投射在當事人身上，而無法完全去理解當事人獨特的心理歷程。

6.強烈地想要給予當事人建議。有些心理諮商者不斷想給當事人指導性的方向，而且堅持自己的建議才是對當事人最有幫助，可能與心理諮商者本身的操控性較強有關。換句話說，這樣的心理諮商者往往過度擔心會失去控制感，因此想要在心理諮商的過程中取得強勢的主導權，透過當事人服從並遵照自己的意見，能夠讓心理諮商者取得優越感與控制感。

7.想與當事人發展出其他的社交關係或是性與愛戀關係。遇到擁有某些個性或氣質的當事人，心理諮商者會很自然地期待能夠和當事人不僅是心理諮商關係而已，或是幻想與當事人在心理諮商關係結束後，能夠發展出其他的社交關係。由此現象可窺知，當事人對心理諮商者可能具有「致命吸引力」，心理諮商者特別需要檢視自己目前與過去的親密關係。

綜合言之，出現上述的反移情反應時，心理諮商者一定要認真地自我探索，勇敢地面對自己未滿足的心理需求或未解決的心理衝突。

(三)心理諮商工作中的常見壓力來源

心理諮商是一項容易造成心理諮商者心力、體力、腦力耗竭的工作，特別是遇到「超級難搞」的當事人，常常會讓心理諮商者感受到心力交

瘁。當心理諮商者長期處於過高壓力狀態時，必然會影響心理諮商者的情緒穩定度，進而損害心理諮商的品質，根據研究資料顯示，心理諮商者常出現的工作壓力來源包括下列幾項 (Corey, Corey & Callanan, 2003)：

1. 無法成功地幫助當事人減輕壓力。
2. 當事人有自我傷害的意圖。
3. 每週所協助的當事人數量過多。
4. 不喜歡當事人。
5. 當事人或自己對心理諮商的效果感到懷疑。
6. 與同僚有專業方面的衝突或與其他專業人員疏離。
7. 在工作之餘仍然持續被當事人的問題所困擾。
8. 強烈受到當事人吸引。
9. 沒有獲得當事人的感謝。

因此，心理諮商者在協助別人的過程中，一定要懂得自我調適，避免自己的工作負荷量過大，發現自己壓力過高的時候，就要立即尋求督導或同儕的協助，或是給予自己適時的放鬆和休息，避免過高的工作壓力影響心理諮商的成效。

三、心理諮商者的價值觀

心理諮商者的價值觀也是影響諮商風格的重要因素，每個人因為自己的成長背景與天生性格，都會發展出不同的價值觀，心理諮商者以何種方式探索當事人的價值體系，是重要的議題。

㈠心理諮商者與當事人價值觀的互動方式

基本上，在心理諮商的過程中，心理諮商者與當事人的價值觀出現不一致的情況，是經常會發生的。當心理諮商者發現當事人的價值觀與自己的價值觀相異時，心理諮商者可能有下列六種不同的選擇：

1. 贊同當事人的價值觀。

2. 接受當事人的價值觀。

3. 保持中立，不介入任何價值觀的批判。

4. 心理諮商者主動表達自己不同的價值觀。

5. 勸說當事人為了其自身的利益，要試著採行不同的價值觀。

6. 與當事人因不同的價值觀而爭辯，即使發生衝突也要說服當事人。

接著，試著問問自己，您比較傾向於哪一種呢？

其實，這個問題並沒有絕對的對錯，對於在心理諮商工作中價值觀的議題，的確存在兩派截然不同的看法，分別為：

1. 心理諮商工作必須嘗試用各種方式，使當事人能夠擁有適當的價值觀 (Bergin, 1991)。這一派支持者認為：心理諮商者最好除了眼睜睜地看著當事人做出錯誤的決定外，還能夠再多介入一些，才是比較恰當的作法。如果心理諮商者沒有告知當事人其他的價值觀選擇，那麼，心理諮商者對待當事人的方式，屬於不負責任的行為。心理諮商者在與當事人討論、設定符合其自身最佳利益的目標時，心理諮商者必須能夠先誠實並開放自己的觀點，然後才將最後的決定權交給當事人，讓當事人自主地為自己做最後選擇，並且承擔其結果。

2. 心理諮商工作在處理價值觀的議題，必須站在治療性中立的立場 (therapeutic neutrality; Holmes, 1996)。如果不能達成價值觀中立或客觀這個條件，表示心理諮商者自己可能有未解決的問題，而非當事人有問題。此時，心理諮商者必須誠實地告知當事人，自己在某些領域無法達到價值觀中立的要求，而且，心理諮商者應讓這樣的情況愈少出現愈好。這一派的支持者強調，心理諮商者的工作並不是在贊同或反對當事人的價值觀，而是要幫助當事人探索或澄清其價值觀的來源，並且以他們自身的價值觀來解決自己的問題。除非當事人的價值觀的確違反法律時，心理諮商者才需要積極的介入。

心理諮商者的價值觀是否應該積極地介入心理諮商的歷程，以達到

教育性的功能，還是應該完全尊重、接納當事人的價值觀，的確是一個見仁見智的議題，並沒有絕對地好壞與對錯。另外，心理諮商者個人的價值觀是否涉入，亦會影響到心理諮商關係的建立，心理諮商者願意將自己的價值觀與當事人相互討論者，會讓當事人感受到心理諮商者較有人味，不過如果當心理諮商者的價值觀與當事人有衝突時，必然會影響到彼此的心理諮商關係。因此，心理諮商者可以自行評估怎麼樣的作法，比較符合當事人的利益與心理諮商者自身的個性。

㈡心理諮商者的價值觀在心理諮商過程的重要性

事實上，無論心理諮商者是否清楚表達自己的價值觀，心理諮商者不經意流露出來的態度，是很容易被當事人察覺的，只要當事人的特質較為敏感，或是心理諮商的時間持續夠久。因此，心理諮商者必須清楚地瞭解自己的價值觀，在心理諮商過程所扮演的角色和影響力。下列的項目可以讓心理諮商者檢視自己在每個特定議題的價值觀 (Corey, Corey & Callanan, 2003)：

1.在這個議題上我是站在什麼角度思考？

2.我是從何處發展出這樣的看法？

3.我的看法是能夠開放地接受挑戰和修正的嗎？

4.我會堅持自己的看法嗎？

5.我是否深深地認同自己的看法，並且希望我的當事人亦能接受？

6.我何時會覺得需要自我揭露我的看法？又為何緣故？

7.我如何和我的當事人溝通我的價值觀，而不至於將價值觀強制加諸當事人身上？

8.在心理諮商過程中，我的舉動和行為是否清楚地揭露：我是個尊重當事人的人，最好當事人能按照他們的文化做自我決定？

9.在我幫助當事人設定心理諮商目標時，我的價值觀和信念扮演什麼角色？

心理諮商者在每個議題都能夠做出上述的自我價值觀分析，是一項負責任的表現。當心理諮商者發現自己愈難探索某項議題，或是對某項議題的堅持度愈高，表示心理諮商者與當事人討論該方面的議題時，可能出現較多的困境和盲點，應該做更多準備或練習。

㈢心理諮商者與當事人的價值觀發生強烈的衝突

當心理諮商者的價值觀與當事人發生衝突，並且心理諮商者難以認同當事人價值觀時，硬要繼續原有的心理諮商關係對彼此都是困難且痛苦的。而且，即使心理諮商者刻意地隱瞞或壓抑自身的價值觀，其實仍是很容易因為心理諮商者的非語言行為與肢體語言而讓當事人有所察覺。這時，「轉介」是一個可以考慮的選擇方式，但是在轉介的過程中，心理諮商者要特別注意當事人的感受，避免當事人歸因於自身價值觀的錯誤而遭受心理諮商者的遺棄。因此，在轉介的過程中，心理諮商者需要坦承且清楚地向當事人解釋，這是屬於心理諮商者個人的問題，而非當事人的問題。

一般而言，心理諮商中常見價值觀爭議的議題包括：同性戀、婚前性行為、是否使用節育法、青少年安全性行為、墮胎、離婚或婚前心理諮商、單身領養孩子、蹺課蹺家與欺騙行為等。因此，心理諮商者可以事先做好自我檢視，在這些容易發生價值觀衝突的議題中，自己對於哪些議題比較具有包容度，而對於哪些議題則會有比較堅持的看法。

四、心理諮商者的責任與當事人的權益

當事人並非與生俱來就知道自己在心理諮商過程中享有哪些權利，特別是愈脆弱且需要被幫助的當事人，他們往往很容易完全接受心理諮商者的所言所行。因此，在當事人決定是否接受心理諮商以前，心理諮商者有義務主動告知當事人，他們在心理諮商關係中的權益。當事人的權益包括下列幾項：

㈠知後同意權

　　為了保障當事人的權益,心理諮商者要發展出一套幫助當事人做「知後同意」(informed consent) 決定的程序,讓當事人在瞭解與心理諮商相關的細節後,才做出是否進行心理諮商的自主決定,包括:讓當事人瞭解到接受心理諮商的可能危害、益處、其他選擇方案、心理諮商的費用以及心理諮商關係的本質等。而且,知後同意並不是在得到當事人的簽名就算完成,而是要將知後同意當成一個持續進行的歷程,在心理諮商過程中隨時均需要檢視。為了確實保障當事人的知後同意權,在進行知後同意的過程中,心理諮商者必須考慮到下列三點:

　　1.能力:當事人是否有能力做出理性的決定。

　　2.資訊清晰度:心理諮商者提供給當事人的訊息是否清晰,而且心理諮商者是否確認當事人理解所有的相關訊息。

　　3.自願性:當事人在做決定的時候,是否能按照自己的自由意志做選擇,而沒有受到任何的脅迫。

㈡終止心理諮商關係

　　心理諮商者必須告知,當事人有自主的權利決定是否接受心理諮商,亦隨時有權利提出結束心理諮商關係的要求;但是,當事人最好能夠在提出要求時,與心理諮商者討論如何結束與結束後的安排,之後再終止心理諮商關係,而非一聲不響就私自結束心理諮商關係;否則,當事人未來若需要心理諮商者的協助時,會因為先前自己的逃避態度,而增加再度尋求協助的困難度。另外,當事人能夠與心理諮商者討論後再結束心理諮商關係,才是一項對心理諮商者、對心理諮商關係,以及對自己尊重、負責任的表現。

㈢檔案資料的保存與查閱

每一位當事人進行心理諮商的檔案資料都是非常機密而重要的，因此心理諮商者必須確實地做好心理諮商紀錄，並且妥善安全地保管心理諮商的資料，不能讓任何資料有外流的機會。另外，當事人有合法的權利察看自己的檔案紀錄，並且能夠要求取得一份副本。

㈣保密與保密的限制

心理諮商者必須替當事人保密。「保密」(confidentiality) 是心理諮商中當事人最基本與重要的權益，也是當事人願意與心理諮商者建立合作、信任的心理諮商關係之首要前提，如果沒有保密的前提，當事人無法安心地向心理諮商者訴說與自己有關的私密議題。

然而，心理諮商者除了能夠做出保密的承諾，也要詳細地告知保密的限制，以免造成當事人對心理諮商者的誤會。保密的限制為：心理諮商者發現當事人可能有傷害自己或傷害他人的行為時，心理諮商者必須負起示警（或稱通報）與保護的責任，保護其他人不會受到當事人的傷害，同時也要保護當事人不會傷害自己。所以，在這種狀況下，心理諮商者若繼續替當事人保密，就無法及時給予適當的協助，反而會讓當事人陷入更多的困境。所以，在上述特殊的情境下，心理諮商者最好還是事先告知當事人必須做出示警的決定，無論當事人同意與否，或是當事人可能激烈地以切斷心理諮商關係作為要脅，心理諮商者均要動員其他相關的社會資源或當事人的家庭支持系統，一齊協助當事人度過危機的時刻。

然而，「何時」必須通報、或是應該「向誰」通報，往往是讓心理諮商者非常猶豫、為難的。雖然心理諮商者對當事人有一定的瞭解程度，但是要正確預測當事人是否的確會出現傷害行為，其實是非常困難的。當事人口語表達的威脅並非真的都具有危險性或攻擊性，多數的時候往

往只是一時衝動的情緒發洩而已，如果心理諮商者無法分辨威脅的嚴重程度，針對當事人每一次的口頭威脅都進行通報，不但會破壞與當事人的心理諮商關係，也會逐漸降低通報系統的警戒心。因此，心理諮商者在評估當事人未來可能的傷害行為，只需遵循合理的標準即可，強行地要求心理諮商者一定要有正確的判斷，一定要及時防止任何悲劇的發生，其實是強人所難的。重要的是，心理諮商者一定要為自己的任何通報行為（如：通知可能受害人、報警處理，或與督導、同儕討論……等），留下書面的紀錄，作為自我保護的證據，才是明智的作法。

五、心理諮商關係

㈠雙重關係 (dual relationships)

　　在心理諮商中，雙重關係可能發生的種類如下：

　　1.心理諮商者同時為當事人的導師或督導。

　　2.心理諮商者同時為當事人的朋友。

　　3.心理諮商者與當事人在心理諮商以外的其他社交場合有所接觸，例如：當事人以貨品或服務方式作為心理諮商的交易方式，當事人與心理諮商者共同參加某些社團或聚會，或是心理諮商者與當事人的親友為熟識的朋友等等。

　　在心理諮商中，雙重關係有時難以避免，我們需要仔細考量的是：發生雙重關係究竟是符合當事人的需求還是心理諮商者本身的需求。事實上，與當事人出現諮商關係以外的非性關係 (nonsexual relationships)，亦即：與當事人發生除了性關係以外的關係，是一個爭論的議題。贊成的觀點包括：在心理諮商脈絡下，要持續維持單一的角色是困難的；再者，並非只有雙重關係才會導致對當事人的剝削，即使沒有雙重關係，心理諮商者亦可以濫用其權力、影響力，以各種方式來對當事人進行剝削；而且，從另一個角度來看，雙重關係可能避免縱向的階層關係 (a vertical hierarchy in the relationship)，使心理諮商者與當事人的關係較為平等。反對的觀點包括：雙重關係存在著潛在的傷害 (potential harm)，例如：損害了心理諮商者的判斷準則、剝削當事人的權益、扭曲或破壞諮商關係所建立的專業本質。換句話說，雙重關係並不是絕對要被禁止，但是一定要禁止的是：避免當事人因為雙重關係的緣故而受到心理諮商者的利用。此外，當雙重關係出現時，心理諮商者一定要覺察並且關心雙重關係對當事人的影響，才是符合倫理的表現。

雙重關係容易衍生出難以控制後果的「滑坡效應」(slippery slope)，滑坡效應係指心理諮商者與當事人的關係可能愈來愈複雜，當事人可能會不斷測試心理諮商者的界線，因此，心理諮商者必須警戒地謹慎處理與當事人的關係，以免演變成了所有類型的多重關係。對心理諮商者來說，懂得如何妥善處理界線、如何預防從界線交會 (boundary crossings) 變成界線侵犯 (boundary violations)，以及如何制定保護措施 (safeguards) 來防止不當剝削當事人，都是十分關鍵、重要的。

㈡以其他方式交易心理諮商

當事人因為突發的經濟因素而無法負擔心理諮商的費用，但是又無法中斷心理諮商時，可能的解決方式就是以金錢以外的其他方式作為交易，包括：當事人提供等值的物品，或是當事人提供心理諮商者其他方面的服務（如協助心理諮商所的清潔工作，或給予心理諮商者投資理財方面的諮詢等）。然而，這樣的方式雖然能夠解決費用的限制，是否符合心理諮商倫理卻需要仔細考量。Hall (1996) 建議若是在不得已的情況必須用其他方式替代心理諮商的付費時，一定要仔細考量潛在的危險，而且要事先決定物品或服務的價值以及替代的合適時間長度，最後要將替代方案作為正式的契約，避免後續的紛爭。Woody (1998) 認為除了上述的注意事項以外，在進行其他方式交易時，最好是以物品作為替代方案而不要採用服務的方式，而且以物品交換時，也要避免價值爭議性高的

物品（如：古董或藝術品）。若是心理諮商者與當事人雙方出現誤解時，一定要尋求公證人調停處理。

㈢接受或給予當事人禮物

在心理諮商過程或心理諮商關係結束前，如果遇到當事人給予心理諮商者禮物作為感謝之意或其他目的，或想要送給當事人禮物，心理諮商者在決定是否接受或給予當事人禮物時，必須考慮到下列五點：

1. 這份禮物在金錢上的價值為何？
2. 當接受或拒絕這份禮物時，當事人可能的推斷、結論為何？
3. 是在心理諮商歷程中的什麼時候出現禮物的提供？
4. 你（妳）拒絕或接受當事人禮物的個人動機為何？
5. 在你（妳）或當事人的文化脈絡下，給予禮物代表著什麼意涵？

㈣性關係

與當事人發生性關係絕對是違反心理諮商倫理。然而我們必須正視的一個事實為：當心理諮商者與當事人為不同性別時，彼此之間的確容易出現性方面的吸引力。因此，當心理諮商者察覺自己對當事人特別有好感時，可以依照下列步驟來處理：

1. 承認並接受自己的感覺，而不要刻意去壓抑或迴避這些感覺。
2. 自我探索對當事人出現好感的原因，究竟與自己哪些未滿足的需求有關。
3. 提醒自己千萬不要將吸引的感覺化為實際的行動。
4. 被當事人吸引的感受逐漸強烈時，一定要尋求督導的協助。
5. 隨時都要仔細檢視自己與當事人的界線。
6. 倘若一直無法解決被吸引的感受，應該考慮結束心理諮商關係，或將當事人轉介給其他合適的心理諮商者。

另外，在心理諮商關係中，與當事人的「非性愛」(non-erotic) 的身

體接觸，也是一個需要考量的議題。

　　請您找一位或一些朋友，分為正方與反方，依照心理諮商倫理的道德守則與實務進行原則，針對以下兩個議題進行辯論活動。

1. 倘若當事人心理諮商過程中向心理諮商者表達自己有自傷或傷人的企圖，而後又表示僅為一時情緒衝動所言不會實際執行，此時，心理諮商者是否應當通報呢？

・正方：應該通報。

・反方：不應通報。

2. 在心理諮商關係中，出現雙重關係是經常會發生的，雖然雙重關係可能會對心理諮商造成許多不利的影響。那麼，當心理諮商者與當事人有雙重關係，是否還能繼續進行心理諮商呢？

・正方：雙重關係難以避免，不需因為雙重關係而停止心理諮商。

・反方：雙重關係可能造成的影響很大，如果有雙重關係則應停止心理諮商。

第二節　特殊諮商的議題處理

一、自殺當事人的倫理議題

　　臺灣地區早在 1983 年，自殺已進入十大死因排行榜，雖然自殺死亡率仍低於日本或西歐等國，然而值得注意的是：死亡率數字的逐年攀升，且增加的斜率（速度）算很高，表示自殺現象日益嚴重值得關切。民國 82 年，每 10 萬人口中有 6.24 人自殺死亡，而到了民國 92 年，每 10 萬人口中有 14.16 人自殺死亡（行政院衛生署，2004）。而且，除了自殺率

持續上升，自殺者的年齡也不斷地下降，青少年在遇到挫折與困難時，選擇以結束生命來解決問題的比例愈來愈高，甚至還有國中或國小的學生相約共赴黃泉（行政院衛生署，2004）。因此，教育部在 1998 年，要求全國國中實施「生命教育」課程，希望青少年能夠透過生命省思與體驗教育，學習對自己與他人生命的關懷、尊重與珍惜。

如前所述，在自殺率不斷攀升的現代社會，心理諮商者如何妥善處理有自殺意圖的當事人，也日益重要。心理諮商的主要目的在於維護當事人的基本權益，並促進當事人與社會的福祉，而且，心理諮商者還要尊重當事人的人格尊嚴與潛能，並保障其自主決定的權利。面對高自殺率的社會，心理諮商工作常接觸到具有自殺企圖的當事人，這時候會面臨到與倫理相關的兩難議題，包括：1.當事人是否擁有死亡自主權？2.當事人有自殺意圖時，心理諮商者的保護責任應到什麼程度？3.當事人若自殺身亡，心理諮商者應負責嗎？與 4.當事人若以自殺作為要脅手段，心理諮商者應如何處理？茲分別討論如下。

㈠當事人是否擁有死亡自主權？（亦即：當事人企圖自殺時，心理諮商者是否應繼續尊重當事人的自主決定權？）

心理諮商者是否應該尊重當事人的死亡自主權，幾乎大部分的心理諮商者第一個閃過腦海的答案都是否定的，雖然心理諮商者同意當事人具有為自己做最後選擇的自主決定權。然而，由於死亡的傷害性非常嚴重，而且又是一個不可逆的結果，因此，大部分的心理諮商者都會盡力地阻止當事人做出自殺的行為，而且認定當事人想要自殺應該屬於暫時性的逃避決定。

從上述的論述來看，心理諮商者似乎無法尊重當事人的死亡自主權，但是我們可以從另一個觀點來討論這個議題。當心理諮商者不再擔任外部控制自殺行動的立場，而是讓個體真正理解自己對生命有終極的決定權時，才能讓個體發揮自己內部控制的能力，如此才能有效規範降低自

殺行為的發生率（牛格正，1996）。所以，從這個觀點來看，心理諮商的重要性是賦權於當事人的概念，在當事人的生命較為脆弱的時候，心理諮商者給予其力量，也就是說，心理諮商者在協助有自殺企圖的當事人時，首先，要不斷地檢視自己是不是能夠形成當事人的外部控制角色；接著，在當事人有能力增強自我時，心理諮商者則必須減弱或消失外部控制的角色，才能讓當事人的內在控制力量發展。

所以，與具有自殺企圖的當事人進行心理諮商時，心理諮商者不應該迴避自殺這個議題，也不用擔心與當事人談論自殺計畫會增加當事人自殺的衝動。自殺當事人需要一位心理諮商者，深入細緻地討論其自殺想法和企圖，而且，心理諮商者可以在深入地討論中理解自殺對當事人目前在情緒、認知、行為中扮演的功能，甚至評估對當事人解決生活困擾的功能；心理諮商者可以讓當事人理解自殺是解決問題與抒解情緒的一種方法，但是它也是會帶給當事人和相關他人的困擾和痛苦的決定，藉此，心理諮商者可以鼓勵當事人權衡自殺這個決定帶來的諸多衝突。

㈡面對一個有自殺企圖的當事人，心理諮商者的保護責任應該到什麼程度？（亦即：心理諮商者能不能透露當事人的自殺企圖讓其他人知曉？且又應透露給誰？該預警哪些相關人員？）

在討論當事人的權益與諮商者的責任時，曾經提到保密與保密的限制。保密的限制清楚地提到，當事人出現自我傷害的行為時，心理諮商者為了保護當事人的生命，則無法繼續為當事人保密。因此，心理諮商者應該將當事人的自殺企圖告知當事人的重要他人，並且與當事人目前身邊的重要他人形成相互支援的保護網絡，避免當事人真的做出自我傷害的行為。

㈢心理諮商者若未能成功預防當事人的自殺企圖，則當事人自殺身亡，心理諮商者有責任嗎？（亦即：心理諮商者該如何採取

有效的自殺防治處理，以及正確的自殺危機評估?)

　　事實上，當事人若在心理諮商的過程中自殺身亡，對於任何心理諮商者而言，都是一個莫大的心理壓力，即使在法律或倫理的觀點，心理諮商者並不需要承擔任何的責任。因此，心理諮商者除了要做到前述的保護措施以外，可以採取下列建議的自殺防治步驟與自殺危機評估。

　　1.協助企圖自殺當事人的步驟

　　⑴評估接觸時當事人的自殺企圖程度（評估的方式詳見第 2.項）。
　　⑵決定與當事人形成何種協助關係：由當事人自殺企圖的強烈程度與自發適應能力的高低來決定協助關係，協助關係包括非指導取向、合作取向或指導取向。
　　⑶化解當事人認知解構的狀態：首先，藉由心理諮商者支持性的言語、動作，促進當事人表露情緒；接著，藉由同理當事人的處境、困難、感受，增加其知覺到的社會支持程度。當事人能夠感受到較高的支持性時，再鼓勵當事人思考其他可能解決問題的方法性，避免當事人持續沈溺在情緒混亂、認知解構的狀態。
　　⑷擬定處理計畫：心理諮商者建議或討論有哪些具體、容易獲得、立即的活動，可以馬上幫助當事人。
　　⑸獲得當事人的承諾：清楚地獲得當事人的保證，保證的內容除了包含當事人馬上去執行約定的活動，此外，如果有強烈的自殺企圖時，必須先通知特定知情的人。

　　2.自殺企圖程度的評估

　　⑴評估當事人自發性適應能力的程度：指個體能夠依照不同的心情、感受、情緒、狀況、外在影響，自動地產生改變或應對的狀態；能夠彈性地適應外在社會的世界。例如：意識是否清楚? 思考對談是否順暢?

能否接受指導完成動作?

- 高自發性適應能力當事人的特徵：談話連貫、表露情緒清楚、能談論未來或抽象事物、思考清晰、能處理身邊事物、行動敏捷等。
- 低自發性適應能力當事人的特徵：語無倫次、情緒失控或麻痺、談論未來的事情有困難、出現非理性想法、難以遵照簡單要求、反應遲鈍等。

⑵評估當事人自我傷害方式致命的嚴重程度：比較嚴重的方式包括上吊、跳樓、舉槍、跳河等等；比較輕微的方式包括：服用安眠藥、割腕等等。

⑶評估當事人企圖自殺是一時衝動的想法或是預先已有計畫：當事人的計畫愈周詳，表示自殺的可能性愈高。

⑷評估當事人企圖自殺當時，環境的人際孤立程度（當事人往往獨自一人或有人陪伴、抑或隔房有人）：當事人的人際資源愈薄弱，自殺的危險性愈高。

⑸評估當事人一旦發生企圖自殺行為，被他人發現的可能性。

⑹評估當事人有無避免被發現、救治的預先措施：亦即，評估當事人是否刻意疏離原有的人際支持網絡。

⑺評估當事人服用藥物的性質、劑量，以及是否尚有存藥（企圖自殺過程的飲酒亦包含在內）。

⑻評估當事人對於服用的藥物或其他自我傷害方式的效果期望，包括：讓自己不再鑽牛角尖、獲得關心，還是為了解決問題?

⑼當事人有無自殺留言(包括書面或錄音的訊息)：已有自殺留言者，表示當事人已經做好結束生命的準備。

㈣當事人的自殺企圖之主要目的在於操縱心理諮商者，心理諮商者該如何處理，以避免弄假成真的遺憾？（亦即：心理諮商者是否會厭煩當事人以自殺作為操縱的工具，而急於結束心理諮

商或出現情感反轉移的現象?)

　　事實上，研究的數據顯示：半數以上的心理諮商者認為當事人的自殺企圖是為了操縱心理諮商者；然而，僅有不到一成的當事人認為自己會以自殺企圖來操縱心理諮商者 (張英熙，1996)。這個研究代表心理諮商者與當事人對於當事人自殺的原因的確存在很大的差異；而且，當事人的自殺企圖的確會帶給心理諮商者高度的心理壓力，讓心理諮商者無法持續地關注當事人。因此，心理諮商者遇到有自殺企圖的當事人、甚至擔心當事人以自殺企圖作為操弄的工具時，最好尋求同儕或督導的協助，協助自己調適過高的工作壓力，才能避免對當事人反移情 (counter-transference) 的出現。

二、未成年當事人的倫理議題

　　我國民法第十二條規定：「滿二十歲為成年。」刑法第十八條規定：「未滿十四歲人之行為，不罰。十四歲以上未滿十八歲人之行為，得減輕其刑。」由上可知，民法將未滿二十歲視為未成年人，而刑法將未滿十八歲者視為未成年人。那麼，究竟幾歲以下屬於「未成年心理諮商」呢？進行未成年心理諮商最常遇到的倫理議題即為：未成年當事人的自主權與父母親或監護人的監護權之間出現衝突時，孰輕孰重？未成年當事人是否擁有「為自己做決定」的自主權，並負起其應擔待的責任？父母親或監護人的監護權又涵蓋至何種範圍？隨著未成年當事人的年齡增長，兩者的重要性又應如何消長？這樣的兩難所產生的矛盾與衝突，造成倫理與法律方面的不確定性，也使得心理諮商者在幫助未成年當事人容易面臨較多的挑戰。另外，在國內未成年心理諮商以學校機構為主，針對學校機構又必須考量其特殊性。因此，以下幾項議題都是在進行未成年心理諮商必須考慮和關心的重點。

㈠知後同意權

關於未成年當事人進行心理諮商的知後同意權，中國輔導學會諮商專業倫理守則提到：「為未成年人心理諮商時，心理諮商者應以未成年當事人的最佳利益著想，並尊重父母親或監護人的合法監護權，需要時，應徵求其同意。」這個守則事實上訂得相當具有彈性，特別是其中一段：「需要時，應徵求其同意」，何謂「需要時」的確難有具體的定義。

一般而言，未成年當事人要建立心理諮商關係，可以透過下列三種正式的方式：1.經過父母親同意；2.父母親堅持；與3.法庭命令。但是，是否未滿十八歲的未成年人就沒有能力為自己做決定呢？未成年人在進行心理諮商前，是否一定要經得父母親或監護人的同意呢？各學者的看法不一，茲說明如下 (Ledyard, 1998; Mitchell, Disque & Roberson, 2002; Remley & Herlihy, 2001)。

1.十六歲以上的孩子稱為成熟的未成年人，他們有足夠的能力瞭解心理諮商中提議的性質及結果，可以不必經由父母親同意即接受心理諮商。

2.十四歲以上且心智發展較佳的孩子，在進行心理諮商時已有能力像成人一般為自己做決定，可以不必徵求父母親或監護人的同意，自行決定是否接受心理諮商。

3.十一至十四歲之間的孩子，對於訊息瞭解以及做決定的能力，則依個別發展而有很大的差異，需要做不同的程度考量。

4.十一歲以下的孩子，沒有足夠瞭解訊息的能力，必須取得父母親或監護人的同意權。

雖然大部分的心理諮商者都同意取得父母親的知後同意權，對未成年諮商是一項尊重親權的作法，也認為徵求父母親或監護人的同意在心理諮商過程中有其重要性。然而，在實務工作中，要取得父母親的知後同意權，確有相當的困難度，實務工作進行的狀況描述如下 (Ledyard,

1998)：

　　1. 44% 的心理諮商者在進行未成年當事人心理諮商時，並未徵得其父母親的同意。

　　2.心理諮商者必須考量當事人是否有意願，讓父母親或監護人一齊加入心理諮商歷程，有些未成年當事人會特別要求在隱瞞家長的情況之下，才願意進行心理諮商。

　　3.當父母親或監護人加入心理諮商歷程，亦可能對於未成年當事人的心理諮商帶來不利影響，特別是當事人的主要問題與家庭有關時，父母親可能會過度干涉或阻礙心理諮商的進行。

　　如果未成年當事人是自願尋求心理諮商的協助，那麼心理諮商者在倫理的責任上，需要審慎考量的焦點應放在未成年當事人的「能力」，包括：做決定的能力與對訊息充分瞭解的能力。關於能力的判定，下列幾項原則可以協助心理諮商者作為參考 (Hall & Lin, 1995)。

　　1.未成年當事人是否能夠注意到立即需要完成的任務。

　　2.未成年當事人是否能夠延遲一個衝動的回應，直到完成整個決策程序。

　　3.未成年當事人是否有能力評估各種不同的處理方式。

　　4.未成年當事人是否願意考慮不同的處理方式可能帶來的風險。

　　5.未成年當事人是否能夠全面考量「選擇」和「不選擇」某種方式的結果和代價。

　　如果未成年當事人是非自願的情況下進行心理諮商，例如：受到教官、老師或父母親的強迫要求，心理諮商者要以開放與不防範的心態，探究拒絕心理諮商背後的原因，若是未成年當事人仍堅持拒絕接受心理諮商，心理諮商者應該尊重其拒絕進行心理諮商的自主權，才是比較合乎倫理的作法。

(二)隱私權

在心理諮商過程中，心理諮商者給予保密的承諾，可以增加信任感與安全的氣氛，當事人也會比較願意在這樣的環境下，透露一些對自己而言比較私密且對於心理諮商有幫助的訊息。然而，在進行未成年諮商時必須留意的是：即使心理諮商者認為有些未成年當事人已經發展出為自己做決定的能力，但是在法律的層面上，未成年人的隱私權仍然會受到其父母親與監護人的干涉、監督。

因此，如何處理未成年當事人的隱私權，必須考量的方向如下所述：

1. 年幼的孩子對於機密並不瞭解，因此，他們對於自身隱私權的關心程度，常常不及心理諮商者所想像，也就是說，有些情況下，心理諮商者可能把未成年當事人的隱私權想得太重要。

2. 青春期前期或青春期的孩子，則需要較多一點的隱私權，特別是遇到一些關於個人發展階段方面的議題，包括：對自我的角色感到困惑，或是不知道自己應該如何和他人建立關係。

3. 未成年當事人有時候告訴心理諮商者一些他們的事情，反而是期待心理諮商者能夠成為他們與父母親或監護人之間的媒介。

4. 有些孩子因為年齡或發展的因素，其實無法做出對自己最有利的決定，心理諮商者需要邀請父母親或監護人共同來商量。

所以，比較重要的是，心理諮商者在透露訊息以前，必須充分的告知當事人，並且與當事人溝通如何告知其父母親以及要告知哪些內容，讓未成年當事人有適當的心理準備，才能避免當事人有被背叛的感覺。而且，多數的時候，父母親或監護人詢問未成年當事人的心理諮商進行情況，並不是真的想要聽到心理諮商中的具體內容，而是比較傾向於得到「評價性」的回應。例如：我的孩子到底有沒有問題？有沒有進步？因此，心理諮商者直接透露訊息並非一定對孩子有幫助，而是要想辦法和父母親或監護人取得同盟的信任關係，並且能夠給予父母親足夠的保

證，當未成年當事人處於危機狀況下，心理諮商者一定會主動聯繫與告知。另外，對於好奇心重或是老愛打探消息的父母親或監護人，心理諮商者可行作法的參考步驟如下：

　　1.與當事人討論是否願意透露心理諮商過程中的訊息。

　　2.試圖說服父母親或監護人，未成年當事人的最大利益並不是藉透露資訊來維護。

　　3.與父母親和未成年當事人共同擬定心理諮商過程。

　　4.心理諮商者在需要透露訊息之前，一定要先告知當事人。

　　5.婉轉地拒絕那些愛打聽的父母親，但必須先得到機構內直屬長官的認同。

㈢虐待舉發

　　依據兒童及少年福利法第三十四條規定：「醫事人員、社會工作人員、教育人員、保育人員、警察、司法人員及其他執行兒童及少年福利業務人員，知悉兒童及少年有遭受傷害情形，應立即向直轄市、縣（市）主管機關通報，至遲不得超過二十四小時。」雖然法律上明文規定十分清楚，但是讓心理諮商者決定是否通報的因素卻很多，包括：是否對當事人及其家人造成傷害、是否傷害心理諮商關係、缺乏明確的傷害證據、擔心當事人所提及傷害的可信度、心理諮商者對法律缺乏瞭解、法律的規範定義不明確，以及對目前的保護機構缺乏信心等等，上述這些因素都會使心理諮商者對通報的舉動感到猶豫不決。事實上，在是否舉發或通報的議題上，心理諮商者的擔心可以更具體地說明如下（牛格正，1996）：

　　1.進行通報後，若證據不足，則讓施虐的家庭更加惱羞成怒，帶給未成年當事人更多的傷害。

　　2.查證屬實，未成年當事人必須被帶離家庭另外安置，是否對當事人是比較好的選擇？而且，寄養家庭的環境並非心理諮商者所能預測，若反而讓未成年當事人陷入另一困境，是否造成二度傷害？

3.若因不確定是否構成「虐待」，而等待更多的證據，則意味心理諮商者在等待未成年當事人再次受到傷害，就當事人的受益權與免受傷害權，著實並非樂見。

因此，在同時考慮倫理與法律的情況下，心理諮商者可行的作法如下：

1.心理諮商者應對於被虐待的行為徵象有所瞭解，並且能夠做出完整而適當的評估與診斷。

2.心理諮商者對法律有清楚的瞭解，並熟悉與自己的服務機構相關的通報規定和通報程序。

3.心理諮商者應清楚自己對通報所持有的態度和立場，當遭遇倫理與法律的兩難時，可與同事討論或諮詢倫理委員會。

4.心理諮商者決定通報前可告知當事人，自己將採取哪些通報的措施來保護未成年當事人。心理諮商者應盡可能給予當事人支持並處理其負面情緒。

5.心理諮商者應瞭解當地相關的保護機構與資源，並與保護機構的工作人員建立良好的關係。

另外再次強調的一點是：心理諮商者的責任只在於通報與舉發，並不負責調查的工作。所以，心理諮商者不必給予自己過高的壓力，要求自己一定要有明確、詳實的證據才進行通報。但是在調查過程中，心理諮商者負有法律責任配合提供相關資料,而且為了保障當事人的隱私權，在提供資料的過程中，應視其資料的相關程度而決定是否提供，有關於當事人的隱私與私密，仍應盡可能加以保護。

㈣雙重關係

在國內，進行未成年諮商最常見的場所就是在學校機構。學校心理諮商工作者（或稱輔導人員）的工作層級可分為：輔導教師、學校心理師、諮商心理師。然而，目前國內的學校機構，特別在國小、國中與高

中，輔導人員大多兼任教師或行政職務，此種角色重疊造成的雙重關係，往往會產生角色的衝突，不僅顯現其專業化之不足，並且會帶來一些可能的危害。例如：學生無法真實地傾訴自己的困擾；可能害怕被老師評價，因而不願輕易地坦承自己所遭遇的困難；擔心老師不會保守秘密，會打電話通知家長，造成學生的不安全感等等。而輔導老師自己也很難保持客觀、單一的立場，尤其是導師通常必須扮演比較嚴厲的角色，會疾言厲色指正錯誤，心理諮商者又要無條件地關懷、傾聽，扮演較為慈祥的角色，如此一來，老師與學生可能都對彼此的關係感到錯亂。

由上可知，在學校中進行未成年當事人的心理諮商，雙重關係的因素其實造成許多倫理考量上的不恰當。雖然雙重關係在目前的校園中是很普遍的現象，但是我們絕不能以「無法避免」或「相當普遍」為理由，合理化這樣的雙重關係。如何落實輔導人員的證照制度，增設輔導專業人員，建立心理輔導老師與課程教師分業的制度，重新定位學校輔導老師的角色與立場，是未來學校輔導要努力的方向。而且，學校輔導老師必須受過輔導專業訓練，或是比照心理師的證照制度，而非由一般課程教師兼任，才是根本的解決之道。如果少數的學校規模過小，可以考慮採取聯合聘用的方式，仍由專業的輔導老師專門來處理學生心理困擾，教師或導師則可負責發現問題、初級輔導，並設法轉介給輔導老師，這樣的分工合作才能真正幫助學生解決心理問題。

三、老年當事人的倫理議題

在醫藥科技日益發達的現代社會，高齡化的現象與人口老化的議題已是全球化社會不可避免的趨勢。以國內目前的人口結構來看，民國94年5月，六十五歲以上的人口總數已攀升為二百一十七萬六千六百零八人，占總人口的百分之九點五八（內政部，2007），超過聯合國世界衛生組織定義高齡化社會結構標準（百分之七），這些統計資料顯示：現代社會中老人問題將不僅是個別性的問題，而是與大家都息息相關的切身問

題。因應社會環境變動的需要,「老人福利法」在民國 69 年制訂完成,並於民國 86 年首次修正,重視老人年齡及福利措施之界定,包括:老人津貼、年金、住宅、保護與安置等,種種的老人福利措施關注的焦點在於健康醫療照顧與休閒教育方面,目的在於提升老人的生活品質,讓老人從職場退休之後,能享有良好的社會照顧。然而,除了具體的生活照顧以外,老人在面對生命最末階段的老化發展過程中,內心的孤寂、矛盾與壓力是無法形容的。因此,可預見的是心理諮商在老人領域的重要性將日漸提高,心理諮商過程中所需處理的老人問題亦將更趨多元化,所涉及的倫理議題將如下論述。

(一)老年人心理諮商的特殊性

老化所帶來的身心轉變是老人心理諮商首先考量的部分,大體而言,老化的歷程中會出現下列的生理與心理特徵 (Krapp & Gale, 2002)。

1. 生理方面

隨著老化的歷程,生理上會產生下列感官與機能運作的改變。

(1)基礎代謝降低。老年人身體變得比較容易疲倦,對天氣變化也比較敏感。

(2)肌力強度減弱且耐力降低。

(3)視力改變。老年人容易罹患老花眼,而且有些老年人還會罹患青光眼或白內障。

(4)聽覺改變。老年人不易分辨高音,退化較嚴重者還需要戴助聽器。

(5)牙齒改變。老年人的牙齦亦萎縮而導致牙齒毀壞,常需要更換為假牙。

(6)骨質疏鬆。老年女性發生的比率較男性更高,可能導致骨折。

(7)器官運作變得緩慢。

(8)皮膚改變。老年人的皮膚含水性降低,且體脂肪減少,皮膚容易

變得乾燥且有皺紋。

(9)髮色改變。老年人的髮色會逐漸變成灰色或白色。

(10)性慾或性能力降低。

(11)生殖能力改變。老年女性在更年期後則不具有傳宗接代的能力。

(12)味覺、觸覺、嗅覺的敏銳度降低。

(13)慢性病的罹患率增加，如：高血壓、關節炎、癌症等。

2.心理特徵

相對於老化對生理的影響，對心理方面的影響較不明顯，但仍有下列的特徵。

(1)學習新事物的能力下降。老年人仍有正確學習新事物的能力，但是或許由於年紀大的人不再那麼需要學習新事物，因此長期在缺乏足夠的訓練下，對於學習新事物容易感到焦慮，而影響表現的能力。

(2)記憶能力減退。老年人的短期記憶容易減退，但是若能經常從事刺激腦力的活動，記憶減退的情況可以趨緩。

(3)情緒改變。老年人由於生理功能與社會環境的控制感逐漸降低，比其他年齡層的人更容易出現心理壓力或憂鬱情緒，而且壓力和憂鬱情緒均會影響生理健康，進而導致生理疾病的發生。

3.其他

除了老化歷程所造成的生理、心理特徵，老年人的生活脈絡通常容易產生下列變化。

(1)退休後的生活方式改變。老年人在退休、離開職場之後，生活方式可能出現很大的變化，不再需要有準時的生活作息，全天行程都要自行安排。以往工作考績、主管或部屬的獎勵可能是自我肯定的重要來源，退休以後必須依靠自己給予自我肯定。

(2)人際環境的改變。老年人離開職場後，與工作中相比，人際交流

頻率可能大幅降低。另外，老年人的子女，往往正值人生最忙碌的中年時期，和父母親的相處時間亦可能減少。加上隨著年齡的增長，老年人難免會面臨老友或伴侶的罹患疾病、身體失能、甚至於辭世，這些情況都會導致老年人的人際支持系統慢慢瓦解。

因此，進行老人心理諮商的過程中，心理諮商者必須充分瞭解上述老年人的特殊性，並且能夠尊重這些現實的限制。在現實條件能夠改變的前提下，與老年人共同討論調適的方向。例如：關於老年人人際方面的孤單與失落，在某些現實考量下，無法期待老年人可以繼續獲得子女或職場舊識的足夠支持，但是如何利用大量的空閒時間，參加社區的老人社團、結交新朋友，或是設法和過去的老朋友重新聯絡，都是可行的努力方向。然而，心理諮商者也必須承認並正視無法改變的現實限制，而能夠做出適當的情緒支持與陪伴。

㈡老年人自我決定權 vs. 免受傷害權

老年心理諮商常遇到一項與未成年心理諮商相同的倫理議題，亦即：心理諮商者應該以尊重老年當事人的自我決定權，或是將採取適當措施，例如告知家屬或通報相關單位等，以避免老年當事人身心受害為第一優先考量？兩者之間常會出現難以兩全的局面。對於未成年心理諮商而言，除了評估未成年者的心智功能與判斷能力，年齡是一個可以參考的重要依據；然而，對於老年心理諮商而言，除了在法律上或醫學上已經明白判定為「失智」的老人外，心理諮商者要判斷老年人是否有自我決定的能力，並且決定是否尊重老年人的自我決定，經常是非常困難的，特別是大部分老年人的自尊心強，倘若未能獲得他們的同意，亦會讓老年當事人認為自己的能力被否定，而帶來更多的心理創傷。試舉兩個例子討論如下：

1.當心理諮商者得知老年當事人已罹患某種疾病卻不願就醫，而且堅持不願意告知自己的子女，但是心理諮商者判斷該疾病若延誤不治，

可能嚴重影響老年當事人的生理健康，且強烈鼓勵老年當事人就醫亦無效。在這種狀況下，心理諮商者是否應該提前將老年當事人真實的身體狀況，透露給其主要照顧家屬，以免疾病惡化直到家屬知情時已措手不及？然而，當老年當事人堅決反對心理諮商者透露病情時，又應如何處理呢？

　　2.當心理諮商者對臥病在家的老年人進行訪談時發現，老年當事人的身體似乎愈來愈瘦弱，經過心理諮商者鍥而不捨的追問下得知，老年當事人目前與女兒同住，但女兒由於忙於工作，對老年人疏於照顧，有時候甚至會忘了準備三餐，而且老年當事人因本身移動困難，已出現褥瘡的情況。然而，老年當事人懇求心理諮商者不要把情況告知女兒或任何人，因為他真的很希望繼續和女兒同住，也能夠理解女兒的難處，老年當事人非常擔心如果心理諮商者告訴女兒以後，女兒可能會將自己送到養老院，那是他極度排斥、覺得丟臉的地方，所以即使未得到妥善的照顧，老年當事人仍期待繼續住在女兒家中。這時候，心理諮商者要怎麼做呢？

　　上述兩個例子都明顯地看出，老年當事人的自主決定權與免受傷害權相互衝突，也是讓心理諮商者感受到矛盾、難為。可行的作法建議如下：

　　1.心理諮商者必須努力和老年當事人溝通與討論，更深入瞭解老年當事人的顧慮與擔心，同時也說明心理諮商者對老年當事人目前情況的憂慮原因,希望藉由不斷地溝通能夠讓老年當事人願意做出必要的調整。

　　2.如果心理諮商者已經盡力溝通，老年當事人仍然堅持己見，心理諮商者必須考慮做出轉介或通報老年當事人的家屬，以維護老年當事人的免受傷害權。即使這樣的作法可能無法得到老年當事人的諒解，甚至會被視為一種背叛，但是老年當事人出現可能危及身體健康或生命的危險性，心理諮商者要竭盡所能為老年當事人爭取時間，以及任何可能的轉圜餘地。若是因為執著於尊重老年當事人的自主決定權，因而導致老

年當事人死亡這樣不可逆的事情發生，對於老年當事人、其重要家屬與心理諮商者，都將是很大的遺憾。

㈢老年人安樂死

處於人生下坡階段的老年人，當身體愈來愈無法駕馭，罹患一種或多種無法治癒的疾病，且支持的系統慢慢瓦解，老年人出現安樂死的念頭或意志，經常是著眼於不願在苦難中延續生命，意在取得生命的尊嚴。但是，老年當事人除了本身的痛苦與權利，是否能夠得到其他存活的理由和意義，是心理諮商者需要特別加以探索的部分。心理諮商者在面對老年當事人出現安樂死的企圖時，必須注意以下三個方面：

1.心理諮商者的自我省思：心理諮商者本身對生死的觀點與過去親人經歷老年或瀕死的經驗，會影響心理諮商者的價值觀。因此，在探討安樂死的議題時，心理諮商者要避免自身價值觀的過度投射與反移情。

2.憂鬱症的可能性：對老年人而言，憂鬱症是自殺的重要前置因素。因此，必須判斷老人安樂死的意圖是否起因於憂鬱症，如果無法排除憂鬱症的可能，則可以先朝著這個面向進行心理諮商，若能成功改善老人的憂鬱情緒，則當事人想要安樂死的念頭亦會隨之下降。

3.探索老年當事人的意願：根據心理學家的觀察，求生是一種人的本能，因此老年當事人表達希望安樂死，未必代表已經堅決想要死亡，而主要是傳達絕望或希望解脫的盼望。此時，心理諮商者若能與老年當事人一起建築一個主動關懷的環境，例如：設法請醫療人員助其減輕疼痛或是建立情感支持系統，或許可以讓老年當事人因為獲得關愛與照顧，而願意再接受生命的挑戰。

四、婚姻與家庭心理諮商的倫理議題

在談論婚姻心理諮商以前，必須先探討我們的社會文化特質對於「婚姻」這個議題的影響，亦即相較於西方社會而言，國內一般民眾對於婚

姻特有的看法與觀感。首先是中華文化之父系威權制度，使得原本應為互敬、互諒的夫婦之道，轉而為一意強調三從四德、夫唱婦隨的順服倫理；於是，無論是否出嫁的女子，經常是被要求絕對的忠貞與服從，女子非但是父權社會底下的附屬品，而且社會道德規範要求婦女守節的重要性，所謂「餓死事小，失節事大」的情況亦形成高尚操守而加以頌揚。因此，面對傳統文化的窠臼，我們應該以何種角度或觀點來看待夫婦相處？如何重新定義婚姻？男女雙方又該如何從夫唱婦隨之類的桎梏中解放自身？是第一個要考量的文化議題。

第二點要提到的是臺灣社會文化的核心元素──宿命觀，它似乎隨時隨地苦口婆心地告誡我們，只要可以認命，命運之神不會趕盡殺絕，會給予一條生路，然而它更暗示我們，如果不能認命，得到的下場會比現在更慘！所以，無論何時何地遭逢困難或困境，「認命」是華人最慣有的思維和反應，天地萬物中人之所以為人的獨特意義與價值，在某種程度上已經湮滅在我們的文化傳統之中。宿命觀意味著：有些情境下，要追求前述第一項的男女兩性平權概念似乎是無望的，因為凡事我們最好還是認命，反正再怎麼努力到最後還是枉然。要把宿命觀從我們文化土壤的深源處連根拔起，並非易事，也非一朝一夕所能完成，然而，這卻是一件非做不可的事情，雖然不容易達成，仍應努力做到。

在婚姻心理諮商的實務中，心理諮商者經常會面臨到女性當事人(即妻子)，帶著強烈的宿命觀來到心理諮商現場，在心理諮商過程中，心理諮商者不僅無法忽略當事人身後的文化背景，還需要面對自身對於婚姻的文化價值，才能走出此文化困境當中，所以身為婚姻心理諮商者必須培養自我覺醒的能力，否則可能非但無法成功地執行婚姻心理諮商的任務，反倒成為幫兇繼續地重複著當事人原有的宿命觀，甚至將當事人推回原有的文化困境。

從民國六十年代，臺灣進入工業社會以後，工業時代的變化、複雜、快速與短暫，進而影響人際關係產生本質與形式上的改變，兩性關係與

婚姻、家庭都無法免除，因此離婚率不斷地攀高，由聯合國人口與家庭組織統計資料顯示，臺灣離婚率已經高居亞洲第一位（王雲東，2007），婚姻心理諮商成為一件重要的任務。以下深入討論婚姻心理諮商者需注意的議題。

㈠自主決定

美國婚姻與家族治療學會 (American Association for Marriage and Family Therapy, AAMFT) 規範，婚姻心理諮商者需尊重當事人做決定的權利，並幫助他們瞭解決定的後果。心理諮商進行時，心理諮商者應清楚地告知夫妻雙方，需為此婚姻狀態的決定負責。這個規範源自於西方啟蒙運動以來的一貫主張，人是理性主體，它的前提是相信人有理性能力，能夠為了自身最大的權益考量，能夠在不受到其他外力的影響情況下，獨立做出決定。由此可知，心理諮商的目的在於賦權 (empower) 當事人，使其增強自我原有的正向思考，醞釀出足夠能力來為自己的選擇負責。中國輔導學會認為，心理諮商者不但要尊重當事人的自主決定權，還應該為當事人的最大受益設想，根據當事人的需要、能力及身心狀況，與其共同研擬心理諮商計畫，討論並評估計畫的可行性及預期的效果，亦即：心理諮商者盡量尊重當事人的自主決定權，並為其最佳利益著想。仔細分析，這些心理諮商專業倫理規範假定：當事人在某種心理諮商計畫的協助後，就必然可以自我成長與發展，然後就能夠使用其自主決定權，為其最大利益努力。然而，這個假設可能要面臨的考驗如下：

1.當事人真的能夠透過婚姻心理諮商，就掙脫任何有形、無形的條件限制，例如：第一段所討論的文化束縛等，然後，在無壓力的自由情境中，自主地做出事後能夠自行負責且滿意的決定嗎？

2.延續前面的論述，當事人自主決定的選擇，是否真的能夠為其帶來最大利益？倘若當事人自主決定的方式，與心理諮商者認定當事人的最大利益嚴重地相互衝突時，心理諮商者應尊重當事人的自主決定，或

是心理諮商者必須考量這個選擇對當事人可能出現不利後果，而採取較
為強烈的涉入，試圖影響當事人的選擇，使其真正獲得最大利益？當然，
在討論這項議題時，我們需要一併考量下一項議題，心理諮商者的價值
觀如何影響到判斷何謂當事人的最佳利益，因而影響到整個婚姻心理諮
商的過程。

㈡心理諮商者的價值觀

中國輔導學會為了避免心理諮商者影響當事人的價值觀，特別針對
心理諮商關係中心理諮商者的作為，給予相當清楚而嚴格的規定如下：
心理諮商者應尊重當事人的價值觀，不應強制為當事人做任何的決定，
或強制其接受心理諮商者的價值觀……（中國輔導學會，2001）。而且，
心理諮商者應覺知自己的價值觀、信念、態度和行為，才不致於在心理
諮商的過程中，無意識地將自己的價值觀灌輸到當事人的身上。

然而，這些規範在心理諮商關係應如何落實，卻是很大的難題，特
別是在一向習慣或期待由他人（權威者）為自己作主的臺灣文化情境，
要求心理諮商者完全保持價值中立，尊重當事人的價值觀，不給予意見
的提供，這些作法完全不符合文化與習俗的人情表達，倘若真的完全按
著規範進行，又將如何與當事人建立信任的心理諮商關係？牛格正 (1999)
亦坦承，在婚姻心理諮商中，尤其是在處理離婚、性角色、婚外情及其
他引發爭議問題的當事人時，心理諮商者本身的價值觀難免會出現某些
程度的影響力，而且，有時候為了使婚姻心理諮商產生效果，心理諮商
者的價值觀不能不產生影響。因此，以上述較為彈性的立場來討論心理
諮商者的價值觀，是否應全然禁絕在心理諮商關係之外，並且回到文化
層面與心理諮商本質進行探討與省思，才能真正帶給當事人實質的幫助
和意義。

郭麗安 (1998) 進一步認為，不同價值觀的心理諮商者，對於相同當
事人的問題，必然會採取不同的態度。一個具平權態度的心理諮商者會

幫助女性當事人（即妻子），在看到關係與自尊出現魚與熊掌不可兼得的情況下，能夠發展出自身的力量，做出符合自身福祉的決定；女性主義心理諮商者則會更鼓勵當事人為自身的尊嚴說話，甚至為維護尊嚴而冒失去關係的危險；而一個重視傳統婚姻價值的心理諮商者可能會以「丈夫遲早會回頭，孩子需要母親照顧，或別人將如何看待妳」等以他人為中心的觀點，來引導當事人做出所謂「識大局」，但可能自貶自尊的決定。因此，不同價值觀的心理諮商者的確可能會把當事人引領至完全相反的路徑上，如繼續維持婚姻或離婚。

(三)婚姻心理諮商 vs. 離婚心理諮商

心理諮商者的首要責任是尊重當事人的人格尊嚴與潛能，並保障其權益，促進其福祉。然而，社會大眾對婚姻心理諮商最常出現的質疑是：「婚姻心理諮商者到底是在做婚姻心理諮商還是離婚心理諮商？」這樣的質疑其實會帶給婚姻心理諮商者無形的壓力，特別是當心理諮商者本身也傾向於「勸和不勸離」的價值觀時。然而，若為夫妻雙方當事人的利益同時進行考量時，很多情況下都難以避免走上離婚心理諮商的方向。舉個例子來說：

有一對夫妻因為出現許多的婚姻衝突，決定一齊來進行婚姻心理諮商，在心理諮商的過程中，丈夫抱持明顯的態度為：避免婚姻衝突的唯一方式，是妻子必須不能出聲或忽略自己的感受。心理諮商者在同時考量夫妻雙方利益的前提下，可能會讓夫妻均感受到婚姻關係中權力的失衡與不公，並且會進一步賦權於妻子，讓她向丈夫要求尊重與善意；然而，心理諮商者讓妻子看清丈夫的真面貌，協助妻子的主體性變強卻會讓丈夫更加難以適應，於是婚姻心理諮商可能演變成離婚心理諮商。因此，進行婚姻心理諮商的確不一定會讓婚姻關係變得更加穩固，換個角度來說，增進婚姻的穩定度，未必是婚姻心理諮商的最終目標。

㈣家庭心理諮商

關於家庭心理諮商，同樣也必須多加考慮到文化的因素，因為中國人的家庭觀念與家庭凝聚力，通常遠高於西方文化，在進行家庭心理諮商時，若是心理諮商者過度挑戰家庭中的某些信念時，整個家庭可能反而會團結起來圍剿心理諮商者，而且中國人常有「家醜不可外揚」的觀念，也會增加進行家庭心理諮商的困難度。然而，在家庭關係緊密的文化背景下，當事人的問題往往和家庭的關係密切相關，因此採取家庭心理諮商可能是最有效的方式。而心理諮商者進行家庭心理諮商需注意的事項如下討論。

1.個人福祉 vs. 家庭利益

家庭心理諮商者首先會面對的議題即為多重當事人的情況，一般而言，心理諮商者的基本責任在於保障當事人的權益，並以促進其最大的福祉為優先考量的依據。但是在家庭心理諮商中，心理諮商者一次需要面對二名以上的當事人，而且通常家庭會來尋求協助，主要的原因在於：家庭成員之間有著相互衝突的需求和興趣，每個成員均希望心理諮商者能夠幫助自己改變其他的成員，以增加自己的個人福祉。因此，家庭心理諮商與個別心理諮商的差異在於：個別心理諮商只需要考慮當事人個別的權益，家庭心理諮商則需要增進每一個家庭成員的權益，那麼，如何才能做到上述目標呢？以下有幾點建議（沈慶鴻，1996）。

⑴家庭心理諮商者可以將家庭整體視為其當事人，並且鼓勵所有家庭成員以家人之間的相互滿足為主要目標，要進行家庭心理諮商的首要條件在於：所有的家庭成員都願意放棄一己之私，而為整個家庭的利益著想。

⑵然而，將家庭視為一個系統的前提下，為了增加家庭整體功能的發揮，家庭系統的運作方式需要做出必要的改變。此時，會出現在許多

無法避免的利益衝突，改變的過程中，每位成員需要付出調整的努力程度必然有所差異。而且，家庭心理諮商者在界定運作問題與改變的計畫方向時，難以做到絕對的公平與公正。因此，在決定如何改變時，心理諮商者一定要尊重每一位家庭成員個別的自主權。

(3)另外，促進改變的過程中，由於家庭成員之間的互動關係可能緊密，且往往牽一髮而動全身，家庭心理諮商者要留意每一個特定的改變歷程（即使此單一改變僅針對某一個成員），對於所有成員的影響，並確保在增進某一成員的福祉時，不會傷害或犧牲到其他成員的權益。特別是對於家庭中較為弱勢的成員，如女性或兒童，是家庭心理諮商者需要特別考量的對象。

2.家庭成員是否需要全部參與？

大多數的家庭心理諮商者均期待所有的家庭成員都能夠參與，以便顧及所有家庭成員的利益，並能找出整體家庭成員的目標，促進家庭的和諧，否則大部分會出現的情況是：愈是需要進行改變的家庭成員，愈可能會逃避接受心理諮商。然而，若是堅持一定要所有家庭成員均參與，才能進行家庭心理諮商，可能會使得有意願接受心理諮商的成員，無法得到心理諮商的服務，違反了所謂當事人接受心理諮商的受益權，而且對於沒有意願接受心理諮商的家庭成員，亦是一種無形的壓力。茲將是否等待所有成員均參與，才開始進行家庭心理諮商的贊成與反對意見整理如下：

(1)贊成的觀點包括：在家庭心理諮商的過程中，若是有某位或某些成員未參與心理諮商歷程，則會造成未參與成員與參與成員之間的分裂，或是未參與成員缺乏與家庭其他成員深入的互動而被孤立，反而可能妨礙家庭整體功能的發揮。而且，未參與成員往往是最需要改變者，因此倘若該成員未參與心理諮商過程，則家庭心理諮商者亦難以改變其對於整個家庭可能造成的影響，整個家庭的調整仍然無法達到整體的和諧。

所以，為了考慮所有家庭成員的利益，解決整個家庭改變的困境，每一個成員都有必要參與家庭心理諮商，才能開始進行（沈慶鴻，1996）。

(2)反對的觀點包括：無論是否所有的家庭成員均參與，只要有某些成員進行心理諮商，皆會帶來所有家庭成員之間關係的改變，並且讓原先的家庭結構有所改變，自然而然就可以誘發其他未參與成員的改變。因此，不需要堅持讓所有的家庭成員均要參與家庭心理諮商，心理諮商的效果仍有可能幫助到所有成員的改變。另外，倘若某些成員已經從過度親密的家庭關係中獨立出來，該成員沒有意願再受到家庭的束縛，或是與原生家庭有深入的互動，那麼，又何必鼓勵或強求其再度進入家庭心理諮商 (Hare-Mustin, 1980)？

(3)折衷的觀點包括：家庭成員參與家庭心理諮商可以不需要拘泥於同一形式，例如：有時候可以先跟父母親會談，有時候可以和青少年單獨會談，同時也有所有成員一起會談的機會，也許透過彈性的方式能夠帶來更好的效果。另外，成員的缺席可以視為一種家庭抗拒改變的代表，對於有經驗的心理諮商者來說反倒可以成為一個有效的施力點。家庭心理諮商者如何運用技巧打破此家庭結構的對抗改變，是心理諮商成功與否的重要關鍵之一。

一般而言，心理諮商者亦會用下列的方式，邀請意願低的成員參與家庭心理諮商，包括：

(1)心理諮商者先與願意出席的成員進行會談，從中瞭解意願低的成員之疑慮，以及討論如何由意願高的成員邀請與鼓勵意願低的成員參與。

(2)針對意願高的家庭成員，先進行一到三次的短期心理諮商，一方面等待其他成員的加入，另一方面在參與成員的同意下，將已進行的會談內容製作成錄音帶或錄影帶，讓未參與的成員對於心理會談有進一步的瞭解。並且，鼓勵已參與的成員主動邀請其他未參與的成員。

(3)特別給予意願低的成員一些承諾和保證，家庭心理諮商者會特別保護這些成員，使他們不至於成為家庭問題的主要代罪羔羊，以提高其

參與的意願。

(4)倘若家庭心理諮商者已經做了所有的努力仍無法改變未參與成員的意願，則必須尊重這些成員的決定，或許可以改變為個別心理諮商、延後家庭心理諮商的時間，或是轉介給其他的心理諮商機構。

五、團體心理諮商的倫理議題

團體心理諮商近年來愈來愈為普及，一方面它的花費與服務量較一般個別心理諮商來得經濟；一方面針對一些以人際問題為主的當事人(例如：與人建立親密關係有困難等)，能夠提供一個有效的練習環境，讓團體成員進行新的嘗試。因此，在團體心理諮商中，人際互動是關鍵的要素，真正發揮力量的團體要能夠提供團體成員一個場域，讓他們在其中與別人自由地互動，然後透過成員之間真誠的回饋，幫助彼此辨識並瞭解在人際互動過程中，可能需要調整的部分，最後的目的在於改變原先不適應的人際模式。由此可知，團體心理諮商的倫理議題不僅是心理諮商者與當事人之間的倫理，更包括團體成員間的倫理，團體心理諮商者必須像個別心理諮商者一樣積極地維護所有成員的自主權、受益權、免受傷害權、忠誠權與公平權，而且，團體心理諮商因為團體中的人際關係更為複雜，因而衍生出一些團體心理諮商特殊的倫理議題，以下將分別就團體進行前的準備與團體進行時的注意事項兩方面進行討論。

(一)團體進行前的準備

團體進行前的主要準備工作包括：每位欲參與成員的告知同意權、篩選適合參與團體的成員，以及處理非自願參與團體的成員。

1.告知同意：依據團體工作專家聯盟 (Association for Specialist in Group Work, ASGW) 中的團體心理諮商者的倫理守則規定：「團體心理諮商者要盡可能提供團體必要資訊給成員與準成員。」這些相關內容包括：

⑴團體心理諮商者最好可以採用書面方式陳述該團體的目的、團體心理諮商者的資格，以及將要實施的團體程序。

⑵團體心理諮商者確切地說明在團體心理諮商中，能夠提供什麼服務，以及不能提供什麼服務。

⑶團體心理諮商者應同時強調參加團體所帶來的一些權利，但也要承擔一些責任，包括：成員必須規律參加團體、主動、承擔風險、願意開放、對他人回饋、保密以及提出自己的需要等。

透過上述的程序，團體成員在決定參加團體前，可以對於團體有全面、足夠的瞭解。

2.篩選成員：評估個體是否適合在某個特定時候，參加某個團體心理諮商者所帶領的某個團體，是團體心理諮商者的重要責任。由於團體心理諮商是由一群人共同進行，所以團體心理諮商可能出現的風險較個別心理諮商更高，我們恐怕無法期待設計一個團體，是能夠符合所有人的需要，讓每一個人都能夠從團體中獲益，並且不會在團體中受到任何的心理傷害。因此，成功的篩選合適的成員參加團體成為一個重要的倫理議題。

一般而言，「個別晤談」是最好的篩選方式，有以下幾個理由：

⑴個別晤談開啟了未來可能的團體成員與團體心理諮商者之間的初步心理諮商關係。

⑵個別晤談讓團體心理諮商者有一段足夠的時間，探索未來可能的團體成員內心的期待和需求。

⑶個別晤談讓團體心理諮商者有機會深入評估，未來可能的團體成員目前面對的問題、背景以及想要改變的動機強度。

⑷團體心理諮商者可以針對個別差異，與未來可能的團體成員溝通參加團體應注意的事項。最後，再由團體心理諮商者與未來可能的團體成員雙方共同決定，是否適合在這個時候來參加這個團體，透過共同決定的過程，增加團體成員的責任感。

另外，為了增進成員在團體中的滿意度，並且幫助成員找到自己在團體中的角色定位，篩選的晤談中可參考的步驟如下：

⑴確認成員的需要、期待與承諾。有些成員在參加晤談前就清楚知道自己的期待為何，但有些成員則否，所以藉由晤談過程，幫助成員探索、澄清自己的想法。

⑵挑戰成員的迷思及錯誤的觀念。對於一個從未參加過團體心理諮商的人來說，他對於團體心理諮商進行的程序或許藉由一些媒體或書籍得知；然而，在資訊獲得的過程中，亦可能對團體進行的程序有所誤解，以至於出現不必要的害怕或過高的期待。這些迷思與錯誤觀念若沒有提早被偵測出來，對於團體心理諮商日後的發展可能產生負面的影響。

⑶提供有關團體心理諮商的資訊。包括：保密與保密的限制，團體進行的階段，團體心理諮商者以簡單的名詞解釋每個階段的特徵，讓成員瞭解團體如何發展與改變，此時亦為進行告知同意的好時機。在進行告知同意時，團體心理諮商者要注意資訊的整合、資訊的提供，以及回應成員的問題，三方面應該達成平衡。

⑷最後，篩選出最適合的成員，並與未來可能的成員共同決定是否參與團體心理諮商。

總之，團體心理諮商者要篩選出合適的團體成員，讓這些成員對團體的期待、需求與團體目標相符合，如此，團體成員不會妨礙團體歷程的進行，而且參與團體心理諮商能夠增加、而非傷害成員的福祉。不同導向的團體心理諮商在篩選歷程中，將著重不同的面向，例如：有些重視成員的人格特質、有些則重視目前的人際互動等等。有效的篩選可以增進成員準備程度，團體心理諮商者在團體準備期，就要向每一位成員澄清團體的目標與成員的期待是否相符合，而且在團體的起始階段，仍要持續增進成員的準備程度。團體心理諮商其實算是一項合作的冒險行為，充分地討論可能牽涉的危險與價值觀衝擊，討論如何讓每一位成員從團體心理諮商得到最多的獲益。

3.處理非自願的成員：在某些特殊的情況下，有些成員屬於非自願或是參加的動機非常低，這種情況常出現在學校的輔導中心，學生可能受到導師或行政人員的要求而參加，或是未成年兒童、青少年被家長所強迫等等。讓動機低落的成員參與團體最大的期待在於：希望藉由其他成員的同儕支持與鼓勵，能夠改變非自願成員的原有態度，願意嘗試著參與團體的活動並從中受益；然而，團體心理諮商者也必須考量的是：非自願或低動機成員的特殊表現，如被動、冷漠或具有攻擊性的表現等，是否會影響到整個團體的進行，避免少數的團體成員反而嚴重干擾了其他多數成員在團體中的受益權。

㈡團體進行時的注意事項

1.團體規範的擬定：藉由所有團體成員共同擬定的規範，增加團體的向心力，團體心理諮商者的任務在於，協助所有團體成員，訂立出與現實符合的團體規範，並且能夠有效地共同遵守與維護團體規範。

2.離開團體的自由：如同個別心理諮商一般，每位成員有決定是否參加團體的自由，同時也擁有是否離開團體的自由。但是，在團體心理諮商中，處理成員離開團體的議題要格外小心，以免引發團體成員間陸續離開的連鎖反應，那麼即便是繼續留在團體中的成員，心中也會有些不舒服的感受。因此，團體心理諮商者會鼓勵並邀請每一位想離開的成員，在決定離開的前一次必須向其他成員說明自己離開的原因，並且能夠好好地與大家道別，作為一種良好的關係結束；倘若因為某些現實的情況，要離開的成員無法親自當面和其他成員說明，團體心理諮商者亦會鼓勵其採用書面的形式取代離開的正式程序，這樣子比較不會讓單一的成員影響團體的凝聚力。

3.團體強制力與壓力：團體心理諮商者要避免團體的特定成員成為大家的攻擊對象。事實上，團體的從眾力量帶給一個成員的壓力往往是十分巨大的，即使某個成員的確做出一些不受歡迎或討人厭的事情，團

體心理諮商者都必須盡力避免其承受整個團體的譴責與壓力。因為，團
體心理諮商者的重要任務之一就是：竭力地保護每一個成員，即使無法
讓每位成員均在團體中受益，也要避免任何一位成員在團體中受到傷害。

㈢團體中雙重／多重關係的倫理議題

團體心理諮商的組成人數多為八到十二人，因此，在考慮雙重／多
重關係的議題時，不僅要考慮團體成員與團體心理諮商者之間的雙重／
多重關係，還要考慮團體成員之間的雙重／多重關係；所以在組成團體
以前，領導者應針對此議題，落實執行團體成員的甄選，以維護全體成
員的利益。

首先，團體心理諮商者應盡量避免與其中某位或某些成員特別熟識，
例如：團體心理諮商者亦為某些成員之督導、同事、老師、主管、朋友、
親戚、甚至是個別心理諮商者等等。因為雙重／多重關係的存在，可能
會影響到團體心理諮商者的公正性，增加彼此的利益衝突，扭曲團體心
理諮商者的專業本質，使團體心理諮商者與成員無法清楚區分界線，造
成角色及職責混淆，倘若違反界線會讓不平衡關係更加傾斜，特別是同
時存在師生關係與心理諮商關係的雙重關係，團體心理諮商者可能同時
會失去評分客觀性及無條件積極關注，並且影響到團體成員真誠的自我
表露。而且，團體心理諮商者與成員之間的熟識程度差異過大時，也可
能會造成成員之間的相互比較或爭風吃醋，或是產生不公平、被忽略的
感受，這些情況均可能不利於團體的進行。

另外，團體心理諮商者要慎重選擇成員，詢問欲參與成員，是否參
加或接受類似團體或其他輔導等，盡量避免相同的成員，同時參與兩個
以上相同的專業治療或輔導，以免造成關係的混亂與複雜性，並且確定
參加團體心理諮商的成員間，沒有上下屬、高低階、從屬關係，或是過
度親密的人際關係（例如：男女朋友）等，因為特殊的關係都可能造成
彼此在團體心理諮商中的不安全感，進而影響到整個團體進行的氣氛。

倘若雙重關係真的難以避免，團體心理諮商者亦應主動與雙方討論，除非相關當事人均可完全瞭解其中可能發生的情況及風險，而且雙方也都同意如此安排。因此，避免團體中雙重／多重關係的存在，可避免事後的困擾，減少對其他團體成員不利的影響。

六、網路心理諮商的倫理議題

交通部統計處 (2003)「臺灣地區民眾使用網際網路狀況調查」的資料顯示：臺灣地區上網人口突破一千萬人，上網比例為四成九，平均約每兩人就有一人曾經上網，而且各地區上網比例皆達四成二以上，城鄉差距並不明顯，另外，近七成一的家庭擁有電腦，六成五的家庭使用網路。由此可知，臺灣地區的網路使用現況已愈來愈普及，無論城鄉，網路已漸漸成為人們生活不可或缺的一部分，因此如何藉由網路進行心理諮商工作?網路心理諮商時應注意哪些倫理守則?又可能遭遇哪些困難?都是刻不容緩、亟需深入研究探討的問題。

網路心理諮商的定義：美國全國合格心理諮商者協會 (National Board for Certified Counselor, NBCC) 對網路心理諮商的定義為:「當心理諮商者與分隔兩地或深處遠方的當事人運用電訊方式在網路上溝通時，所從事之專業心理諮商與資訊提供之實務工作」，常見的用語包括: 網路心理諮商 (webcounseling)、線上心理諮商或線上治療 (on-line counseling or on-line therapy)、電腦心理諮商或網路心理諮商 (cyber counseling)、電子郵件治療 (e-mail therapy)。

目前網路心理諮商最主要的服務類型包括四類。

1.在全球資訊網 (World Wide Web, WWW) 上設置網頁，以刊登相關心理諮商服務的廣告或提供資訊。網頁型態服務主要的功能在於提供心理諮商相關資訊，例如: 各個學校心理諮商中心網頁、社區心理諮商中心機構網頁等等，這樣的型態屬於比較間接的方式，算是一個「入口網站」的功能，使有需要心理服務的人能夠透過該管道接觸到心理諮商，

有利於心理諮商工作與概念的推廣。不過，嚴格說起來這樣的網頁型態並不等於真正進入網路心理諮商，只是提供一個介面供大眾參考，讓大眾能根據此資訊加以選擇適合自己的心理諮商服務，並從中獲取心理諮商的基本概念。

2. 以電子郵件進行個別心理諮商或諮詢服務。透過電子郵件，當事人可以將個人較為私密的問題直接傳達給心理諮商者，心理諮商者在固定的期限內進行回覆。通常，專業機構會要求當事人進入電子郵件協談前，閱讀「電子郵件協談同意書」上所規定的注意事項並徵求其同意。注意事項包括：是否收費、網路心理諮商可能遭遇的安全問題、保密與保密的例外、建議當事人遇到緊急狀況改用其他方式心理諮商，同時會要求當事人填寫一些基本資料，並盡量具體詳細地描述所遭遇的困擾和感受。

3. 藉由電子布告欄 (BBS)、留言版、討論區進行公開的問題回答與諮詢。這樣的服務型態雖然皆可以採用匿名方式留言，但因發表的內容刊登在公共空間裡，總會讓人多多少少有所保留，而且單以文字的敘述常常無法將問題全面呈現，心理諮商者的回答通常亦為一個原則性的指引，無法針對個別差異深入討論，因此，這一類的形式通常比較接近「諮詢」的概念。

4. 以聊天室為介面，讓當事人與網路心理諮商者可以同時在線上進行即時同步的文字互動溝通。這個型態雖然仍然少了傳統心理諮商中面對面才能確實體察的情緒表現與肢體語言，但是已經較前述其他網路心理諮商型態更具真實感，這樣的線上對談方式和時下廣受歡迎的 MSN (Microsoft Networks) 很相似，因此若能夠加以推廣宣傳，相信會有更多的人願意以此方式踏入心理諮商的領域。

網路心理諮商最大的優點為便利、經濟，當事人可以直接在家連上網路，省卻交通往返時間，心理諮商者也可以不必考慮設置工作室或機構的地點，如此一來能夠降低社會成本，間接提升社會福利的涵蓋範圍，

特別是針對某些性質的當事人又更有幫助，例如：行動不便者、偏遠地區或心理諮商專業人數不足的地區、因工作、個人因素不便離家外出者等等；另外，愛好新奇的新世代年輕人、網路族，可能由於網路的自然吸引力，減少對心理諮商機構的負面刻板印象與接受心理諮商的抗拒。網路心理諮商的其他優點還包括：方便輔助資訊處理、自行設計程式方便追蹤、及時督導與危機處理、具充分的時間審視反省等功能。雖然網路心理諮商的崛起固然有其優點與價值，仍有許多需要特別注意的倫理議題，將討論如下。

㈠資格能力問題

提供網路心理諮商的機構應提供當事人有關網路心理諮商者的專業資格。網路心理諮商者除了具有心理諮商方面的專業能力，還要具有網路使用與文字使用的專業能力。不過目前為止，不論國內外都沒有針對網路心理諮商者進行專業訓練或是證照制度。然而，這是提供網路心理諮商的機構應該思考的問題，如何強化網路心理諮商者的在職進修，或是如何培養專門從事網路心理諮商的專業人員等等，才能使網路心理諮商機構的服務品質更加完整與專業。除此之外，各個培養心理諮商方面人才的大專院校，也能在心理諮商者的職前訓練上，增加關於網路心理諮商所應具備的技能課程，例如：熟悉電腦操作、媒體心理學、網路特性、網路文化及多元文化心理諮商的能力等等（王智弘、楊淳斐，1998；2001）。如此一來，就能夠培訓出更多適合從事網路心理諮商的專業人才。

㈡濫用問題

網路心理諮商的方便性雖然遠勝於一般傳統的心理諮商方式，不過要特別謹慎的是：網路心理諮商服務功能的限制，包括：網路心理諮商者要考量，哪些問題不適合使用網路心理諮商作為解決的方式，而且，事先和當事人討論關於網路心理諮商的特性與型態，以免造成日後當事

人與網路心理諮商者雙方的挫折。因此，為了避免網路心理諮商的濫用，網路心理諮商者在與當事人溝通後，倘若發現當事人有以下情形時，亦應建議尋求其他管道來解決問題或是轉變為一般面對面的傳統心理諮商形式，包括：患有精神疾病、有立即性的危險、有自殺或傷人意圖等等，網路心理諮商者均應立即轉介適當的服務，才是對當事人最有利的幫助。

(三)保密問題

資料保密的規定與程序向來都是心理諮商工作最基本的部分。因此，有關網路安全、計數的限制，以及網路資料保密的限制，都是網路心理諮商需要注意的事項。關於如何處理資料加密、防止駭客入侵等，均應事先諮詢電腦網路的專業人員，才能避免網路心理諮商的資料不慎外流。

然而，以目前的網路安全技術來說，事實上無法百分之百保證當事人資料的安全性，因此，網路心理諮商者並無法完全遵守保密的原則；即使如此，相當程度的安全管理卻是可以做到的。包括：

1. 彼此身分的確認方式：如果使用聊天室的網路心理諮商，在當事人與網路心理諮商者彼此見不到面的情形之下，應該使用密碼或暗語等確認方式，來保障當事人的權益。

2. 資料傳輸時的文件加密：當進行網路心理諮商時，若是當事人與網路心理諮商者彼此有文件的傳輸往來，應該將該文件加密，至少檔案萬一被攔截後，還能有多一層的保護，避免資料的外洩。

3. 資料儲存的方式：由於電腦病毒與駭客入侵難以防範，因此，網路心理諮商者對於當事人紀錄的保存，應避免放在進行網路心理諮商的電腦硬碟裡，而要將其放在另一臺專門保管資料的電腦，以避免在網路傳輸時的資料外流或是遭到破壞。

4. 硬體設備的管理：提供網路心理諮商的機構，應該將作為網路心理諮商使用的電腦僅作單一用途，不可兼做其他行政用電腦；並且，網路心理諮商用電腦亦需放置於獨立、上鎖的空間，以避免閒雜人等進出

而造成損壞。

以上各項網路安全問題，均需配合專業的軟硬體技術和設備，才能達到安全與保密的目的，絕非心理諮商機構使用簡單的聊天軟體程式，就能提供網路心理諮商服務，尚須與相關資訊管理公司合作，花費一定的成本、時間、人力才能達成。此外，心理諮商機構的資料管理方式，能否達到最大效能與最低風險，是網路心理諮商能否被信賴的關鍵。

㈣預警問題

關於危機當事人的通報，在網路心理諮商亦為重要的議題。為了避免危機當事人的通報受到阻礙，提供網路心理諮商的機構，必須對每個當事人進行身分的確認。例如，系統登入前的資料填寫，至少需包括真實姓名、身分證字號、出生年月日、居住地址及聯絡方式等重要訊息，要能夠事先確認。往後，當事人若發生自殺、虐待、傷人等突發事件時，網路心理諮商者才能及時進行通報處理。

㈤知後同意

保障當事人的知後同意權向來是心理諮商最基本的要求，網路心理諮商也不例外，再加上網路心理諮商有其特殊性，這些都需在知後同意書的內容中敘明，除此之外，網路心理諮商者亦應進行適當且詳細的知後同意程序。由於一般人瀏覽網頁習慣在「同意」與「不同意」的按鍵選項中，選取「同意」，但事實上在選取前可能並未仔細瀏覽內容。因此，知後同意書在網頁連結的設計上，可以考慮採取逐條瀏覽的模式，至少讓當事人在接受網路心理諮商前，能增加其對相關事項有概括的認識。另外，對於未成年當事人亦應考慮獲得法定監護人的同意，雖然這一點在技術上似乎更加困難。

㈥多元文化的考量

網路心理諮商比傳統心理諮商更需要考量到多元文化與泛文化的議題，特別是對於網路文化的瞭解，包括：1.網路流行用語的熟悉。如：英文縮寫用語（LOL=laughing out loudly 代表大笑；UOK?=Are you OK? 代表你還好嗎?）以及字元組合用語（:-o 代表驚訝；:-@ 代表尖叫）等等；與 2.網路沈溺現象對當事人的影響。探討當事人是否出現過度使用網路，造成實際人際互動的減少與人際關係孤立的現象等，例如：所謂的網路孤立（internet isolation）或網路成癮（internet addiction），這些都是網路心理諮商者所需加以留意的部分（彭武德，1997）。

㈦溝通流失問題

在網路心理諮商的情境中，會遇到的另一個議題即為缺乏語音訊息與非語言線索，包括：眼神的接觸、肢體語言、聲音的抑揚頓挫等等，這些訊息卻是在溝通中非常重要、而且難以作假的部分。然而，網路心理諮商由於缺乏非語言線索，可能造成較多不必要的誤解，或是網路心理諮商者無法敏銳地察覺當事人最真實的情緒。為了增進對當事人情緒的瞭解，Collie、Mitchell 與 Murphy (2000) 提出情緒懸置 (emotional bracketing) 技巧，網路心理諮商者邀請當事人除了用文字打出想表達的內容，並且以括號的方式呈現每一段內容的情緒意涵。例如：今天我（當事人）被別人冤枉「我覺得很委屈」，我希望你（心理諮商者）能瞭解「我其實擔心你會和他們一樣」等等。透過這樣的方式，網路心理諮商者希望能夠讓當事人有更多情緒方面的覺察，也讓自己能夠更接近當事人的情緒。然而，實際的效果可能還是需要繼續改進。

整體而言，網路心理諮商在臺灣是一塊未經開發的處女地，雖然有些單位已經嘗試提供這樣的服務，例如：臺北張老師、中央大學心理諮商中心、臺灣心理諮商諮詢網等等，但仍有系統不甚完整、制度不甚健

全的地方，例如：當事人身分確認的問題、知後同意書的呈現方式、聊天室軟體保密性不足等等，不過，身為推展臺灣網路心理諮商的先鋒者，其前瞻性卻是值得肯定的；若是能夠引領心理諮商領域內更多工作人員的投入與付出，才能探索出更適合網路心理諮商的方式。網路心理諮商面臨的問題很複雜，也有許多的不確定，但其價值性卻是不容抹滅的，不僅能夠擴大心理諮商服務的範圍與族群，更能夠在處理當事人問題時，結合更多的社會資源與力量。

第八章
成為一位稱職的心理諮商者

　　前面的章節分別介紹了心理諮商的理論、技巧、問題行為的分析與衡鑑、心理諮商歷程以及心理諮商倫理，到目前，讀者應該對心理諮商的工作有了一定程度的瞭解，也會發現心理諮商工作並不是一件簡單或輕鬆容易的事，心理諮商需要涉及到許多思考層面與改變的相關因素。接下來，我們來談論如何成為一位稱職的心理諮商者。

　　從事心理諮商，當然會想要做好諮商工作，成為一個稱職的心理諮商者。不過，所謂「稱職」卻難以定義，不同背景的心理專業人員，可能有著各有見地的觀點。如何成為一位稱職的心理諮商者，簡單而言，可以從兩方面來談，第一方面是，稱職的心理諮商者在諮商過程「做什麼」？另一方面則是，想要成為一位稱職的心理諮商者，在諮商輔導的路上應該「努力」的方向。

▌第一節　稱職的心理諮商者該「做什麼」?

　　稱職的心理諮商者，在諮商過程該做些什麼呢？當然是一些有助於改變當事人問題行為的介入。跟著諮商歷程的進展，心理諮商者也隨之做出不同的協助工作。以下依序分別列出在不同的諮商階段，心理諮商者可以做出哪些介入。

一、先從解除（減輕）情緒的惡性循環開始，給予情緒支持與打斷情緒惡性循環的技巧

㈠會談與因會談而起的各種改變，有助於打斷情緒的惡性循環

會談過程（例如：當事人當下的情緒抒解、獲得新的知識和解決方案）與因會談而帶來的各種改變（例如：當事人因會談而產生對解決問題的信心、因會談帶來的環境改變，如第四章中琳達父母對孩子的關心反應轉趨主動）都有助於打斷情緒的惡性循環。

前來會談是一種生活上的變動，這種變動也替當事人的生活帶來許多改變，藉由這些改變，以打斷當事人情緒的惡性循環。經由會談的過程，當事人宣洩心中積壓的負面情緒，並且從與心理諮商者的相互討論中，獲致因應當時壓力的新知識與解決方法，此外，面對問題的無力感，也會因為信任心理諮商者，而隨之降低，增加了當事人主動嘗試與面對問題的意願。

除此以外，前來會談對當事人的環境也是一種變動，當事人的環境會因為會談，而有所改變，隨會談而產生的環境改變，有些是有利於改善當事人的問題行為。譬如，當青少年朋友前來接受心理諮商時，使得其父母也因此而增加對孩子關心的程度，以及對自己教養行為的反省，父母能夠產生這樣的改變，對協助青少年當事人改善問題行為，當然是有利的。青少年朋友不用花費力氣在對抗「都是自己的錯，只有自己需要改變」的負面評價，甚至感受到父母的真心關懷，而更樂於與心理諮商者配合，共謀改善之道。

所以，心理諮商者除了要注意，如何透過會談的過程，幫助當事人改變，同時也要注意，當事人的環境因會談所帶來的變化，如何讓兩者都能發揮最好的功能，助益當事人改變，的確需要心理諮商者的費心琢磨。

㈡危機處理的評估

如果當事人處於危機狀態 (crisis state)，如情緒崩潰或企圖自殺，心理諮商者則必須採取一些危機處理的方法，協助當事人度過危機。危機狀態意涵著當事人追求重要目標的事件或情境遭遇挫折(如與女友分手、事業失敗、重要親人過世等)，個體陷入無助的狀態，面臨的困難已經超過個人因應機制與資源的限度，同時也出現疲倦、頭疼、混亂想法、情緒失控、舉措失當等身心功能混亂的徵兆。這時，心理諮商者便需要適度地調整對當事人行為的指導性，先協助當事人獲得認知與情緒功能的穩定，再依照當事人危機狀態解除的狀況，做下一步的介入。

二、建立初步且簡單的工作模式與關係

㈠先抱持「小題小做」的心態

由於痛苦情緒的驅使，當事人擁有高求助動機，使得當事人配合心理諮商建議的程度高，因此剛開始的諮商進展通常比較順利。但是，心理諮商的初期階段，當事人對心理諮商者的信任，其實是基於一種「向醫生求助」的期待，並不是來自諮商關係建立的信任感，尤其對於青少年當事人而言，初期對心理諮商者的信任，往往是承接父母對心理諮商者的態度，當事人與心理諮商者之間的關係是表淺的，幾乎只是一種單純的工作關係。

因此，在這種基於減低痛苦的諮商關係之下，心理諮商者不宜在此階段，賦予諮商關係過多的期待，應該先抱持「小題小做」的心態，專注於「減低當事人當下的痛苦」為目標。以免因為心理諮商者過多的期待或過多的關注點，造成當事人過高程度的不確定與負擔感，如此，反而危害諮商關係的建立與穩固。

㈡目標單純，維持難度低的合作關係

「當事人在心理諮商當下的心理功能與狀態」，是心理諮商者選擇以何種方法打斷問題惡性循環的判斷參考。如果當事人的情緒狀況越差，認知思考功能越受干擾，要打斷當事人情緒的惡性循環，心理諮商者宜採用情緒焦點取向的因應方法，此時，採用的方法當然是越簡單、越不費力，越符合期待。一旦當事人情緒的惡性循環得到控制，認知功能受干擾的程度改善，問題焦點取向的解決方法，便是可以採用的介入方式。總而言之，目標單純，維持難度低的合作關係，不要給予過多任務取向，是心理諮商者與當事人初階段建立諮商關係的重要指南。

三、面對原先動機的消失（通常是症狀的緩解），與重建新的工作模式

原先問題行為改善之後，是諮商關係維持的另一個考驗。經過心理諮商者與當事人的合作，當事人的情緒惡性循環終於獲得控制，原先的問題行為改善之後，當事人的狀態也不同於剛來接受會談的時候。

當原先驅使當事人求助的痛苦情緒減低後，當事人自然會將目前的諮商關係，與當事人原有的人際關係經驗相互比較。當事人也許會將其融合成新的受助經驗，繼續接受心理諮商者的協助；但是，當事人也有可能產生衝突，即當事人可能會因為害怕這種缺乏掌控感的依賴關係，選擇以「放棄的手段」來解決兩種經驗的衝突，換言之，當事人就是藉由結束諮商關係，迴避缺乏掌控感的依賴關係所帶來的焦慮不安。

因此，當事人問題一旦獲得某種程度的改善，可以是考慮結束諮商關係的時機，但也可以是另一個諮商階段的開始，此時，心理諮商者便面臨如何區分與拿捏的挑戰。就如同心理諮商歷程分析的章節所述，當事人可能在痛苦減低之後，出現原有人際關係的「復辟」現象，如果，當事人明確出現原有人際關係復辟的現象，而且復辟的人際關係模式，

是早先評估時已得知的人際問題模式，心理諮商者則需要考慮，與當事人仔細討論，改善「人際關係」是否將成為下一階段的諮商目標。心理諮商者需要主動跟當事人提出這樣的建議，但是尊重當事人自己的意願，由當事人做出是否繼續進行心理諮商的決定。

四、掌握新關係的動機或維持的動力

掌握新關係的動機或維持的動力，通常是依賴、競爭、練習獨立與對抗交錯的過程，當事人勢必重現某些過去的人際模式與經驗。心理諮商者必須包容客觀環境（助人者與求助者）下的主觀錯亂（當事人對心理諮商者既依賴又挑戰）。

即使當事人同意改善人際關係是接下來的諮商目標，真正維持諮商關係的動力，主要是來自之前良好的諮商經驗所引發的正向期待，這些期待通常來自當事人過去未滿足的心理需要。當事人希望透過與心理諮商者建立的諮商關係，來達到滿足渴望的心理需要。換句話說，當事人對心理諮商者的心理依賴，成為維持諮商關係明顯且重要的因素。心理諮商者便要依著當事人的這股內在動力，維持諮商關係，進而協助當事人獲得自我悅納的人格改變目標。

雖然當事人依賴諮商者，想要藉由建立的諮商關係，滿足自己的需要，但是心理諮商過程通常無法如同原先期待，那麼地單純不變。來自依賴的正向期待，將與現實和（或）過去的依賴經驗，產生矛盾與衝突，這些內在衝突與矛盾衍生焦慮的情緒，促使當事人在諮商過程中做出各種的因應，這些因應讓諮商關係充滿依賴、競爭、對抗等複雜的互動。這時候，心理諮商者需要做好下列幾件事：

㈠在複雜的諮商關係中，負起主動調適情緒的角色，掌控自己的情緒

此階段的諮商互動，既緊密又衝突的關係，極容易誘發當事人與（或）

心理諮商者的強烈情緒，因此心理諮商者特別需要提高覺察自己情緒的敏銳度，進行必要的調適，避免負向情緒極端化，造成心理諮商者為了自我保護，而無法成功扮演期待中的助人者角色。

㈡協助當事人掌控來自內在衝突的焦慮

諮商過程中，當事人內在的衝突會產生強烈的焦慮情緒，焦慮的情緒不僅可能將諮商關係推向結束，促使當事人選擇以逃離（結束諮商關係）的方式來因應高度焦慮，內在衝突的焦慮也會提高諮商關係的複雜度，增加了心理諮商者處理諮商關係上的難度。因此，諮商者應該機動地評估，當事人承受焦慮的能力與表現，藉著循序漸進 (graded approach) 的方式，逐漸協助當事人獲致成功控制焦慮的經驗，累積自我效能感。一方面減少過高焦慮對獲得內在頓悟的妨礙，另一方面，當事人也能展現原先高度焦慮下被抑制的良好人際因應行為（例如：當事人可以用商量的口吻與人交談，而不是焦慮到只能硬著頭皮命令別人）。

㈢帶領當事人學習「覺察」與「評估」自己人際互動模式的能力

當事人逐漸能夠掌握自己內在衝突的焦慮，便更能覺察自己的人際互動模式，並藉由評估所覺察到的人際模式與相關的情緒反應，當事人得以自我調整，選擇對自己更有利的行為反應，而不只是一再重複原先不利的人際行為模式。

㈣成為當事人獲得新的人際經驗的練習對象

當事人能覺察並評估自己的人際互動模式，並不保證當事人一定能夠做出有利自己的自我調整，尤其是在當事人缺乏必要的人際經驗的狀況。譬如，儘管當事人能區分自己內在對人的不信任與焦慮，與現實的狀況相去甚遠，但由於缺乏安全信任的經驗，當事人一時也無法有安心信任他人的反應。這時候，心理諮商者便成為當事人練習產生新經驗的

對象，藉由心理諮商者的協助，當事人覺察信任的焦慮、承受練習信任的焦慮、掌控焦慮，最後獲致信任的感受。底下是一個進一步說明的例子。

呂先生半信半疑地接受了心理諮商者的建議，開始嘗試新的工作，剛開始的努力的確獲得一些回報，自己的努力並沒白費。可是時間一久，工作的阻力也漸漸增加，客戶的不滿意讓呂先生感到壓力，自己新開創的商品似乎反應也不如預期，於是，呂先生的工作態度變得消極，很不想出門拜訪客戶，即使有舊客戶上門，呂先生也是意興闌珊地簡單處理，原先的積極努力全然不見。

呂先生也好幾次在會談時，向心理諮商者提起自己的缺乏工作動機，想聽聽心理諮商者的意見，可是呂先生始終對心理諮商者所提的意見，還是半信半疑。於是，呂先生一再地詢問心理諮商者，卻不怎麼採信的反應，在諮商的過程反覆持續了一段時間。

在某一次的會談，呂先生又再度向心理諮商者抱怨，自己沒有工作動機。不同於以往的回應，心理諮商者暫時打斷了呂先生的抱怨，問了呂先生，當下有什麼感受，呂先生停了一下，表示自己似乎在警戒，預防什麼不好的事要發生。「似乎自己正在接受審判，不知道心理諮商者會不會挑到他的毛病，然後像爸爸一樣不預警地一巴掌打過來，還是像媽媽不斷地羅列罪狀，然後，再狠狠地處罰他。」呂先生停了一會兒之後，說了上述這段話。

呂先生後來發現，儘管理智上知道，要向心理諮商者求助，也努力與心理諮商者溝通，但是同時，心理卻覺得跟心理諮商者表達自己的困難，正是給心理諮商者挑剔與處罰的機會，因此，他是不會輕易遵從心理諮商者的建議，而以作為保護自己的必要措施。對呂先生而言，每次與有影響力的權威者溝通，都是一種被審判，心理諮商者透過與呂先生的互動，幫助呂先生發現原有的不安全溝通方式，並且獲得安全溝通的

經驗。在呂先生的日常人際關係，只是一再重複被審判的人際經驗，透過諮商關係，呂先生在心理諮商者的協助下，有機會獲得新的人際溝通經驗。

五、獲得正向一致的自我概念是最後的諮商目標

㈠心理諮商者具有某些當事人渴望的特質

當事人所依賴的心理諮商者，一定具有某些當事人渴望的特質，當事人希望從諮商關係中認同心理諮商者，並且將這些特質內化成為自己的一部分。當然這些當事人渴望的特質，正是當事人理想化心理諮商者的基礎，透過理想化心理諮商者，當事人期待從這種理想化的諮商關係中，獲得正向的自我概念與評價。

因此，心理諮商者需要瞭解，到底當事人渴望或認同的特質是什麼，以及這些特質對於當事人的重要性與意義。當事人最渴望的心理諮商者特質，通常是他們最質疑或自貶「不足」的地方，也通常是他們在會談過程中，一再擔心被心理諮商者質疑或貶抑的地方。心理諮商者必須協助當事人發現他們自我質疑或貶抑的特質，並改變這種質疑與貶抑的態度，重新建立對自己行為正向的情緒感受。底下是一個進一步說明的例子。

王小姐對男性心理諮商者出現強烈的情感轉移，一方面，當事人喜歡心理諮商者，另一方面，卻對心理諮商者的行為變得十分敏感，非常在意心理諮商者的態度，尤其對心理諮商者的高傲態度與情緒不悅。王小姐總會不知不覺地注意，心理諮商者是不是又態度傲慢地瞧不起她的表現，是不是對她說的話感到不耐煩。每當王小姐認為心理諮商者出現高傲或不耐煩，她的內心情緒就會強烈翻滾，總是要強壓著自己的情緒，

才能撐過去，以避免在會談過程情緒失控。

　　心理諮商者問過王小姐，對他的印象最深刻的是什麼？王小姐表示，心理諮商者有信心，而且情緒穩定是她印象最深刻，也是最欣賞的地方。透過對具有自信（能力）與情緒穩定的特質的理想化，王小姐對心理諮商者的喜愛與日俱增；另一方面，對自己能力（自信）與情緒穩定質疑、自貶的王小姐，也在擔心心理諮商者，是不是也會如同自己一樣，對她的能力不足與情緒不穩定，感到質疑與貶抑。

　　原來，王小姐最欣賞心理諮商者的特質，正是她最想要改變的地方，是她最缺乏自信的地方，也是最擔心從心儀的心理諮商者身上印證的夢魘。因此，不難想像王小姐在會談中，會一再警戒、敏感注意心理諮商者對她的一言一行。

㈡從心理諮商者接納與喜愛的態度中，當事人看到自己的價值

　　當事人內化自己渴望的心理諮商者特質的過程，並不是直接的仿效心理諮商者，而是需要從心理諮商者對當事人的接納與喜愛態度中，看到自己的價值。不過，被喜愛與接納是一種經驗，如果當事人缺乏這種經驗，心理諮商者就需要協助當事人，從與心理諮商者互動的過程中獲得這種經驗。此外，原有的負向自我概念也會與希望內化的正向自我概念相互衝突，這種衝突帶來的焦慮，自然會妨礙當事人獲致正向一致的自我概念，這也是心理諮商者需要協助當事人的部分。最後，諮商關係經過不同階段的失衡與平衡的結果，等到當事人能夠承受內在自省壓力的時候，當事人便能逐漸形成正向一致的自我概念，為正向的自我悅納奠下基礎。

▍第二節　稱職的心理諮商者應「努力」的方向

在瞭解了「稱職的心理諮商者，在心理諮商過程該做些什麼？」接下來要問「稱職的心理諮商者，應該努力的方向是什麼？」

一、隨時保持身心平衡

身心的狀態是相互影響的，因此，心理諮商者不僅要從實務與心理學的訓練中，增加保持自己內在的穩定平衡之外，更需特別注意自己的生理狀態。除了因為生理狀態會影響心理諮商者在心理諮商過程的判斷與反應，心理諮商者對於自己生理狀態的重視與態度，也是當事人的楷模行為。當事人可能會感到矛盾與疑惑，心理諮商者鼓勵他們要重視身心變化所代表的訊號意義（身心的一些變化，其實是一種告知當事人內在起了變化，而且可能意味著新的改變的需要），可是他們所認同的心理諮商者卻忽略這些身心變化，只知一味地鼓勵當事人改變。換一個角度，要是心理諮商者發現自己只知一味地助人，而無法兼顧自己的生活安排與其他的需要，心理諮商者應該停下來思考這個問題，甚至需要找同僚或督導談一談。

由於心理諮商其實是一個高壓（耗費身心資源）的過程，如果心理諮商者想要做好心理諮商，想當然爾要保持最佳的身心狀態，因此，生活安排、適度休閒運動以及其他興趣的投入，都是重要且必要的。

二、熟習心理學知識與理論

心理諮商是一門運用心理學，即運用基礎心理學的知識，發展成為強調實用的一門心理學科。因此，熟習與諮商心理有關的基礎心理學知識，對於展現有效率的心理諮商，其重要性自是不言可喻。與心理諮商相關的基礎心理學，包括：認知心理學、學習心理學、社會心理學。運

用基礎心理學的知識，幫助心理諮商者，找出解決當事人的問題行為，是心理諮商者經常採用的思維習慣。

　　人類行為的改變有其原理與規則，心理諮商者的心理介入，自是要順應這些行為改變的原理與規則，而心理學研究的結果便提供了人類行為改變的原理與原則。舉例來說，以「情緒是行為的動力」這個心理學知識為例來說明：當我們出現強烈情緒時，強烈的情緒會推使當事人，做出對自己有利適應的反應（如焦慮的情緒會推使當事人去做好必要的準備，免除可能的傷害與威脅），因此，當事人向心理諮商者求助的時候，應該多注意推使當事人前來求助的情緒狀態，而不是把所有焦點放在當事人陳述的問題上，一味地想幫助當事人找出好的解決方法，如何幫助前來求助的當事人調適當下的情緒，其實更是重點。所以，心理諮商者的傾聽、同理與關懷，比竭盡所能為當事人找出解決的方法，來得重要，優先順序更高。

　　更進一步，舉一個處理焦慮情緒為例，教導當事人暴露在引發焦慮反應的情境下，而不逃離，如此，原先引發焦慮的情境便無法再引發相同強度的焦慮反應，這是處理過高焦慮反應時，常見的心理學原理。暴露取向 (exposure-oriented) 的焦慮處理原則，不僅是處理畏懼症 (phobic disorder) 常採用的認知行為治療技巧，其實在心理動力治療的過程，協助當事人回溯過去創傷經驗或不想面對（企圖迴避）的往事，也是運用暴露取向處理的原則。心理諮商者為了協助當事人，面對令人焦慮不安的負面事件或經驗，可以透過控制感的獲得（例如：讓當事人知道這是一件會令人焦慮想要逃離的事、先前焦慮控制的練習、如果受不了焦慮的時候怎麼處理、給予當事人隨時停止的權利）、自己面對做出選擇（避免當事人以遵從心理諮商者的建議來迴避面對內在的焦慮）的方式，協助當事人決定面對，並承受（不逃離）面對過程的焦慮（負面往事聯結的強烈負面情緒），最後，讓過去重要事件失去對自己不好的影響力，於是，當事人得以重新選擇對自己最有利的行為反應。

三、「典範的指導」與「視野的侷限」之間的平衡

典範指導了心理諮商者，收集當事人資料的方向，以及思考分析當事人問題，甚至是介入的取向；但同時也會限制採用典範的心理諮商者，觀看當事人問題的視野，無法看見典範之外或不符典範的訊息。於是，就可能出現奉行某一典範的心理諮商者，雖然能夠依典範指導，完成立論清楚、邏輯一致的操作性假設，可是卻與長時間追蹤當事人實際發展「不符」的現象。這種「不符」的現象經常出現在各種專業人員的個案討論會中，不同領域的專業人員，發表頭頭是道的看法，可是卻偏離後來的追蹤結果，甚至出現所謂的自我驗證的偏失 (self-confirmation bias)。遵奉典範的心理諮商者，主動尋找與自己遵奉典範契合的當事人資料，依照典範的原則，進行資料的統整 (integration)，最後做出與典範一致的結論，這種邏輯上無懈可擊的操作性假設，卻可能因為典範的限制，忽略了其他有意義的訊息，失去了應有的客觀性，也犧牲瞭解當事人另一個視野的可能性。

因此，如何達到「典範的指導」與「視野的侷限」之間的平衡，成為心理諮商者的挑戰。達到平衡的方法包括：熟稔多個典範、增加心理諮商者知覺 (perception) 與判斷 (judgment) 上的正確性 (accuracy)；底下將逐項做說明：

㈠熟稔多個典範

在歷史淵源或實務工作上，典範之間經常存在「競爭」的關係，譬如，生理典範與心理典範之間的對抗，或是，早期的行為學派對心理分析理論的批評。競爭的現象是難免，但是競爭的現象也可能造成，對其他典範的成見，甚至淪為助人生態的權力鬥爭工具，這將傷害到當事人的權益。避免典範帶來的偏見與視野侷限的方法之一，便是熟稔多個典範，由於熟稔多個典範，心理諮商者才不至於因為本身的訓練背景，失

去了採用對當事人最有利的典範。另外，即使身為心理諮商者，不妨也能對臨床上常用的藥物有初步的瞭解，這對當事人而言，是有利而無害。

㈡增加知覺與判斷上的正確性

Garb (1994), Wedding & Faust (1989) 提出一些增加判斷正確性的建議：

1.避免漏掉任何與當事人有關的重要的資料，因此，心理諮商者應該採用詳盡且結構性高的方式來進行會談；特別是一些緊急的臨床判斷（如對自己或他人的傷害評估），更是需要這樣的作法。

2.心理諮商者不只是要考慮與自己假設相符的資料，也要以同樣的態度，小心地考慮，甚至是表列出不支持本身假設的證據。這樣的作法有助於降低自我驗證偏差 (confirmatory bias) 出現的可能性。

3.如果心理諮商過程涉及精神疾病診斷，在確立診斷的過程中，應該仔細參照診斷標準（DSM-4 或 ICD-10）所列的項目，避免來自個人對種族或性別的偏見，所造成的錯誤判斷。

4.因為人類記憶重建 (reconstruction) 的過程，容易出現種種的錯誤；所以，收集當事人資料的過程，應該盡量詳細地記錄下來，而不僅是仰賴心理諮商者的記憶。

5.一旦做完判斷，應該尋求判斷的正確性與效益度的回饋。心理諮商者應該繼續追蹤，以瞭解自己判斷的準確程度，並評估自己的判斷對於協助當事人上的效益。

6.進行任何事件的判斷預測時，應該將判斷事件的發生率 (base rate)，盡量考慮進去，才能提高判斷的正確性。

四、真心尊重且用心同理另一個生命

(一)真心尊重與同理當事人的「受傷靈魂」

仔細觀看每位當事人，心理諮商者將會發現當事人都有兩個相異的面，一面是頑固抗拒改變、帶給週遭他人壓力與痛苦的自己，另一面的自己卻是渴望關心與需要親密的孤單靈魂。每一位當事人都是受傷的靈魂，但對當事人周遭的人而言，卻可能是他們心中沈重的痛。常聽見罹患憂鬱困擾當事人的親友，面對當事人難以改變的負向思考，有著「可憐之人，必有可恨之處」的無奈感嘆。周遭的親友清楚地感受到當事人的痛苦，也極想幫助他們，脫離痛苦的深淵，但是苦勸卻難以動搖的負向思考，常讓親友感到十分的挫折，甚至，有些親友因為難以承受的深沈無力感，最後選擇「遠離當事人」作為因應的方式。

這種發生在罹患憂鬱困擾當事人的親友身上的矛盾衝突與無力感，也會出現在諮商關係中。當事人也會讓心理諮商者失望，也會對抗、質疑心理諮商者的建議，甚至做出傷害心理諮商者的反應；這時候，除非心理諮商者還是可以看見，當事人身上那個「受傷的靈魂」，而不只是那個「可憎」的生命，不然，心理諮商者很難繼續信守，原先對諮商關係的承諾。面對這種困境，心理諮商者的「真心尊重與同理」是解決困難之鑰。話雖如此，這畢竟不是一件容易做到的事。

(二)諮商或治療邊緣性人格 (borderline personality) 的當事人，正是需要心理諮商者對當事人的真心尊重與同理，來支撐諮商關係

具有邊緣性人格的當事人，其內在對他人的感受是「不穩定的」，而且是「極端的」(非黑即白)，對自己的自我概念卻是模糊的。換句話說，當邊緣性人格的當事人與心理諮商者建立信任關係的過程中，逐漸信任心理諮商者帶給當事人的壓力，會讓當事人懷疑心理諮商者說話內容的

可靠度，是隨時會變動的（亦即，心理諮商者對當事人的正面回饋，就像是敷衍的表面稱讚）。而且，如果心理諮商者讓當事人感到不一致或不真誠時，當事人就會覺得自己即將被鄙視與嫌棄，再加上當事人對自己的概念清晰度不足（搞不清楚自己有什麼可被愛之處，或是自己有何可取之處），使得當事人更無法去承受對心理諮商者複雜矛盾的感受。

　　邊緣性人格的當事人會對心理諮商者對他的態度十分敏感，經常透過投射式的認同 (projective identification) 來測試心理諮商者，並會提早因應萬一被嫌棄的恐懼結果。例如：一旦對心理諮商者的信任面臨崩盤的危機，當事人會以攻擊、處罰心理諮商者的方式（當事人深知心理諮商者所在乎或畏懼的切膚之痛），達到威脅心理諮商者維持諮商關係，與內在對心理諮商者全然負面印象的平衡；然而，當心理諮商者受不了只想保護自己，想要切割諮商關係，當事人會透過各種方法，不斷加強心理諮商者的痛苦，不讓心理諮商者終止諮商關係。於是，心理諮商者會遇到一種困境，即邊緣性人格的當事人不斷地使用讓心理諮商者感到很痛苦的方式，來跟心理諮商者要求關心與維持關係。

　　這時候，心理諮商者要怎麼調整自己，繼續以對當事人有利，而且又是保護自己的方式來協助當事人，就變得很重要，但同時也變得很困難，此時是否能夠繼續真心尊重與同理當事人的「受傷靈魂」，成為諮商關係維繫的重要力量。唯有如此，心理諮商者才能看到邊緣性人格的當事人是非常在乎與依賴這段諮商關係，但卻是用十分痛苦的方式來跟心理諮商者需索。所以，透過心理諮商者穩定一致的協助態度，逐漸累積的正向關係經驗，將使得當事人的改變有了轉機，如此才有機會經驗到有別於原先的人際經驗。

㈢透過「同理」來延伸心理諮商者原有的生命經驗

　　雖然每個人的生命經驗具有其無可取代的獨特性，但同時每個人的生命經驗也存在其有限性。對心理諮商者而言，需要透過「同理」來延

伸自己原有的生命經驗，當對生命的同理越多越廣時，對生命的包容也就越大，協助當事人的態度便更從容與自在。

五、發現你的當事人值得你欣賞的地方

一般而言，心理諮商者與當事人一起面對他們遭遇的困難、痛苦與深深的無力感，雖然他們是個求助者，但這並不意味著當事人就沒有值得我們欣賞或欽羨的地方。如果，在心理諮商的過程，你可以發現當事人值得你欣賞的優點，那麼，助人工作不再只是單純的「助人」而已。當你發現，面對的是一位值得欣賞，甚至是尊敬的當事人（個體），心理諮商的過程就不會那麼「費力」與「勞心」，而是有著另一種令人振奮的滿足。底下舉一個心理諮商者的紀錄為例子進行說明：

許先生從小就是一個品學兼優的好學生，求學的路上相當順遂，無論就讀高中或大學都是最優秀的學府。然而這令人滿意的一切，從大一下學期就起了變化，許先生開始缺課，整天都躲在宿舍睡覺，任同學怎麼催促，許先生還是終日躺床，極力地迴避人群，成績當然一塌糊塗，最後被退學，自此許先生被憂鬱的情緒擊垮，一蹶不振。這時候，收到退學通知單的父母，才知道總是引以為傲的獨子出了事。

許先生的爸爸是民國 38 年追隨國民政府來臺的退伍軍人，媽媽是不折不扣的閩南人，是對標準的「芋頭番薯」。爸爸是個崇尚士大夫風範的「古人」，儘管來臺多年，時代進步的豐富資訊始終未進入這個家庭，他總是跟少數來臺的軍旅朋友交往，每天最重要的娛樂是看電視，而且只看政論性節目；此外，許爸爸會不斷地對許先生發表他的看法，許先生都會耐心地聽完，希望不要見到爸爸失望落寞的表情，然而，對父親高談闊論的「耐心」，在許先生知識逐漸豐富之後，變成了一種沈重的「負擔」。其實換個角度想，許先生的父親是個與現實世界脫節的遲暮老人。

許先生的媽媽相當懼怕丈夫，一直擔心丈夫對她的不滿意，可是母

親的能力與知識有限，生活上的一些繁瑣事情，常惹得丈夫不悅，這一切都看在許先生的眼裡。為了要讓爸爸愉快，讓媽媽的擔心害怕變少，許先生從小就會主動地幫忙做家事，分擔媽媽的負擔，盡量讓爸爸滿意，認真地讀書，此外，也會費盡心思想要讓自己的家變得更好，讓陰暗的一樓不再那麼潮溼，廁所的異味可以消散，讓自己的家跟別人的家一樣好。因此，家中的姊姊都會戲稱許先生是家裡的「臺傭」。只是這一切的努力，總是換不到爸爸滿意或贊同的反應。

許先生變成一個家庭的守護者，但也跟爸爸一樣，逐漸成為一個孤立的人，在大學的生活，許先生不知道怎麼跟同學相處，無法獲得支撐學校生活的友誼。這時的家跟過去一樣，依舊只是個需要不斷付出的無底洞，幫不了他，無助的他，不斷地躺床睡覺，成了減低無垠痛苦的唯一依靠，他的世界沒有別人，只有自己……

可是，許先生姊姊的發展可就不一樣，姊姊很早就離開家裡到外地求學，平常看到父親不悅的時候，就躲得遠遠，重心很早就移到同學身上，對媽媽的擔心不安視為當然，也等同視而不見。

為什麼許先生會被憂鬱的情緒擺布？為什麼他的姊姊卻不會呢？看你從哪個角度看煎熬許先生的憂鬱情緒。你可以從異常行為或心理病理的角度，認為許先生出現明顯的憂鬱症狀，診斷罹患憂鬱症；也可以從習得無助的理論，瞭解許先生一再經驗「失去控制」，而變得無助、憂鬱，當然你也可以簡單地認定，許先生找不到生存的意義。

但我卻會認為，因為許先生對家庭親人感情期待的堅持，使他屢遭挫敗，情緒不斷地低落。如果他就像姊姊一樣，認同父親關係的疏離，相信他就有可能在家庭之外建立自己的灘頭堡，獲得一定支撐生活的價值感。由於這種對親密關係的美好期待，儘管從爸爸身上得不到好的回應，他選擇了讓自己憂鬱，而不是放棄這種期待，他始終沒放棄這種美好的期待，也始終為它付出代價，面對他失衡、不公平的付出，許先生比其他人更有理由自暴自棄、怨懟這個世界，可是他並沒有這樣做。從

許先生的憂鬱，我們反而看到的是一種對人性的美好期待與堅持，這是令人欣賞與喜愛的。這種欣賞與喜愛，自然會讓幫助他的心理諮商者，在協助的過程，也變得輕鬆愉快，而不是只有殫精竭慮的疲憊。

六、折衷取向地協助當事人問題解決

㈠「面對高度異質的求助問題」，是心理諮商者經常面臨的挑戰

幾乎沒有兩個當事人的問題是完全相同的，每一個當事人的性格是獨特的，也各自有著不同的處境、困擾與改變能力，即使就縝密複雜的精神醫學所採用的心理疾病診斷統計手冊 (Diagnostic and Statistical Manual of Mental Disorders, DSM)（精神醫學最常使用的診斷標準），相同疾病診斷的當事人，其最有效的治療策略與方式，也不盡相同。這種當事人的異質性與複雜性，一直是心理諮商者接案的考驗；心理諮商者必須透過完成當事人問題行為的操作性假設、改變方式的評估，以及諮商策略與計畫等程序，來因應這種考驗。然而，除非心理諮商者可以完全掌握篩選當事人的權力，只服務某一問題類型或人格特質的當事人，否則這種面對異質性求助問題的高標準要求，往往不是單一典範所能滿足。現實上，心理諮商者對於當事人的選擇主動權，通常是薄弱的，心理諮商者需要經常服務許多高度異質性的當事人，特別是從事社區開業的心理諮商工作者。

㈡「典範」代表著一個特定的思考架構，有助於提供思考的導向，但也會受其矇蔽，看不見其他的觀點

每個典範強調人類行為的某種層面，雖然幫助我們瞭解問題行為的表現方式、起因與處理，但是本身不足以構成「完整」的說明。由於沒有一個典範可以解決所有的問題，所以，心理諮商者運用這些典範時，

通常採取「折衷」(eclectic) 的態度，依照該典範的技術與原則、所處理的問題與當事人的個別差異等因素，來選擇運用這些觀點。

　　舉例來說，認知行為治療典範對於憂鬱與焦慮情緒困擾的控制，相較於其他典範，效果較為顯著，常見的實務例子是畏懼症 (phobic disorder) 的當事人。儘管心理動力分析典範，可以利用「迴避」的心理機制來說明畏懼行為的維持，但是研究發現，採用認知行為治療才能夠有效降低當事人對畏懼物的焦慮反應強度，而利用心理動力分析常用的技巧，即使讓當事人獲得心理的頓悟 (psychological insight)，也無法控制不合理性的畏懼反應。但是，如果想要改變人際互動模式，那麼心理動力分析學派與人際關係取向學派，便比認知行為學派，更能得到期待的改變。雖然已然成形的不同典範，各自堅持其主張，並對當事人的問題形成各自的論述，但是對當事人而言，問題行為是不可切割的，不論典範是怎麼看待當事人的問題，永遠不改變的堅持是——如何有效地改善當事人的問題行為，而不是對形成或維持當事人問題行為論述的合理性。

㈢不同的諮商階段，需要運用的典範也不盡相同

　　當事人一旦接受心理諮商，諮商歷程便會因為當事人想要改變的目標，而有所變化。如果當事人的諮商目標，不只是情緒困擾的改善，亦涉及到人格的改變，這時候的諮商歷程便會區分成不同的階段，每個階段的協助目標也會不同，而且每個階段最適合、最有效的典範也不一定相同。因此，心理諮商者應該折衷地運用各個心理典範，找尋最有利當事人改變的典範組合。

　　一般而言，認知行為的典範，較常在心理諮商的初階段被採用，藉以打斷焦慮的惡性循環或減低情緒困擾（例如：焦慮與憂鬱）的強度；而心理動力分析取向或人際關係取向的典範，則通常是使用在諮商中期，當事人的情緒能維持一定平衡與穩定之後，藉以探索自我信念，以及對環境的深刻感受，進而達到人際互動模式與人格結構上的改變。被採用

諮商理論與技術

典範的前後時間順序，並沒有優劣或輕重之別，只有適用與否的問題，而且諮商歷程是連續的，所以，前後階段的典範使用是相互銜接的，無所謂孰輕孰重。

七、從與當事人的互動中反省個人的心理困境

㈠大部分的人都有或多或少的心理困境

每個人都有其不同的心理困境，期待心理諮商者是一個沒有心理困境的人，是不合理的期待與要求，而且曾經具有某些心理困境的經驗，反而是達到對當事人高層次同理的影響因素。雖然如此，心理諮商者內心的困境，可能會因為處理當事人的問題，而同時被觸動，引發內在情緒。舉例來說，有著與當事人同樣早年失去父親經驗的心理諮商者，可能在協助當事人探索失落情緒的過程中，與當事人一起陷入悲傷的情緒世界。或是，面對一位不斷主動要求心理諮商者關心的當事人，會讓心理諮商者感到不舒服，想要迴避，因為源自幼時被媽媽拒絕的痛苦，促使心理諮商者「嚴格」自我要求，成為一個懂得「自我節制」的人，所以，當事人的主動要求，讓心理諮商者連接過去被拒絕的強烈不舒服，因此，藉著迴避當事人的要求（如輕忽當事人的需要或應付了事地回應當事人的央求），來減低心中的不舒服，這將造成心理諮商者另一個心理衝突，無法成為一個稱職的心理諮商者。

心理諮商者的心理困境，被諮商的過程所觸發，是難以避免的狀況。對於這種無法完全禁絕的問題，心理諮商者面對的態度，應該是把它視為自我成長的機會，藉由協助當事人的過程，發現自己的心理困境，面對並解決自己的心理困境，犯不著一味地逃避。

㈡心理諮商是當事人與心理諮商者一起成長的機會

如果說，心理諮商的歷程是一個心理諮商者與當事人一起成長的機

會，一點都不為過，而且當事人與心理諮商者的成長與改變，並不相互排斥。從吳國慶心理師所著的《快樂文集》的序中，就可以清楚看出心理諮商者與當事人一起成長的經驗與感動。

「從與求助者晤談的過程，我幫助他們減輕了痛苦，達到他們原先來找我的目的；但在另一方面，其實我是在跟他們學習，陪著他們一齊成長。在虛心進入他們內心世界的過程，我一邊絞盡腦汁想著如何幫助他們減低痛苦，一邊自然而然也在做『自我觀察』與『自我反省』的工夫。這個時候的『施』與『受』實在是很難分得清楚，我的確給了他們一些協助，但同時我也從跟他們互動的過程中學習到很多，也感到受益良多。這似乎告訴了我，認真投入的過程一定就會有收穫！對許多事情不需要擔心最後會是徒勞無功的！

當和求助的人相處的時間越久、對他們世界的瞭解越深入，我就漸漸地發現其實我跟他們是一樣的平凡；一樣有著相同的心理渴望：希望獲得被尊重與喜愛；同樣的自我抑制與焦慮情緒；在許多理智認為應該可以快樂的時刻，卻抑制自己去享受與擁有；甚至是同樣的哀怨感受，只是他們目前所遭遇的問題是我們生命更『鮮明』的寫照。

發現自己其實只是個平凡的人，並沒有帶給我希望幻滅或焦慮不安，反而是一種輕鬆自在的滋味，這種感受在事情發生之前就算懂，也只能算是一知半解，這是一個很有趣的經驗，知道跟親身去體驗的確是不一樣。

然而這些發生在你、我身上的共同經驗與感受，對我而言卻是彌足珍貴的，因為它讓我們——原先『關係表淺』的一群人，有了共同的關心焦點、可以相互分享的情緒感受，以及一齊努力的目標。總之，它把我們拉在一塊串連起來，形成當下宇宙空間中一個有意義的關係，這個有意義的關係讓原來的生活變得更豐富、更有趣。」

㈢心理諮商者的成長，有些來自當事人對心理諮商者的指責與不滿

面對來自當事人對心理諮商者的指責與不滿，這些不合理的指責中潛藏的「合理」，倒是提供了心理諮商者，在日常人際關係中，得不到的真實回饋，這將讓心理諮商者能更深刻地檢視自己，也更能同理不同當事人的差異心理世界。底下有幾個例子可說明。

例子一：一位自卑且情緒調節紊亂的林先生，向心理諮商者咆哮：「你憑什麼自以為是，你以為什麼都懂，什麼都有一套理論，把我們這群人當成什麼來對待?」

例子二：面對過去的受傷經驗，痛苦萬分卻無法擺脫的許小姐，訴說心理諮商就像剝洋蔥，越來越深也越痛苦，她說：「你們心理師都把自己保護得好好的，不輕易地表露你們的情緒，但其實別人跟你說心底的痛苦，就像是在挖心挖肺!」

例子一中的林先生，其實提醒了心理諮商者，不能因為自己訓練的典範，而過度偏執於自己的觀點。瞭解當事人的世界，納入並修正自己對當事人的成見，是一件重要的事。當事人的咆哮也算是一種提醒，要心理諮商者反省是不是過於以專家自居，而堅持己見。而第二個例子的許小姐，提醒了心理諮商者，可能因為有限同理當事人心理害怕的能力，而忽略了當事人的情緒強度，不知道其實鼓勵當事人面對害怕的經驗，應該讓當事人有所準備，協助他們做好心理以及具體因應的準備，而不只是鼓勵當事人要有勇氣。此外，許小姐的抱怨，也提醒心理諮商者審視自己，是不是一個經常忽略情緒的人。

在心理諮商的過程中，心理諮商者常見被誘發的心理困境，包括：

1.害怕負責——當事人指責諮商者：「你是我的心理醫生，我所有的

事都告訴你，你當然要為我負起一切的責任，不然我以後怎麼再相信別人呢?」當事人的指責可能讓心理諮商者覺得，自己犯了嚴重到自己都無法承受的錯誤，因而慌亂不安，當然，慌亂不安的心理諮商者將忙著處理自己的情緒，妨礙繼續扮演稱職的助人者。

2.害怕被貶抑——在面對當事人棘手的問題，心理諮商者腦中浮現:「面對他的問題，我開始有點慌，腦子也出現一陣一陣的空白，我不確定自己是不是有能力幫得了他，他終究會發現我的無能，對我咆哮，然後失望地離開，留下表情呆滯卻自覺一無是處的我」，於是，向心理諮商者求助的當事人，除了原來的求助身分外，也變成引發心理諮商者的焦慮刺激，這種矛盾，也成為混淆心理諮商者專業角色的因素。

3.害怕被控制——心理諮商者可能會與殷切期待被幫忙的當事人保持距離，因為心理諮商者心中認為:「一旦我答應你的要求，給你需要的東西，我就覺得你會不斷的需索，一步一步地逼近，而我不一定有能力拒絕，屆時，我會完全被你操縱，終究失去自我」。

上述是心理諮商者與當事人諮商過程中，容易出現的困境，心理諮商者可以把它的出現，當成是一個自我挑戰與改變的機會。藉由自我探索或透過督導的協助，逐步加以克服，不僅改變自己的人生，而且幫助當事人的能力也會隨之提升。

八、成為情緒調適良好的助人者

㈠情緒是通往改變之門

情緒是最能及時反映我們內在狀態的通報器。當我們與外界環境交流之後，內在世界的判斷，轉換成不同的情緒，一方面提醒自己，一方面推使我們做出對適應有利的反應。因此，諮商過程出現的情緒變化，正告訴心理諮商者，在諮商的片刻之間，心理諮商者的內在世界出現了變化，譬如:當事人的要求讓心理諮商者腦子一片空白(出現焦慮情緒)，

那便表示當事人的要求，讓心理諮商者感受到「威脅」；通常的例子是，如果無法滿足當事人的要求，自己預期即將發生，被當事人看輕鄙視的結果，這將重創個人的價值感。

透過覺察自己因當事人的要求所誘發的焦慮，心理諮商者可以因為探索焦慮產生背後的內在世界變化，而對自己有更多的瞭解，並且能透過自我改變，在諮商過程調適好這種焦慮，避免焦慮嚴重干擾，繼續扮演一個稱職心理諮商者的角色——情緒無非是提供了一扇通往自我瞭解與成功扮演心理諮商者的大門。

㈡情緒提供了動機力量

由於情緒提供了行為產生的動機力量，因此，一旦心理諮商者在諮商過程，持續出現強烈的情緒，特別是負向的情緒（例如：焦慮的情緒），將推使心理諮商者偏離扮演心理諮商者的角色，從一位助人者變成自我保護的人；換句話說，高度焦慮的心理諮商者，在諮商的過程，因應本身焦慮情緒的自我保護行為，當然會使原先助人的期待落空，無法專心地幫助當事人改變。

此外，對於許多接受深度諮商的當事人而言，心中最需要但也是最難相信——自己的心理諮商者是一個「情緒自我負責的被依賴對象」。幫助當事人獲得安全的依賴經驗，除了諮商過程的詮釋，心理諮商者能夠真實地對自己的情緒負責，更是無可取代的重要基礎。

九、形成個人取向的心理諮商風格

㈠每一個人都有屬於自己獨特的生活經驗、信念與思維的方式

每一個人早在成為一名心理諮商者之前，就是一個完整個體，來自於某一個家庭，有著屬於自己獨特的生活經驗、信念與思維的方式。這些已然完整存在的獨特性，不會因為成為一位心理諮商者，而隨之不見，

心理諮商者不會是個體的唯一身分。反而，這些獨特性將與日後學習的心理學知識與典範，逐漸成為獨具個人特色的諮商風格。其實，每一個心理典範的主張都擺脫不了開創鼻祖的個人性格與生長經驗，成為一位稱職的心理諮商者，想必也是如此，自己的諮商風格一定與個人的性格與信念息息相關。

(二)形成個人取向的心理諮商風格，是一種徹底自我尊重的反映

既然每個人都是一個獨特的有機體，心理諮商的訓練自然沒辦法規格化每一位心理諮商者。因此，心理諮商者需要在諮商的生涯過程，逐漸發現潛藏在自己身上的行為改變信念、心理諮商者企圖協助當事人達到的境界，以及心理諮商者是跟當事人形成何種諮商人際關係，來幫助當事人擺脫痛苦。

發現潛藏在自己身上的獨特性，也是一種自我尊重。既然心理學的訓練不可能消除心理諮商者的獨特性，且心理諮商者的獨特性持續影響自己與當事人的互動，那麼心理諮商者便應該正視自己的獨特性，將自己已有的性格與所學的諮商知識經驗調和，找出具有個人獨特性的心理諮商風格。一旦心理諮商者建立屬於自己的諮商風格，才能清楚地知道，自己擅長處理的問題行為、可以有效幫助當事人的特質等，倘若一味地想要成為一個什麼問題都能處理的心理諮商者，則將是一個不合理性的想法與期待。

(三)帶領當事人學會自我悅納

心理諮商的最高目標是協助當事人學會「自我悅納」，自我悅納是發現自我、瞭解自我、欣賞自我等歷程的結果。這是一個複雜的帶領過程，並不是每一位心理諮商者都擁有的經驗。摸索確立屬於自己的心理諮商風格，正是一種對當事人的行為楷模，透過心理諮商歷程，當事人逐漸內化一個自我瞭解與自我悅納的行為楷模。當心理諮商者越能建立屬於自己的諮商風格，越能帶領當事人學會自我悅納。

參考文獻

【中文部分】

王智弘 (1998)。網路諮商的倫理課題。輔導季刊，34 (3)，8–16。

王智弘、楊淳斐 (2001)。網路諮商中可行之理論取向與實務技巧。輔導季刊，37 (4)，20–27。

王雲東 (2007)。對台灣離婚率亞洲第一的現象解讀。國政評論。財團法人國家政策研究基金會。刊載於台灣時報民國 96 年 6 月 15 日第二版「社論」。

內政部 (2007)。戶籍登記現住人口數按五歲年齡組分。內政統計月報。中華民國統計資料網。摘自：http://www.stat.gov.tw

牛格正 (1996)。諮商實務的挑戰——處理特殊個案的倫理問題。臺北市：張老師文化。

牛格正 (1999)。婚姻與家庭諮商的倫理問題。應用倫理研究通訊，9，18–24。

中國輔導學會 (2001)。中國輔導學會諮商專業倫理守則。

行政院衛生署 (2004)。死因統計結果簡要分析。行政院：行政院衛生署。摘自：http://www.doh.gov.tw/statistic/死因分析/92簡要分析.doc

交通部統計處 (2003)。台灣地區民眾使用網際網路狀況調查摘要分析。學生輔導，86，134–152。

李茂興譯 (1996)。諮商與心理治療的理論與實務。臺北市：揚智。

沈慶鴻 (1996)。婚姻與家庭諮商的倫理問題。載於牛格正主編，諮商實務的挑戰——處理特殊個案的倫理問題 (頁 67–86)。臺北市：張老師文化。

周弘 (2001)。賞識你的孩子。臺北縣：上游出版社。

林家興、王麗文 (2003)。諮商與心理治療進階。臺北市：心理。

柯永河 (1985)。臨床心理學——心理治療 (第二冊)。臺北市：大洋。

郭麗安 (1998)。諮商實務中的平權觀念。輔導季刊，34，31–34。

張英熙 (1996)。諮商中自殺案主的倫理問題。載於牛格正主編，諮商實務的挑戰——處理特殊個案的倫理問題 (頁 153–174)。臺北市：張老師文化。

彭武德 (1997)。「張老師」電子諮商服務系統的回顧與前瞻。張老師通訊, 20, 6。

溫世頌 (2007)。心理學導論。臺北市：三民。

黃惠惠 (1991)。助人歷程與技巧（增訂版）。臺北市：張老師文化。

劉永和 (1988)。劉梅二氏修訂卡式十六種人格因素測驗。臺北市：臺灣開明書店。

【英文部分】

Beck, J. S. (1995). *Cognitive therapy: Basics and beyond*. New York: Guilford.

Bergin, A. E. (1991). Values and religious issues in psychotherapy and mental health. *American Psychology, 46,* 393–403.

Buss, A. H., & Polmin, R. (1975). *A temperament theory of personality development*. New York: Wiley.

Collie, K. R., Mitchell, D. & Murphy, L. (2000). Skill for on-line counseling: Maximum impact at minimum bandwidth. In J. W. Bloom & G. R. Walz (Eds.), *Cyber counseling and cyber learning: Strategies and resources for the millennium* (pp. 219–236). Alexandria, VA: American Counseling Association.

Corey, G., Corey, M. S. & Callanan, P. (2003). *Issues and ethics in the helping professions* (6th ed.). Pacific Grove, CA: Brooks/Cole.

Corey, G. (2002). *Theory and practice of counseling and psychotherapy* (6th ed.). Pacific Grove, CA: Brooks/Cole-Thomson Learning.

Davison, C. C., Neale, J. M. & Kring, A. M. (2004). *Abnormal psychology* (9th ed.). Hoboken, NJ: John Wiley & Sons.

Ellis, A. (1973). *Humanistic psychotherapy: The rational-emotive approach*. New York: McGraw-Hill.

Erikson, E. H. (1963). *Childhood and society* (2nd ed.). New York: Norton.

Glasser, W. (1965). *Reality therapy: A new approach to psychiatry*. New York: Harper & Row.

Goldenberg, I. & Goldenberg, H. (2004). *Family therapy: An overview* (7th ed.). Pacific Grove, CA: Brooks/Cole.

Hall, A. S. & Lin, M. J. (1995). Theory and practice of children rights: Implications for mental health counselors. *Journal of Mental Health Counseling, 17,* 63–80.

Hall, L. A. (1996). Bartering: A payment methodology whose time has come again or an unethical practice? *Family Therapy News, 27,* 7–19.

Hare-Mustin, R. T. (1980). Family therapy may be dangerous for your health. *Professional Psychology, 11,* 935–938.

Holmes, J. (1996). Values in psychotherapy. *American Journal of Psychotherapy, 50,* 259–273.

Jung, C. G. (1956). *Two essays on analytical psychology.* New York: Meridian Books.

Kitchener, K. S. (1984). Intuition, critical evaluation and ethical principles: The foundation for ethical decisions in counseling psychology. *The Counseling Psychologist, 12,* 43–55.

Kohut, H. (1971). *The analysis of the self.* New York: International Universities Press.

Krapp, E. K. & Gale, T. (2002). Aging and the aged. *Encyclopedia of Nursing & Allied Health.* eNotes.com. Retrieved on Jun. 26, 2006, from the World Wide Web. Retrieved March 14, 2008, from http://health.enotes.com/ nursing-encyclopedia/aging-aged

Lazarus, R. S. (1968). Emtions and adaptation: Conceptual and empirical relations. In W. Arnold (Ed.), *Nebraska symposium on motivation* (pp. 175–266). Lincoln: University of Nebraska Press.

Lazarus, R. S., & folkman, S. (1984). *Stress, appraisal, and coping.* New York: Springer.

Ledyard, P. (1998). Counseling minors: Ethical and legal issues. *Counseling and Values, 42,* 171–177.

Meara, N. M., Schmidt, L. D. & Day, L. D. (1996). Principles and virtues: A foundation for ethical decisions, policies, and character. *The Counseling Psychologist, 24,* 4–77.

Minuchin, S. (1974). *Families and family therapy.* Cambridge, MA: Harvard University Press.

Mitchell, C. W., Disque, J. G. & Roberson, P. (2002). When parents want to know: Responding to parental demands for confidential information. *Professional School Counseling, 6,* 156–161.

Mosak, H. H. & Maniacci, M. (1999). *A primer on Adlerian psychology.* Philadelphia: Brunner/Mazel.

Nichols, M. P. & Schwartz, R. C. (2001). *Family therapy: Concepts and methods* (5th ed.). Boston: Allyn & Bacon.

Passons, W. R. (1975). *Gestalt approaches in counseling.* New York: Holt, Rinehart & Winston.

Perls, F. S. (1970). Four lectures. In J. Fagan & I. L. Shepherd (Eds.), *Gestalt therapy now* (pp. 14–38). Palo Alto, CA: Science and Behavior Books.

Remley, T. P. & Herlihy, B. (2001). *Ethical, legal, and professional issue in counseling.* Upper Saddle River, NJ: Merrill/Prentice-Hall.

Rogers, C. R. (1980). *A way of being.* Boston: Houghton Mifflin.

Satir, V. & Baldwin, M. (1983). *Satir: Step by step.* Palo Alto, CA: Science and Behavior Books.

Sharf, R. S. (2004). *Theories of psychotherapy and counseling: Concepts and cases* (3rd ed.). Pacific Grove, CA: Brooks/Cole-Thomson Learning.

Spiegler, M. D. & Guevremont, D. C. (2003). *Contemporary behavior therapy* (4th ed.). Belmont, CA: Wadsworth.

Spivack, G., Platt, J. & Shure, M. (1976). *The problem-solving approach to adjustment.* San Francisco, CA: Jossey-Bass.

St. Clair, M. (2000). *Object relations and self psychology: An introduction* (3rd ed.). Pacific Grove, CA: Brooks-Cole/Wadsworth.

Thomas, A. & Chess, S. (1977). *Temperament and development*. New York: Brunner/Mazel.

Watzlawick, P. (1978). *The language of change*. New York: Basic Books.

Wolpe, J. (1958). *Psychotherapy by reciprocal inhibition*. Stanford, CA: Stanford University Press.

Woody, R. H. (1998). Bartering for psychological services. *Professional Psychology: Research and Practice, 29,* 174–178.

Yalom, I. D. (1980). *Existential psychotherapy*. New York: Basic Books.

輔導原理與實務　　劉焜輝／主編

　　本書在協助讀者瞭解輔導的內涵，啟發讀者思考輔導的本質。特點有下列三項：（一）內容的完整性：全書十四章，涵蓋輔導學領域的理論與實務。（二）資料的精確性：撰稿者均為教育心理與輔導研究所科班出身，長年從事輔導理論的研究和輔導實務的探討。（三）立足於國情：改進國內相關書籍大多偏重輔導理論而忽略實務的介紹，並特別針對國內輔導現況進行探討。本書可作為有志於輔導工作者之入門書籍，亦能補足現代教師和從事輔導工作者不可缺少之知識。

心理學導論　　溫世頌／著

　　「為什麼一樣米養百樣人？」「為什麼背得滾瓜爛熟的課文，隔天卻忘了一大半？」「情人眼裡出西施嗎？」「小別一定勝新婚？」……心理學是研究人類行為與心理歷程的一門科學，學習心理學有助於瞭解、預測與同理人們的心理與行為。本書首先從歷史發展的觀點簡介各心理學派的理論，並透過言簡意賅、生動活潑的文字，帶領讀者認識重要心理學議題。本書提供新近的研究資料與生活實例，搭配豐富的照片與插圖，是您學習心理學的最佳入門書。

心理與教育統計學　　余民寧／著

　　本書作者透過重點提示、正文介紹、範例說明、電腦習作與報表解讀、摘要整理、自我測驗及練習作業等單元設計，讓讀者熟悉各種常用的統計工具；更以深入淺出的文字，與難易適中的範例，詳細介紹本書的三大系統知識：描述統計、推論統計和實驗設計。只要跟隨作者淺白而循序漸進的適切說明，便能輕鬆理解初等統計學的精義，掌握研究數據背後所隱含的概念與意義。

人際關係與溝通　　王淑俐／著

　　「人際關係與溝通」是人生極重要的一環，任何人都知道其重要性，也多少可以講出一番道理，但深究之後卻發現，「溝通其實不簡單」，稍不留心即可能「因小失大」，反之亦能「小兵立大功」。我們都希望擁有溫暖的家庭、慈愛的父母、互助的手足與同學、最佳的工作拍檔以及理想的伴侶，如何實現這些美夢？趕快翻開本書一探究竟！

教育哲學——本土教育哲學的建構　溫明麗／著

　　本書扣緊「主體性」與「簡約性」，呈顯「知即德」的傳統教育精神，探究傳統教育哲學、存在主義、現象學、詮釋學、批判理論及後現代等教育哲學觀，並呼喚教師專業倫理素養的風華再現。既涵蓋理論，也融合實踐；既具思想啟蒙和禪思，又具生活化趣味，是本深入淺出的教育哲學讀本。舉凡對教育哲學心生畏懼，或有心鑽研教育理論或擬進行教育行動研究者，本書均能發揮奠定基礎、激發思想、並強化理論建構之效，也期能有助於建構與推動臺灣本土教育哲學。

教育社會學　陳奎憙／著

　　本書主要是為準備從事教育工作的教育院系學生而寫，也可供社會學系學生與在職教師閱讀、研究參考之用。書中除詳細介紹「教育社會學理論」、「教育的社會環境」、「教育機會均等」等主題，並運用現代社會科學理論來分析「教育制度」、「學校社會組織」與「班級社會體系」，更具體探討「教學方法」、「教育專業」、「師生關係」、「青少年次文化」等重要議題。本次修訂，除調整主題架構外，作者並充實與更新書中資料，使內容更為周全，更符合時代性，是為新版特色。

教育概論　張鈿富／著

　　本書根據最新的教育法規與教育政策重新增訂，全書共分五篇，分別探討：教育學風貌、優良教師的特質與教師角色、師資培育與專業發展、時代轉變下的學生特質與教師管教問題，並檢視當前教育政策中的改革構想與現況；末篇則以十五個重要教育問題為延伸探討，是觸發讀者思考教育問題的最佳素材。

心理學辭典　溫世頌／編著

　　本辭典革新國內同類辭典的編排方式，專為國人查閱國語辭典之閱讀習慣設計，以部首索引、注音索引、英漢名詞對照三種索引方式，協助讀者更方便、更迅速地獲得心理學知識，徹底解決詞條查詢不易的缺點。內容共收錄 15,589 條詞條，涵蓋領域最新最廣闊；詞條釋義清晰，搭配豐富插圖，徹底釐清心理學概念。

養出有力量的孩子　　王理書／著

　　有別於一般親職書羅列各種有效管教孩子的技巧與方法，本書作者以長年擔任親職輔導者和身為母親的融合角色，分享縝密整合後的親職理念，以及自身真實發生的親職故事。作者記錄親職生活中的點點滴滴，讀來令人溫暖、感動、省思與成長。沒有任何一本書能給父母教養孩子的標準答案。回歸到愛的方式，就是最有力量的教養之道，誠摯地邀請您一同進入這場豐盛的親職之旅！

在深夜的電影院遇見佛洛伊德　　王明智／著

　　人們因為遭受困頓的處境而求助於心理諮商師，其實在許多電影當中，本身就蘊涵了富有療癒心靈的元素。透過電影，我們看著一則則別人訴說的故事，也同時從中澄澈自己的思考、省視自己的生命。本書不僅帶領您重新領略許多電影故事，也讓您重新認識自己、了解人性與心理的本質，是電影愛好者與欲初探心理治療的您，不容錯過的作品。